"特殊儿童干预与家长心理辅导"系列丛书

总主编 郑剑虹

特殊儿童
康复游戏理论与实务

李俊强 / 编著

西南大学出版社
国家一级出版社 全国百佳图书出版单位

图书在版编目(CIP)数据

特殊儿童康复游戏理论与实务 / 李俊强编著. -- 重庆：西南大学出版社, 2022.11
ISBN 978-7-5697-1744-0

Ⅰ.①特… Ⅱ.①李… Ⅲ.①儿童教育—特殊教育—研究 Ⅳ.①G76

中国版本图书馆CIP数据核字(2022)第256723号

特殊儿童康复游戏理论与实务
TESHU ERTONG KANGFU YOUXI LILUN YU SHIWU

李俊强　编著

责任编辑｜雷　兮
责任校对｜郑先俐
装帧设计｜闰江文化
排　　版｜瞿　勤
出版发行｜西南大学出版社（原西南师范大学出版社）
地　　址｜重庆市北碚区天生路2号
邮　　编｜400715
电　　话｜023-68868624（市场营销部）
　　　　　023-68254356（高等教育分社）
印　　刷｜重庆市国丰印务有限责任公司
幅面尺寸｜170 mm×240 mm
印　　张｜20.75
字　　数｜370千字
版　　次｜2022年11月 第1版
印　　次｜2022年11月 第1次印刷
书　　号｜ISBN 978-7-5697-1744-0

定　　价｜79.00元

总序

近年来,包括孤独症儿童在内的特殊儿童受到社会的广泛关注,在学术界,教育学、心理学、社会学、医学、体育学、物理学、化学、生物学等诸多学科的专家学者从各自学科的角度对特殊儿童进行研究,提出了许多具有本学科特点或交叉学科特色的特殊儿童干预技术。特殊儿童研究吸引了社会科学和自然科学等众多学科学者的注意,并日益呈现出一种交叉学科研究的特色和趋势,在政府层面,许多政策文件也提到要关爱、帮助和研究这个特殊群体。一方面,这反映了社会的文明进步;另一方面,也反映了研究特殊儿童这个弱势群体的挑战性。例如,对诸如孤独症等病症的形成原因或机制的探索仍然是世界级的难题,因此,目前所提出的教育干预、心理干预、物理干预、音乐干预、生物医学干预、运动干预、综合干预等各种类型的特殊儿童干预技术并非全部都是基于机理循证或科学实证的。我们认为,循证既可以是基于机理揭示基础上的实践应用证明,也可以是机理未明,但被实践证明是有效的。机理揭示是一个基础研究的科学问题,可能有一个较长的过程,但对于数量日益增加的特殊儿童来说,我们鼓励各种干预技术的实践应用和探索,因此,这套丛书所介绍和研究的各种干预技术有探索性的,也有基于循证的。此外,强调机理揭示的自然科学研究者也需要关注、理解,甚至接纳社会科学研究者的研究路径与实践探索,以有助于特殊儿童研究的真正文理交叉和融合。

从学科专业与人才培养的角度来看,我国目前与特殊儿童相关的本科专业(即列入《普通高等学校本科专业目录》的专业)就有特殊教育、运动康复、教育康复、融合教育和孤独症儿童教育等。这些专业都隶属于教育学这个一级学科或教育学学科门类。从最早设立的特殊教育专业来看,目前全国已有80多所高校设立了该专业,但绝大部分高校的特殊教育专业都是在最近十年开设的。从这些专业的课程设置来看,基本上为人文社会科学方面的课程。虽然教育学界或特殊教育学界提出了医教结合,看到了特殊教育学的综合学科性质,但我们还需进一步抱持更加开放的态度,在特殊教育专业的课程设置上更加多元而科学,关注、了解、学习并应用来自包括医学在内的诸多自然科学学科中有关特殊儿童研究的成果、方法、技术和手段,将特殊儿童研究者当作同盟军,并欢迎其进入特殊教育研究领域。

特殊儿童家长群体是一个非常痛苦且易受忽略的弱势群体,社会对其所承受的巨大压力和心理健康状况缺乏关注,而特殊儿童家长的心理状态与特殊儿童的干预效果及康复成长有很大的关联性。因此,我们在决定编写本丛书时,将这两方面的研究结合起来,将丛书取名为"特殊儿童干预与家长心理辅导",以期引起业界人士和读者对特殊儿童家长群体的关注,也让特殊儿童家长能够注重自身心理健康的维护,并掌握心理压力调适的方法与技巧,进而促进特殊儿童的成长。

本丛书是广东省特殊儿童发展与教育重点实验室的研究成果,也是特殊儿童心理与发展广东省高校创新团队和广东省特殊儿童发展与干预重点学科的研究成果,丛书作者均为重点实验室的固定研究人员和兼职研究人员,他们来自不同的学科专业。广东省特殊儿童发展与教育重点实验室于2019年10月由广东省科技厅立项,是目前全国特殊教育领域唯一的省部级重点实验室(不同于国内若干由省教育厅立项的重点实验室),2020年6月成为岭南师范学院独立建制的二级单位,依托岭南师范学院教育学广东省优势重点学科,整合特殊教育学、心理学、教育技术学、计算机科学与技术、光学工程、材料科学与工程、运动康复等学科专业力量进行跨学科研究。实验室设有特殊儿童及家长心理与健康研究团队、特殊儿童评估干预与融合教育研究团队、特殊儿童光干预与光电器件研发团队、特殊教育数字化研究团队、特殊儿童近红外光学脑成像与眼动研究团队。

本丛书首批共6本,分别是《特殊儿童康复游戏理论与实务》《特殊儿童物理干预技术》《特殊儿童问题行为与积极行为支持》《融合教育智力障碍儿童的评估与教学干预》《孤独症儿童家长压力与正念干预》和《特殊儿童家长心理健康与辅导》,涉及教育干预、心理干预、运动干预、物理干预等干预技术以及家长心理健康与压力调适的内容。本丛书的出版得到了西南大学出版社的大力支持和广东省特殊儿童发展与教育重点实验室的资金资助。希望本丛书的出版能够让更多的人关注特殊儿童,关注特殊儿童家长,并吸引更多的年轻人加入特殊儿童研究和特殊教育研究的队伍,共同促进特殊儿童的成长。当然,因本丛书作者学科训练背景多元、对相关领域的研究不够深入以及对材料的把握不够全面,书中必然存在疏漏、不妥甚至错误之处,敬请读者和方家批评指正。

郑剑虹

前言

党的二十大报告提出,要"办好人民满意的教育","强化学前教育、特殊教育普惠发展"。在党和国家的重视、关心和支持下,我国特殊教育工作迅速发展,特殊儿童接受教育的普及性得到了根本保障。但是特殊儿童类型不同,障碍程度各异,导致其教育需求迥异。因此,要实现"普惠发展",必须坚持以生为本,尊重学生的发展特点和个性化需求。

特殊教育的最终目标是促进学生适应生活、融入社会。康复训练是补偿特殊儿童功能性缺陷、改善其适应性能力的重要手段,也是教育部要求特殊教育学校设置的选择性课程之一。传统的康复训练方法对于特殊儿童而言是枯燥的,甚至是痛苦的,特殊儿童往往存在抵触情绪。

游戏,被认为是儿童的天职。儿童喜欢游戏是与生俱来的,是其内驱力使然。因此,我们提出"康复游戏"的理论与方法,通过游戏的介入,将康复训练的有关原理和方法融入游戏中,让特殊儿童在玩中学、乐中练,对激发儿童的康复训练兴趣,增强其训练的主动性和积极性,是非常有益且创新的尝试。

游戏在学前教育领域应用得非常广泛,且被证明具有较好的成效。但是,通过文献检索发现,目前我国特殊教育领域,将游戏与特殊儿童康复训练相融合的做法不多,理论研究和实践研究均以碎片式的成果呈现为主,缺乏系统性和全面性。因此,在东莞市残疾人联合会党组的领导和支持下,我们以承担的省级课题研究为契机,围绕感觉统合训练、语言康复训练、粗大运动与物理治疗、精细动作与作业治疗和情绪行为训练等领域,进行了游戏融入康复训练课程的研究与实践,总结提炼了本书所述的理论与方法。

  本书在编著的过程中,得到了岭南师范学院广东省特殊儿童发展与教育重点实验室常务副主任、教育科学学院副院长、博士生导师郑剑虹教授,广东省特殊儿童发展与重点实验室副主任、博士生导师李清华教授,东莞市康复实验学校尹润枝校长的悉心指导和大力支持,在此致以诚挚的感谢!

  另外,课题组成员对本书的编著也提供了帮助,其中:宣继先老师参与了本书部分理论和游戏案例的编写,并协助进行全书文稿的校对工作,对本书的顺利出版做出了较大的贡献;肖艳林老师参与了情绪行为训练章节的部分内容编写和全书文稿的校对工作;周强、马晶、文燕球、曾渝、李福恒、杨子函、罗润旺、陈燕玲等老师参与了部分游戏的设计,在此一并表示感谢!

  本书是作者参加广东省中小学"百千万人才培养工程"特殊教育名教师培养对象的培养成果之一,是交给广东省特殊儿童发展与教育重点实验室的一份答卷,同时也是广东省中小学教师教育科研能力提升项目"培智学校康复训练课程校本化实施策略研究"(课题编号:2020YQJK195)和广东省中小学"百千万人才培养工程"专项课题"学科统整视角下培智学校康复课程实施策略研究"(课题编号:BQW2021JTS008)的重要成果之一。

李俊强
2022年10月于东莞

目录
CONTENTS

第一章　特殊儿童康复基础 / 001

第一节 | 特殊儿童康复概述 / 002

第二节 | 特殊儿童康复理论 / 008

第三节 | 特殊儿童康复训练课程 / 013

第四节 | 特殊儿童康复人员 / 018

第五节 | 特殊儿童康复方法 / 021

第二章　特殊儿童康复游戏 / 029

第一节 | 儿童游戏概述 / 030

第二节 | 儿童游戏的理论 / 034

第三节 | 儿童游戏的功能 / 036

第四节 | 儿童游戏的类型 / 040

第五节 | 游戏与特殊儿童 / 046

第三章 感觉统合游戏设计 / 055

第一节 | 特殊儿童感觉统合概述 / 056

第二节 | 视知觉理论基础与康复游戏设计 / 064

第三节 | 听知觉理论基础与康复游戏设计 / 069

第四节 | 味觉的理论基础与康复游戏设计 / 074

第五节 | 嗅觉的理论基础与康复游戏设计 / 077

第六节 | 触觉的理论基础与康复游戏设计 / 080

第七节 | 前庭觉的理论基础与康复游戏设计 / 087

第八节 | 本体觉的理论基础与康复游戏设计 / 095

第四章 言语与语言康复游戏设计 / 101

第一节 | 言语语言障碍与康复概述 / 102

第二节 | 特殊儿童语言发育迟缓的理论与评估 / 107

第三节 | 特殊儿童构音障碍的理论与评估 / 123

第四节 | 言语与语言康复游戏设计 / 139

第五章 粗大运动康复游戏设计 / 189

第一节 | 特殊儿童粗大动作功能障碍概述 / 190

第二节 | 特殊儿童粗大动作障碍评估 / 193

第三节 | 运动疗法的理论基础与方法概述 / 205

第四节 | 特殊儿童粗大运动康复游戏活动设计 / 214

第六章 精细动作康复游戏设计 / 233

第一节 | 特殊儿童精细动作功能障碍概述 / 234
第二节 | 特殊儿童精细动作功能评估 / 238
第三节 | 作业治疗的基本理论与方法概述 / 250
第四节 | 特殊儿童精细动作康复游戏设计 / 262

第七章 情绪行为问题干预游戏设计 / 287

第一节 | 特殊儿童情绪行为问题概述 / 288
第二节 | 特殊儿童情绪行为问题的理论基础 / 291
第三节 | 特殊儿童情绪行为问题的评估 / 296
第四节 | 特殊儿童情绪行为问题干预策略 / 300
第五节 | 特殊儿童情绪行为问题干预游戏设计 / 305

后　记 / 318

第一章 特殊儿童康复基础

特殊儿童,完整的表述应为"特殊需要儿童",也就是对比普通儿童而言身心发展存在"特殊需要"的儿童。"康复"也是其"特殊需要"的一部分,而且基于其功能性补偿和适应性发展的要求,"康复"对"特殊需要儿童"的发展是必需的。从理论建构和专业发展方面来看,"康复"涉及医学、心理学、教育学等学科的专业知识,并不能简单地通过一个章节阐述清楚。因此,本章将从厘清特殊儿童康复的概念、理论基础和策略方法等方面进行概要性论述。

考虑人们的表达习惯,本书中均把"特殊需要儿童"简称为"特殊儿童"。

第一节 | 特殊儿童康复概述

一、特殊儿童

特殊儿童,广义的理解,是指与普通儿童在各方面有显著差异的各类儿童。这些差异可表现在智力、感官、情绪、肢体、行为或言语等方面,既包括发展水平低于普通儿童,也包括高于普通儿童的儿童,以及有轻微违法犯罪的儿童。狭义的理解,专指残疾儿童,即身心发展上有各种缺陷的儿童,又称为"缺陷儿童""残疾儿童""障碍儿童"等。包括智力残疾、听力残疾、视力残疾、肢体残疾、脑性瘫痪、言语残疾、精神残疾(孤独症)、情绪和行为障碍、多重残疾等。[1]

智力残疾,指人的智力显著低于一般人的水平,并伴有适应行为的障碍。[2]以韦氏智力量表作为测量的标准之一,按照智力水平和适应行为障碍的程度,智力残疾可以分为轻度智力障碍、中度智力障碍、重度智力障碍和极重度智力障碍。

听力残疾,是指由于各种原因导致双耳不同程度的永久性听力障碍,听不

---

[1] 朴永馨.特殊教育辞典(第三版)[M].北京:华夏出版社,2014:1.
[2] 朴永馨.特殊教育辞典(第三版)[M].北京:华夏出版社,2014:285.

到或听不清周围环境的声音,影响日常生活和参与社会活动。①儿童由于听力障碍的影响,往往伴随言语障碍。目前,对于听力残疾儿童的介入坚持早发现、早诊断、早治疗的原则,通过助听设备的辅助(特别是人工耳蜗手术移植)和听觉语言的训练,听力残疾儿童的辨听和言语能力可以得到发展,实现正常的口语交流和参与社会生活。

视力残疾,又称"视觉障碍""视觉缺陷",是由于各种原因导致双眼视力障碍并且不能矫正或视野缩小,以致影响其日常生活和参与社会活动,包括盲和低视力。②

肢体残疾,是指人体运动系统的结构、功能受到损伤,造成四肢残缺或四肢、躯干麻痹(瘫痪)、畸形等,导致人体运动功能不同程度地丧失以及活动受限。③特殊教育对象中肢体残疾均属于脑性瘫痪的范畴,并且大多伴有多重障碍。

脑性瘫痪,简称"脑瘫",是指一组持续存在中枢性运动和姿势发育障碍的综合征。这种综合征是由发育中的胎儿或婴儿脑部受到非进行性损伤所致。脑性瘫痪的运动障碍常伴随感觉、知觉、认知、交流和行为障碍,以及癫痫及继发性肌肉骨骼障碍。④

言语残疾,指由于各种原因导致言语障碍,不能进行正常的言语交往活动。言语障碍,是指由于各种原因导致难以与他人进行正常语言交往活动,主要表现为有声语言超过正常限度,包括构音障碍、流畅性障碍、嗓音障碍和语言缺损等。语言障碍则是除了言语障碍的表现外,还包括非言语交流障碍。

精神残疾,是指精神病人患病持续1年以上未痊愈,同时导致其对家庭、社会应尽职能出现一定程度的障碍。2006年起,我国将孤独症归类为精神残疾。

情绪和行为障碍,指在行为表现上与一般同龄儿童应有的行为有明显偏

---

① 朴永馨.特殊教育辞典(第三版)[M].北京:华夏出版社,2014:204-205.
② 朴永馨.特殊教育辞典(第三版)[M].北京:华夏出版社,2014:155.
③ 朴永馨.特殊教育辞典(第三版)[M].北京:华夏出版社,2014:423-424.
④ 朴永馨.特殊教育辞典(第三版)[M].北京:华夏出版社,2014:426.

离,其中包括儿童精神医学中的孤独症、精神分裂症、抑郁症、物质依赖、人格障碍、社会适应障碍和不良行为习惯等。

多重残疾,是指生理、心理或感官上两种或两种以上障碍合并出现的状况。障碍状况的合并出现造成更加特殊的教育需求,往往使得专为某一类障碍设计的特殊教育方案不能奏效。①

新中国成立以来,我国共进行了两次全国性残疾人抽样调查统计。这两次残疾人抽样调查统计,为我国的残疾人事业研究提供了宝贵的数据。2006年第二次全国残疾人抽样调查结果显示,我国6~14岁各类残疾儿童约246万人,其中:智力残疾的比例最高,其次为多重残疾和肢体残疾,该3类残疾儿童约占残疾儿童总数的81%。②

目前,我国特殊儿童教育安置的主要方式有3种:一是在特殊教育学校集中就读。2021年12月31日,国务院办公厅转发教育部等部门《"十四五"特殊教育发展提升行动计划》(国办发〔2021〕60号),其中要求"加强特殊教育学校建设,鼓励20万人口以上的县(市、区、旗)办好一所达到标准的特殊教育学校"。这从国家政策层面保障了特殊儿童平等接受教育的机会。二是在普通学校随班就读。随着融合教育的发展,轻中度特殊儿童就近入学,在普通学校随班就读已经成为常态化,这也符合我国一贯以来推进的"以随班就读为主体"的特殊儿童教育发展方向。三是通过"送教上门"接受义务教育。对于部分重度特殊儿童,因其个人身体不适合或家庭条件不允许等客观原因无法到学校上学,则由教师按照教学安排,上门为其提供教育服务。

二、特殊儿童康复

康复,旨在通过综合、协调地应用各种措施,消除或减轻病、伤、残者的身心、社会功能障碍,达到和保持生理、感官、智力精神和(或)社会功能上的最佳

---

① 朴永馨.特殊教育辞典(第三版)[M].北京:华夏出版社,2014:468.
② 国家统计局,第二次全国残疾人抽样调查领导小组.第二次全国残疾人抽样调查主要数据公报[N].人民日报,2007-05-29(10).

水平,从而使其借助某种手段,改变其生活,增强自理能力,使病、伤、残者能重返社会,提高生存质量。①康复的各种措施包括医学的、工程的、教育的、社会的以及职业的一切手段,分别称为医疗康复、康复工程、教育康复、社会康复、职业康复,从而构成全面康复体系。

(一)特殊儿童康复的产生与发展

在特殊教育由隔离式的特殊教育学校逐步发展到特殊教育学校与融合教育共存的历程中,特殊儿童的康复理念也在随之变化。

最初的特殊教育学校,多为医生或神职人员所创办,例如:中国第一所特殊教育学校瞽叟通文馆即为苏格兰长老会牧师威廉·穆恩于1874年(也有资料显示为1870年)在北京创立;中国最早的聋哑学校——启喑学馆,则由美国传教士梅理士夫妇于1887年在登州(今烟台蓬莱)创办。在特殊教育学校创办之初,特殊儿童康复主要体现在生理学的领域,即运用生理学方法对他们进行缺陷补偿和技能培养。

医学和心理学的发展,为特殊儿童康复提供了新的理论和方法。以智力测验为代表的儿童能力测验技术与鉴定程序的广泛应用,推动特殊教育学校初步建立了基于心理学与医学相辅助的康复模式,特殊教育开始关注特殊儿童病理学、康复医学、行为特点及其矫正补偿办法。

2009年,教育部开始大力推行医教结合的理念,医疗康复、教育康复逐步广泛应用于特殊教育领域。感官知觉、言语与沟通、运动训练、情绪行为矫正等专业的康复评估方法和康复实施策略在特殊儿童康复中的应用,对改善特殊儿童身心缺陷、增强其功能性能力、促进其适应社会生活起到了重要的作用。

在融合教育与特殊教育学校同步发展的新时代,特殊儿童康复的探索性研究与实践逐步成熟,在特殊学校和普通学校全面推广,保障了每个孩子康复的权利和机会。康复服务的提供者不再只是特殊教育学校和康复机构,由学校、校外教育机构、校外医疗机构、心理服务机构及其他社会机构组成的康复支持

---

① 朴永馨.特殊教育辞典(第三版)[M].北京:华夏出版社,2014:68.

体系共同为特殊儿童提供康复服务。同时,以神经科学为代表的心理学与医学技术正逐步介入特殊儿童康复工作中,通过儿童神经调控、儿童神经重塑等技术的研究,建构了特殊儿童最新的康复理论并提供了有效方法。

党的二十大报告提出,要办好人民满意的教育,全面贯彻党的教育方针,落实立德树人根本任务,培养德智体美劳全面发展的社会主义建设者和接班人,加快建设高质量教育体系,发展素质教育,促进教育公平。康复训练作为特殊教育课程体系的一部分,是提高特殊儿童综合素质的有效手段,在建设高质量教育体系中具有重要的作用,彰显了教育公平。因此,在党的二十大精神引领下,我国特殊儿童的康复训练也必将会取得更为优质的发展。

(二)特殊儿童康复的内容

特殊儿童康复应坚持"三早"原则,即早发现、早诊断、早干预。而康复预防、康复评估和康复训练则是"三早"原则的具体体现形式。

1.康复预防

预防为主是康复工作的重要方针。康复预防可分为三个层级:一级预防,是预防可能导致残疾的各种损伤、疾病、发育缺陷、精神创伤等的发生;二级预防,是早期发现及早期恰当治疗已发生的致残性损伤和疾病,降低损伤所造成的残疾的影响程度;三级预防,是在较轻的缺陷或残疾发生后,积极进行矫治和康复,限制其发展和进一步影响的程度。[①]一般而言,特殊教育学校(机构)、学前康复机构等的康复预防主要集中在第二、三个层级,即对特殊儿童的损伤、疾病,或者儿童已经发生的缺陷进行针对性的矫治,补偿其缺陷,增强其技能。

2.康复评估

康复评估,是用客观的、量化的方法有效和准确地评定残疾者功能障碍的种类、性质、部位、范围、严重程度和预后情况。本章节的康复评估主要是对特殊儿童的功能性评估,包括感官知觉、言语和语言、认知、运动、生活自理、情绪行为等方面的综合评定。评估,是实施康复工作的依据,是保障康复有效性的基础。康复评估的工具依据特殊儿童缺陷的领域而定,具体工具和方法将在后

---

① 朴永馨.特殊教育辞典(第三版)[M].北京:华夏出版社,2014:71.

续不同领域的章节理论中进行具体介绍。

3.康复训练

康复训练,是由特殊教育教师、治疗师等专业人员,对特殊儿童开展必要的、可行的功能训练。常用的康复治疗方法包括物理治疗、作业治疗、语言治疗、心理治疗、康复工程、康复护理、文体治疗、中国传统治疗、社会服务等。

(三)特殊儿童康复的目标

党的十九大报告提出,"努力让每个孩子都能享有公平而有质量的教育";党的二十大提出,要"强化特殊教育普惠发展"。从"公平而有质量"到"普惠发展",可以看出党和国家对特殊儿童教育的重视程度是持续且不断加强的。"公平"和"普"强调的是特殊儿童接受教育的公平性和普及性,保障特殊儿童平等接受教育的权利;"有质量"和"惠"则是强调特殊儿童接受适切的、优质的教育康复服务,使其缺陷得以补偿、个性得到发展、潜能可以发挥。这也为特殊儿童康复目标的制订提供了政策和理论依据。基于特殊儿童的身心发展特点和回归社会主流的需要,我们认为特殊儿童康复的目标主要体现在补偿缺陷和开发潜能、增强适应能力、促进社会化发展、成为社会主义建设者等方面。

补偿缺陷和开发潜能,体现了特殊教育过程中独到的价值论和方法论。补偿缺陷,是通过各种途径在不同程度和范围内调动机体潜能弥补、代偿损伤组织和器官的功能。建立在机体自身的代偿基本条件之上,功能训练、心理治疗以及现代科学技术、康复辅具的应用是重要的因素。[1]补偿缺陷强调外在的干预手段对特殊儿童缺陷潜能的训练和补偿作用,而潜能开发既坚持和尊重特殊儿童身心发展可能的信念,又是实现残疾人补偿缺陷的方法。正是开发潜能和补偿缺陷的结合,从认识论和价值论上改变了传统的仅关注外在手段、技术对器官功能补偿的工具主义康复观念。"究其原因,一方面,来自心理学的诸多理论,特别是多元智能理论奠定了其科学理性的理论基础;另一方面,当前很多成

---

[1] 朴永馨.特殊教育辞典(第三版)[M].北京:华夏出版社,2014:9.

功残疾人的成长经历为其提供了现实依据。"①

增强特殊儿童的适应能力,是基于对特殊儿童特殊性的确认。适应能力是残疾人平等参与社会活动、实现平等权利和维护尊严的现实需要。以此作为康复目标,不仅彰显了特殊儿童康复工作是基于特殊儿童个体性、差异性的目标要求,也是对特殊儿童教育康复发展方向的简要诠释。

第二节 │ 特殊儿童康复理论

特殊儿童康复基于全人发展、补偿缺陷、开发潜能的原则,是实现特殊儿童生活自理、社会自立的重要途径。特殊儿童康复的产生与发展,离不开理论的支持。在理论与实践的共同作用下,特殊儿童的康复工作才得以不断深入、创新和高效开展。

一、跨学科理论基础

国外学者最早提出并开展对"跨学科"理论的研究,并对"跨学科"的定义和内涵进行了解读。其趋向一致的概念界定为:"跨学科"是指两门及以上学科之间紧密、明显的相互作用和整合,以不同的方法解决问题。国内的研究则进一步对"跨学科"的理论进行细化,将其界定为:打破学科间的壁垒,以两门或以上学科交叉整合,共同解决教育教学中的问题。

特殊儿童康复的产生,是以医学为基础的。医疗康复是特殊儿童康复的最初模式。随着康复理论的不断发展和进步,特别是生物学、心理学、教育学、社会学、病理学、护理学等学科在特殊儿童康复实践中的逐步介入,推动了特殊儿童康复由单一学科向综合性学科转变。可以说,特殊儿童康复是最能体现跨学

---

① 王培峰.特殊教育本体认识论审视——基于特殊教育概念的分析[J].现代特殊教育,2021(4):5.

科理论的。特别是回归主流和融合教育理念的兴起,教育者开始尝试用不同的方法施策,探索为不同类型、不同障碍程度的特殊儿童施以最适切的教育,特殊儿童康复实践也从单一的医学治疗与康复模式发展到以医学为主、其他学科(特别是教育学、心理学和社会学等)融入支持的综合性康复手段。

二、全人教育观

所谓全人教育,最早的提出者是日本教育学家小原国芳,他于1921年将这个理念表述为:全人教育就是塑造"完美的人"的教育,也是"全人格"的教育,人的多方面和谐发展的教育。[①]它既强调儿童本身的身体、情绪、社会性、认知能力、创造能力的发展,同时又认为儿童自身的发展与社会分不开,教育培养的是能在社会生活中认知、创造、保持情绪健康和身体健康的儿童。所以,全人教育是一种既重视社会价值又重视人的价值的整合的教育观。

特殊教育的全人教育观强调特殊儿童与普通儿童的共性。特殊儿童有与普通儿童相同的各种各样的心理活动并遵循心理发展的普遍规律。同时,每个特殊儿童又有突出的个性表现,为特殊儿童提供个别化教育服务体现了对其个性的理解与尊重,是特殊教育的关键与核心。特殊教育的全人教育观既看到特殊儿童的障碍,更注重其潜能的发展,重视通过感知觉、认知能力的训练,弥补他们听觉、视觉、智力的障碍,在补偿性教学活动中,尤其关注兴趣、需求、动机、情感等因素对特殊儿童成长的作用;发掘其缺陷感官的残余能力,寻找替代能力,为其缺陷提供支持与辅助系统;将对其缺陷的过多注意转向对潜能的关注,在认真分析障碍时充分看到能力,了解弱势时发现优势,解剖障碍时启动克服障碍的动力,把握不会、不能时探究所会、所能。[②]

[①] 毛玉华,孙华美.小原国芳的全人教育思想述评[J].重庆科技学院学报(社会科学版),2008(11):190.
[②] 乔梁,张文京.特殊教育的全人教育观[J].中国特殊教育,2001(4):8.

三、蒙台梭利智障儿童教育思想

1987年9月,蒙台梭利在都灵召开的教育会议中,做了题为《精神教育》的演讲,她强调,儿童心理缺陷和精神病患的主要问题是教育问题,而不是医学问题,教育训练比医疗更为有效。

蒙台梭利最初的关于智障儿童教育的研究,借鉴和发展了法国低能儿童教育的先驱、医生琼·伊塔与爱德华·塞贡的教育思想和方法。蒙台梭利体会到他们的教育方法之所以科学,主要因为他们的教育方法切实地改变了缺陷儿童的状态。伊塔和塞贡"不仅研究了数百个有缺陷的儿童,而且还改变了他们,使他们能够和一般人一样,在社会上从事有意义的工作"。例如,他们测量儿童的听觉是为了改变儿童的半聋状态,使儿童恢复听觉。塞贡通过分析个别缺陷儿童的生理和心理现象,利用感觉训练"使儿童产生出对事物的观念,再从观念发展到抽象思维,从抽象思维形成道德品质"。这使得蒙台梭利坚信,心理缺陷儿童和精神病儿童,通过运动和感觉训练活动,身体可以逐渐变得协调,智力逐渐变得正常。[①]

四、多元智能理论

多元智能理论认为,智能包含相互独立又相互联系的多种智能,如言语逻辑智能、数理逻辑智能、视觉空间智能、音乐节奏智能、身体运动智能、人际交往智能、自我反省智能、自然观察智能以及存在智能等领域。每一个个体的智能组合都是唯一的,都有自己的优势智能领域,人人都是可育之才。在多元智能理论视野中,每位儿童都各具潜能,通过教育都可以得到不同程度的发展;儿童的差异仅仅在于哪些方面聪明和怎样聪明的问题。学校教育不应该只看到儿童的弱势智能领域,更重要的是要发现并促进儿童优势智能领域的发展,并把优势智能领域的特点迁移到弱势智能领域,使其弱势智能领域尽可能地得到

---

① 郭玲.蒙台梭利智障儿童感官教育思想研究[D].济南:山东师范大学,2006:16.

弥补,以便形成强弱互补,协调发展。①

多元智能理论强调对特殊儿童进行评估时要倾向对其智能强项的确认,明确儿童的能力强项和喜好的学习方式,从而决定个别教育计划中的措施。多元智能理论表明:某项智能缺陷可通过重新选择其他智能作为旁路而加以补救。那些因为某方面存在障碍而难以获得学业成功的儿童,可以通过使用其他替代认知通道克服自身障碍,获得智能方面的发展。教师需要帮助儿童将难以学会的"智能语言"中的信息翻译成儿童可以理解的"智能语言",形成促进策略。要多了解特殊儿童的优点、特点和种种可能性,首先应将特殊儿童看作"能够学习者",然后致力于寻求能够学到什么。对特殊儿童的教育教学与康复训练,要将补偿缺陷与开发潜能结合起来,使他们得到充分发展。②

五、最近发展区

维果茨基从历史发展理论出发,运用辩证唯物主义的发展观点,创造性地提出了一个全新的概念——"最近发展区"理论。维果茨基认为教学必须考虑儿童已达到的水平并要走在儿童发展的前面,在确定儿童发展水平及其教学时,必须考虑儿童的两种发展水平:一种是儿童现有的发展水平;另一种是在有指导的情况下借助成人的帮助可以达到的解决问题的水平,或是借助他人的启发和帮助可以达到的较高水平。这两者之间的差距,即儿童的现有水平与经过他人帮助可以达到的较高水平之间的差距,就是"最近发展区"。③

两种发展水平是该理论的基础和出发点,它意味着儿童在最近的将来可能达到的发展水平,包含着儿童发展的潜能,可以用来标志儿童发展的趋势。而潜能正是发展的可能性,正是教学可以利用的、来自儿童发展内部的积极力量。教学过程中的重点不应着眼于儿童现在已经完成的发展过程,而应关注他们正

---

① 田友谊.多元智能理论视野中的特殊教育[J].中国特殊教育,2004(1):16.
② 何侃.借双慧眼看特教——用多元智能理论重新解读特殊儿童教育[J].现代特殊教育,2005(3):21-22.
③ 钟进均,何智.最近发展区理论视角下的"说数学"实践研究[J].中学数学月刊,2014(2):8.

在形成或正在发展的过程,只有走在发展前面的教学才是良好的教学,才能有效地促进儿童的发展。维果茨基还认为,发展的每一个年龄阶段都有各自特殊的、不同的可能性;同时,学习某些知识或技能都有一个最佳期限,即技能最适宜形成的时期,又称敏感年龄期。我们应识别出儿童的最佳期限,以儿童的成熟和发育为前提,遵循儿童的身体发展规律,把握住学习的"最佳期限",然后在儿童技能开始形成的时候,让教学走在儿童发展的前面,对其施加影响,使儿童在最佳期限内获得最佳学习效果,充分发挥个体潜能。

六、人本理论

人本理论是以人为出发点和中心点的一种哲学理论,颂扬人的价值、尊严和力量,强调人的主体地位和作用。早在前6世纪,古希腊哲学家就开始追问世界的本源和运行规律的问题,他们的思想中不时闪烁出人本主义思想的火花。[①]从文艺复兴以来的人本主义,到近代费尔巴哈的人本学唯物主义,再到现代的以存在主义为表现形式的人本主义,是西方人本理论的发展缩影。我国从儒家的"仁、德"思想、墨家的"兼爱"思想,到当代以核心素养和人本价值观为代表的理论体系,都是人本理论的具体表现。特殊儿童康复训练课程充分体现了以人为本的理念——尊重有特殊需要的人,这是特殊儿童康复的动力源泉,也将贯穿特殊儿童康复的始终;以评估为基础,为有特殊需要的儿童提供个性化的康复服务,这是特殊儿童康复发展的基础,是特殊儿童平等参与社会活动、融入社会的保障。

七、行为理论

建立在心理学研究的基础上的行为理论,是指教师通过改变学生行为的前置因素和后果因素,达到在自然情境中改变学生行为的目的。应用行为分析(或译为行为改变技术、行为矫正技术)是典型的代表技术。在孤独症儿童情绪行为问题干预的实践中,行为理论应用广泛且被证明具有实效。

---

① 苑辉.古希腊智者的人本主义思想[J].河北工业大学学报(社会科学版),2022,14(1):89.

第三节 ｜ 特殊儿童康复训练课程

特殊儿童康复训练课程,既是教育课程体系的组成部分,凸显教育的本质属性;又是融合医学、生物学、教育学、心理学、社会学、护理学等多学科知识的专业课程,具有跨学科的专业属性。从特殊教育视角来分析,康复训练课程的设置与实施应依据政策的规定,遵循特殊儿童的需要,彰显地域、校本和生本特色。

一、康复训练课程的指导思想

作为特殊教育课程体系的一部分,康复训练课程首先必须严格遵守国家关于育人的有关方针和政策要求,依据国家课程标准和实施要求,以现代教育思想和新课程理论为指导,遵循特殊儿童的特点和成长规律,更新教学观念,改变教学行为,提高教学效率。

(一)坚持立德树人、全面发展

立德树人是教育工作最基本的指导思想,也是实施方向。康复训练课程也不例外。康复训练课程具有基础性、发展性、功能性、综合性、实践性等特点,是基于儿童缺陷和需求所给予的适切教育,也是促进儿童全面发展的重要抓手。在康复训练课程的实施过程中,必须全面贯彻党的教育方针,坚持立德树人的指导思想,体现社会文明进步的要求,紧扣特殊教育的培养目标,将课程实施与培养儿童的爱国主义、集体主义精神结合起来,重视渗透社会公德意识和法治观念,培养儿童乐观向上的态度、良好的习惯和自立自强的精神,促进儿童全面发展。

(二)坚持结合生活、补偿缺陷

结合生活是特殊教育最显著的特点。特殊教育的最终目标,是培养儿童适应社会生活、回归主流社会,成为自食其力的建设者。康复训练课程主要根据儿童生理和心理的发展需求，以及在运动、感知、言语、思维和个性等方面的主要缺陷，有针对性地进行各种康复训练、治疗、咨询和辅导，力求使儿童的身心缺陷得到一定程度的康复，受损器官和组织的功能得到一定程度的恢复，身体素质和健康水平得到提高。因此，康复训练课程应结合儿童的缺陷及其社会化发展的需要，从儿童的缺陷出发，以儿童的缺陷为补偿目标；课程的设置以生活需要为依据，课程的实施与生活实践相结合，课程的评价围绕生活能力开展，让生活化的理念贯穿于课程实施的全过程。

(三)坚持个性发展、开发潜能

特殊儿童具有不同类型、不同程度的障碍。因此，坚持个性发展、满足儿童的个别化需求，是特殊教育工作者一直坚持的有效措施。应结合儿童个别化教育计划的制订，依据儿童的基础和需求，为每个儿童提供适合其个性发展和潜能开发的课程实施策略，让每个特殊儿童享受公平而有质量的教育。

二、康复训练课程的设置原则

根据国家关于康复训练课程设置的有关文件精神，结合我们在工作中积累的经验和特殊儿童康复需要，我们认为康复训练课程的设置应坚持以下3个方面的原则。

(一)坚持一般性与选择性相结合的原则

特殊学校康复训练课程的设置，应充分尊重特殊儿童的康复需求，坚持一般性与选择性相结合的原则：一般性，是依据国家关于康复训练课程设置的有关要求，开足开齐康复训练课程；选择性，是指依据儿童各领域的障碍程度，以及个性化发展的目标，将国家层面的康复训练课程项目进行分割和重组，从国家课程校本化、校本课程特色化和潜能课程特长化的视角，设置"菜单式"课程，对儿童实施"订单式"康复训练。

(二)坚持教育与康复相结合的原则

特殊学校康复训练课程作为特色学科之一，应坚持教育本位。在课程设置的过程中,从促进特殊儿童全面发展的视角,将教育与康复相结合:一是还原教育的本位理念,课程设置坚持遵循特殊儿童发展的一般性规律和教育的原理,从教育的视角思考、设置康复训练课程;二是康复与教育深度融合,在教育的过程中渗透康复的理念,将康复训练课程贯穿于教育的全过程。

(三)坚持个性化与整体性相结合的原则

特殊儿童的缺陷既有共性的表现,也有极强的个性化特点。因此,康复训练课程的设置应坚持个性化与整体性相结合的原则:个性化是指满足儿童的个别化需求,以评估为基础,以个训为手段,基于儿童个体设置选择性的康复训练课程,满足儿童的发展需求;整体性是指满足儿童共性的需求,设置通识性康复训练课程,满足儿童生理、心理和社会化发展的需求。

三、康复训练课程的设置依据

康复训练课程必须依据国家和省(自治区、直辖市)的有关政策,并遵循特殊儿童的一般性和特殊性发展规律,经过多方考量、全面权衡后方可设置。

(一)坚持以国家层面的规定为依据

2007年,教育部颁布《盲校义务教育课程设置实验方案》《聋校义务教育课程设置实验方案》和《培智学校义务教育课程设置实验方案》(教基〔2007〕1号,以下简称"《课程设置方案》"),均明确要求设立康复训练课程。其中:盲校设置"综合康复""定向行走""社会适应"3门康复训练课程,课时量约占总课时的7.4%;聋校要求设立"沟通与交往"课程,课时量占总课时的6.6%~6.8%;培智学校康复训练课程作为选择性课程,以学生实际需要为根本设置学科、安排课时数。

2016年,教育部颁布《盲校义务教育课程标准(2016年版)》《聋校义务教育课程标准(2016年版)》和《培智学校义务教育课程标准(2016年版)》(教基二〔2016〕5号,以下简称"《课程标准》")。《课程标准》是基于《课程设置方案》的具体化要求。其中,聋校《课程标准》提出"沟通与交往"课程是聋校必修性课程,承担着聋生语言康复与社会交往的重要任务；盲校《课程标准》分别对"综合康复""定向行走""社会适应"提出了具体的目标、内容与实施策略要求；培智学校《课程标准》从"课程目标""课程内容""实施建议"等方面对康复训练课程的实施提出了概述性要求，为培智学校康复训练课程的设置和实施提供了方向性的保障。

《课程设置方案》和《课程标准》是国家层面对特殊教育学校课程管理的纲领性文件，是各地、各特殊教育学校必须遵照执行的规定。这是国家政策层面关于康复训练课程设置的依据。

(二)坚持以地方和校本实际为依据

《课程设置方案》和《课程标准》是基于国情，基于人和教育的发展规律而制定的，但又必须面对不同的学校，以及千差万别的师资素养、学生能力、教学资源、办学传统和发展目标。特别是中重度特殊儿童，其障碍类型、障碍程度各不相同，个性特点极为明显。因此，既要贯彻国家课程意志，又要确保《课程标准》规范、有效地实施，必须要推进学校课程改革。课程改革的主要任务是推进国家课程的最优化实施，而国家课程最优化实施的唯一途径就是国家课程校本化。

(三)坚持以儿童的评估报告为依据

每个特殊儿童都是不同的，有不同的个性特点和康复需求。康复训练课程就必须了解儿童的基础、缺陷、优势等情况，根据儿童的实际设置康复训练课程。因此，特殊教育学校在设置康复训练课程之前，首先要对儿童进行精准评估，客观评价每个儿童在各个领域的基础和缺陷，提出补偿缺陷和开发潜能的建议，并以此作为康复训练课程设置的依据。这也彰显了以生为本的教育原则。

四、特殊教育学校的康复训练课程

基于上述内容，并梳理各类型特殊教育学校康复训练课程的实际设置，现提出特殊教育学校康复训练课程设置表(如表1-1所示)。

表1-1 特殊教育学校康复训练课程设置表

学生类型	康复训练课程设置	年级段 建议每周课时数（含个训）		
		低年级段（1~3年级）	中年级段（4~6年级）	高年级段（7~9年级）
听障	沟通与交往	3	2	1
视障	综合康复	2	2	1
	定向行走	2	2	1
	社会适应	2	2	1
孤独症	感觉统合	2	2	1
	言语与沟通	2	2	2
	感官治疗	2	1	1
	音乐治疗	2	1	1
	社会交往	2	2	2
	情绪行为训练	根据学生实际安排课时		
脑瘫	运动治疗	3	3	2
	作业治疗	3	2	2
	物理治疗	3	2	2
	言语康复	3	1	0
	硬地滚球	1	2	3
智障	感觉统合	1	0	0
	音乐治疗	2	1	1
	运动与保健	3	3	3
	言语治疗	根据学生实际安排课时		
	作业治疗	根据学生实际安排课时		

第四节 ｜ 特殊儿童康复人员

世界卫生组织专家委员会指出，理想的康复治疗协作组应包括康复医师、康复护士、物理治疗师、作业治疗师、社会工作者、临床心理学工作者、职业咨询师、康复辅具和矫形器配置师、特殊教育工作者和文体活动治疗师等。[1]世界上康复工作比较发达的国家，例如美国、加拿大等，康复工作起步早、发展快，康复团队人员齐备且分工更为细致，人员间团结协作，对特殊儿童康复效果明显。而我国由于康复工作起步较晚，成功的经验不多。

按照领域进行分类，康复可以分为医学康复、教育康复、职业康复和社会康复。现将每个康复领域的相关专业人员进行总结归类。

一、医学康复人员

医学康复是全面康复的起点和一个组成部分，以运动学、神经生理学、生物力学等为理论依据，以临床诊疗、康复功能评估和各种康复疗法为手段，使功能障碍者的缺陷最大限度地得到改善，潜在的功能得以充分发挥。[2]

医学康复人员主要包括康复医师、康复治疗师、康复护士、中医师（或中西医结合医师）、针灸师、推拿按摩师、残疾人辅助器具适配师等，其主要职责如下。

康复医师，取得国家认可资格的康复专业医师，是康复工作的组织者和领导者，承担接诊病人、主持病例讨论会、指导和监督康复治疗工作等职责。

康复治疗师，包括物理治疗师、作业治疗师、言语治疗师、心理治疗师等专业，主要承担对患者的康复评定、相应领域的康复治疗等职责。

康复护士，作为康复工作的协作执行人员，主要协助康复医师、康复治疗师等对患者进行康复辅助服务。

---

[1] 黄建行,雷江华.特殊教育学校学生康复与训练[M].北京:北京大学出版社,2014:73.
[2] 朴永馨.特殊教育辞典(第三版)[M].北京:华夏出版社,2014:68.

中医师(或中西医结合医师)、针灸师和推拿按摩师,主要从中医学的理论和方法出发,为患者提供具有中国特色的传统康复治疗,例如:中药辅助、针灸、按摩、推拿等,将传统中医手法和现代康复器械相结合,提高患者的康复效果。

二、教育康复人员

教育康复是特殊儿童全面康复的基本途径。通过教育与康复相结合,提高特殊儿童的素质和能力,包括智力、日常生活的操作能力、职业技能和适应社会的心理能力等。[1]

教育康复人员包括康复治疗师、特殊教育教师等,其在康复领域的职责如下。

教育领域的康复治疗师,主要对特殊儿童进行基本的功能性评估,了解学生在各领域的缺陷及其基础技能,并通过物理治疗、作业治疗、运动治疗、言语康复与沟通训练、感觉统合训练等有针对性的训练,提高学生教育康复的效果。同时,学校的康复治疗师作为康复专业人员,还承担为学校特殊教育教师提供专业培训、指导、康复资源开发等职能。

特殊教育教师的康复工作职能,主要是在康复治疗师的指导下,对特殊学生实施认知训练、生活自理能力训练、作业治疗、言语康复与沟通训练、运动与保健等康复训练。

三、职业康复人员

职业康复是全面康复的一个组成部分,指以残疾人就业为目标,通过一系列措施,稳定且合理地解决残疾人就业的问题。该系列措施包括关于就业前的咨询、评估、培训和治疗等,以及就业后的随访和回炉再训练(康复),促进残疾人稳定、持续地工作。[2]

---

[1] 朴永馨.特殊教育辞典(第三版)[M].北京:华夏出版社,2014:69.
[2] 朴永馨.特殊教育辞典(第三版)[M].北京:华夏出版社,2014:69.

残疾人职业康复人员,主要包括康复医师、康复治疗师、职业训练师、社会工作师、辅助器具适配师等,其主要职责如下。

康复医师,主要在(工伤)康复医院为残疾人患者提供诊断、康复指导等工作,具体工作职责见前文"医学康复人员"部分关于康复医师职责的内容。

康复治疗师,主要在特殊教育学校、康复机构等,为即将毕业进入社会的残疾人提供补偿缺陷和功能性康复等工作。

职业训练师,主要在特殊教育学校、康复机构、社会培训机构、社区等,为残疾人提供适合其发展的职业技能培训和实践操作指导。

社会工作师,主要以政府购买服务的形式,派驻康复机构、社区等,承担协调、联系多方资源的功能,为残疾人提供心理辅导、培训与就业支持等相关工作。

辅助器具适配师,主要在医院、残联等单位工作,承担评估和为残疾人配置适合的辅助器具等工作。

四、社会康复人员

社会康复,是全面康复的一个组成部分,从社会学的角度推进残疾人的医疗、教育、职业康复和保护残疾人的合法权益,消除种种偏见,建设健康与文明的社会环境。社会康复并非残疾康复的途径,而是利用社区的资源和平台,为残疾人的生活、工作等提供康复的支持。[①]

社会康复人员主要包括社会工作师、社区卫生工作人员、医学康复机构派驻社区康复人员和志愿者等,相关人员具体工作职责如下。

社会工作师,主要以政府(社区)购买服务的形式,在社区内承担残疾人康复、沟通和转介等辅助工作。

社区卫生工作人员,主要为残疾人提供医学康复指导和相关服务。

医学康复机构派驻社区康复人员(由[工伤]康复医院或残联等单位派出),定期上门为社区残疾人提供医学康复诊断、指导、辅助器具配置和康复训练等服务。

---

① 朴永馨.特殊教育辞典(第三版)[M].北京:华夏出版社,2014:69-70.

志愿者,一般由各慈善组织、社会团体等组织具有一定专长或服务技能的人员,为社区残疾人提供相应的康复训练等服务。

第五节 | 特殊儿童康复方法

依据特殊儿童康复的有关理论和康复训练课程设置规定,结合工作实际,现分别从医学康复、教育康复、职业康复和心理康复4个方面提出特殊儿童康复的方法。

一、医学康复的方法

(一)中医疗法

国内相关研究表明,中医领域的针灸、推拿等作为辅助疗法应用于特殊儿童康复,具有一定的效果。例如:应用于孤独症儿童康复的方法包括针刺治疗、中医针灸和太极拳等;应用于脑瘫儿童康复的方法包括中医针灸联合推拿疗法、小针刀治疗、穴位埋线、穴位注射和中药外用等。

(二)物理因子疗法

声、光、电、磁、热、动力学等物理因子结合现代科学技术治疗疾病的方法,称为物理因子疗法。

物理因子疗法的分类,主要有电疗法、水疗法、传导热疗法、可见光疗法、超声波疗法、磁疗法等许多种类。物理因子疗法一般无创伤、无痛苦、不良反应少,易为患者所接受。

(三)运动疗法

运动疗法是采用主动和被动运动,通过改善、代偿和替代等途径,旨在改善运动组织(肌肉、骨骼、关节、韧带等)的血液循环和代谢,促进神经肌肉功能,调整肌力、肌张力、耐力、心肺功能和平衡功能,减轻异常压力,纠正躯体畸形和功能障碍。

(四)作业治疗

作业治疗是通过有目的的、经过选择的作业活动,对身体、精神和发育方面有功能障碍或残疾而引起不同程度丧失生活自理能力和职业劳动能力的患者进行治疗性训练,使其生活、学习、劳动能力得以提高、恢复和增强,帮助患者重返社会的一种治疗方法。作业治疗的方法主要包括以下5个方面。

1. 日常生活活动训练

训练特殊儿童进食、穿衣、如厕、个人清洁、整理内务、环境卫生清洁等生活技能,是生活自理所必需的活动。

2. 职业技能训练

训练特殊儿童编织、刺绣、制作工艺品、种植、养殖、串珠、制作陶艺、打扫酒店客房、洗衣等劳动技能,同时培养他们学习与思维的能力。

3. 文娱活动训练

训练特殊儿童听音乐、看电视、做棋牌类游戏、做运动类游戏等休闲技能,满足其个人兴趣,并使之学会劳逸结合。

4. 教育活动训练

提高特殊儿童感知认知能力和学习技能等,包括记忆力、注意力、思维理解能力、解决问题的能力等。

5. 辅具的使用训练

对需要矫形器具、特殊康复辅具等工具的儿童,尽可能通过训练提高其操控辅具和使用辅具的能力。

(五)语言治疗

语言治疗是对各种语言障碍和交往障碍进行评定、治疗及研究。语言是人类社会约定俗成的符号系统,言语是声音语言形成的机械过程。儿童语言障碍主要体现为语言发展异常和失语症,言语障碍主要表现为发音、声音和语言的流畅性异常。

语言治疗的方法主要包括以下5个方面。

1. 呼吸训练

训练特殊儿童正确的呼吸方式,增强其呼吸的控制能力和保持能力,改善其呼吸支持不足、呼吸与发声协调性差等缺陷。

2. 口肌训练

通过训练提高特殊儿童口部肌肉的独立活动能力,促进其口腔感知触觉正常化,提升口部肌肉结构自主活动的准确性,增强发音说话的能力及说话的清晰度。

3. 口部运动训练

增强特殊儿童口部肌肉的运动能力和感知觉,抑制异常的口部运动模式,促进口部触觉敏感性的正常化及口部运动功能的分化,形成满意的言语声。

4. 构音训练

改善特殊儿童单一发音不准确或目标音转换运动弱等缺陷,纠正声母和(或)韵母构音异常,增强正常发音能力。

5. 辅助沟通系统(AAC)

这是非言语沟通方法,指除了口部语言沟通之外所有的表达性沟通方式,含图片交换法、手势动作与面部表情沟通法、书面语沟通法等。通过训练,帮助"无语言"或"少语言"的患者建立合适的沟通方式,增强其运用合适的沟通方式进行沟通的能力。

二、教育康复的方法

教育康复主要针对在校就读的特殊学生而开展,应贯穿于特殊教育学校的日常教育教学之中。针对不同类型的学生采用不同的教育康复方法,充分体现了以生为本的原则。

(一)脑瘫学生的教育康复

脑瘫学生的核心障碍是运动功能障碍,并伴随感知觉、认知、交流、行为等障碍。针对脑瘫学生的教育康复,应首先尊重学生的人格意愿及需要,在教学中渗透康复医学的理念,将康复与教学相融合,指导学生掌握实用知识和技能,增强其解决实际问题的能力;在评估的基础上,了解每个学生的缺陷和学习基础,通过学科教学和康复训练课程的实施,帮助学生改善运动能力、肌力、关节活动度、精细动作能力和言语与沟通等方面的能力,提高其生活自理和适应能力。

(二)孤独症学生的教育康复

孤独症学生的核心障碍是社交障碍、言语与沟通障碍和刻板行为。针对孤独症学生的教育康复,应注重与教学实践相结合、与日常生活相结合,在常态化的教育情境中展开。孤独症学生的教育康复方法包括实施感觉统合训练、言语与语言训练、情绪行为问题干预等。其中,感觉统合训练是孤独症学生最为喜欢和有效的康复训练课程;言语和语言训练,则需要在沟通与交往需要的基础上实施,包括言语沟通训练和非言语沟通训练等;情绪行为训练,主要通过行为矫正技术、正向行为支持、结构化教学等策略,在功能性行为评估的基础上干预学生的问题行为,改善不良行为,增加正向行为。

(三)智障学生的教育康复

智障学生的核心障碍是智力低下,导致其适应性行为缺陷。针对智障学生的教育康复,主要集中在社会适应能力、认知能力和社会交往能力等方面。教育教学中,通过生活适应、劳动技能、运动与保健、综合实践活动等课程的实施,培养学生的适应能力和基本技能;通过一般性课程与言语康复、绘本教学等课程的结合,培养学生的沟通与交往能力。教育康复注重小步子、多循环,循序渐进的原则,注重补偿缺陷和开发潜能相结合,让特色课程与教育康复训练课程同步发展。

(四)听障学生的教育康复

听障学生的核心障碍是听觉障碍和沟通交往障碍。针对听障学生的教育康复,主要集中在听觉补偿和听力训练、沟通与交往训练等方面。教育教学中,注重在学科教学中培养学生的自理能力和适应能力,从德、智、体、美、劳等方面促进学生全面发展;通过沟通与交往的训练,培养学生的社会性技能,增强自尊与自信、自立、自强的精神。

(五)视障学生的教育康复

视障学生的核心障碍是视力低下且不易矫正,影响日常生活和社会参与。针对视障学生的教育康复,主要从综合能力和缺陷代偿等方面着手。综合能力方面,通过一般性课程教学,培养学生的综合能力、社会适应能力和维护其心理健康;缺陷代偿方面,主要通过综合康复、定向行走、运动技能训练、感知觉训练等专业课程,改善学生缺陷的影响,通过代偿的作用,提高学生的适应能力和生活能力。

三、职业康复的方法

职业康复在特殊学生适应生活、融入社会中发挥着巨大的作用,是帮助特殊学生进入社会后从事合适的工作并使其参与或重新参与社会生活的过程。职业康复的内容包括职业评定、职业咨询、职业培训和职业指导等,从学生实际和融入社会生活需要的角度分类,职业康复的主要方法包括生活技能训练、劳动技能训练和职业技能训练。

(一)生活技能训练

结合生活、注重实践,通过生活适应课程、家政课程等,从自我服务、家居生活等方面培养学生独立生活的能力;协调运用多种肢体和感官参与劳动,形成良好的行为习惯,培养热爱劳动、热爱生活的品质。

(二)劳动技能训练

结合庇护性就业的需求,通过劳动技能课程、精细动作训练等,对学生基本的劳动技能进行培养,保障学生在家长和社会资源的全力协助下,配合完成自我服务、家居生活服务和简单的生产劳动。

(三)职业技能训练

结合生涯规划和就业导向,通过职业课程(含计算机应用课程、支持性就业导向课程、推拿按摩课程等),对学生进行以劳动就业为目标的职业培训,帮助学生建立职业意识、质量意识、安全意识和法律意识,培养良好的职业素养、团结协作和坚韧不拔的品质,促进其实现劳动就业、自食其力。

四、心理康复的方法

特殊儿童由于自身的各种缺陷,往往存在自卑、孤独、自伤行为、攻击性行为、对抗行为、学习困难等心理问题。心理康复是特殊学生全面康复的一个重要组成部分,对学生的全面发展非常重要。

(一)认知疗法

认知疗法以社会心理学为理论基础,根据人的认知过程,影响其情绪和行为的理论假设,通过认知和行为技术来改变治疗对象的不良认知,矫正其不良行为。

认知疗法主要有理性情绪疗法、贝克认知疗法、自我指导训练、解决问题技术训练、认知分析治疗和应激接种训练等。它主要以人们对发生事件的认知来决定人们情绪反应和行为的关键,也称为"ABC理论"。A即诱发事件;B即个体在遇到诱发事件之后产生的相应的信念;C即特定情境下,个体的情绪及行为的结果。该理论和方法对于特殊儿童的情绪行为干预具有较好的效果,可以帮助学生认识到自己的非理性信念,重新建构自己正确的理性信念。

(二)音乐治疗

音乐治疗是以心理治疗的理论和方法为基础,运用音乐特有的语言和功能,通过生理和心理两个方面的途径来进行治疗的一种方法。

音乐治疗主要包括主动性音乐治疗、被动性音乐治疗和音乐电疗等方法。

主动性音乐治疗,是通过让治疗对象在演奏、演唱中情绪高涨、心理充实的方式,逐步建立适应外界环境的能力,调节身心,达到康复的目的。被动性音乐治疗,是指治疗对象在被催眠的情境下,通过听音乐和治疗师的引导,产生想象和联想,使之在不知不觉中增强自我认识。音乐电疗,是运用物理、中医理论和音乐治疗相结合的治疗方法,通过与音乐同步的低、中频电流刺激治疗对象的穴位,使物理能量对机体产生振动,进而产生震颤、肌肉收缩、紧迫等感觉,促进局部血液循环,起到康复的作用。

常见的音乐疗法有:RBT疗法、奥尔夫音乐疗法、若道夫·罗宾斯创造性音乐疗法、体感振动音乐疗法、中医五行音乐的临床应用等。

(三)行为治疗

行为治疗,也称为应用行为分析、行为改变技术、行为矫正技术等,是以经典条件反射理论、操作性条件反射理论和学习理论为基础,强调在非实验室的、自然情境中对个体行为进行观察和测量,以实施行为矫正的方法。行为治疗在孤独症儿童干预领域长期占据重要的地位。

行为治疗旨在使用各种方法减少、消除个体不良行为,塑造、增进良好行为。主要包括塑造法、正强化法、榜样法、渐隐法、代币制、负强化法、厌恶疗法等。

(四)沙盘游戏

沙盘游戏(也称为箱庭疗法)是在治疗者的陪伴下,治疗对象从玩具架上自由挑选玩具,在盛有细沙的特制箱子里进行自我表现的心理疗法。其基本理论包括分析心理学、洛温菲尔德的"世界技法"和东方哲学思想(如中国的道学、易学和禅学思想等)等。

治疗者可以在与治疗对象建立信任关系的基础上,引导治疗对象在自由和放松的情绪中玩沙盘游戏;治疗对象在沙具摆放结束后,由治疗者对其作品进行拍照,日后进行分析和研究,从而在使治疗对象得到情绪宣泄的同时,完成专业的评估和辅导介入。

(五)绘画疗法

绘画疗法是以大脑两半球分工和心理投射理论为基础的,借助绘画及其创造性的自由表现活动,使绘画者释放情绪和冲突,获得舒缓和满足,从而达到治疗的效果的方法。

绘画疗法主要有3种形式:一是自由绘画,使治疗对象可以自由地表达其渴望表现的内心世界,治疗者可通过绘画探察治疗对象最为迫切需要解决的问题;二是命题绘画,即治疗者规定了绘画的内容,通过治疗对象在命题下的绘画(画面摆布),来分析治疗对象存在的问题;三是介于上述二者之间,治疗者给出一定的刺激或未完成的绘画,由治疗对象完成,最后由治疗者进行解读。

第二章

特殊儿童康复游戏

游戏是一种社会文化现象，反映了人的主体精神活动，具有丰富、复杂的内涵。喜欢游戏，是儿童的天性。本章将首先从儿童游戏的基本内涵、理论依据、功能属性等方面进行简要阐述，然后重点围绕游戏应用于特殊儿童康复的有关理论和做法，以在理论方面探索康复游戏的应用策略和价值。

第一节 儿童游戏概述

一、游戏

游戏是人类与生俱来的活动，也被认为是儿童的天职，并伴随着人类的发展及个人的成长过程。心理学研究认为，游戏是儿童身心发展与变化过程中出现的自然现象；教育学研究则认为，游戏是达成教育目标、优化教育效果的媒介，属于社会化的范畴。但是，迄今为止，未能有人对游戏下一个准确的、可被理论界和学术界所公认的定义。

二、西方儿童游戏发展概述

在西方人类发展史上，游戏一直是哲学论述中的一部分，被视为人类必需的生存状态之一，是人类实现自身完整性的重要因素。柏拉图认为，追求真理的过程即是展现给神的游戏。他还认为，身体上的被迫劳累对身体无害，但，被迫进行的学习却是不能在心灵上生根的；可以在游戏中更好地了解到每个人的天性。[①]儿童游戏的思想则在约翰·洛克、伊曼努尔·康德等启蒙思想家重新思考人类心智的过程中获得了越来越多的关注。17世纪的英国哲学家洛克认为，"游戏是童年阶段所必需的，儿童天生就是游戏者，他们追求假想的'幻想'带来

---

① [古希腊]柏拉图.理想国(权威全译本)[M].郭斌和,张竹明,译.北京：商务印书馆,2019:308.

的乐趣"①。康德是一位启蒙思想家,他认为想象根植于游戏,游戏是在头脑中进行的。②福禄贝尔更是把游戏提升到作为一种活动类型的地位上,他在总结前人经验的基础上,结合自己学到的教学原则,形成了一套使用自然科学启发下的实物的、以游戏为本的课程。

19世纪的一批研究游戏的学者,包括斯宾塞、霍尔、格鲁斯等,受达尔文进化论的影响,依托于人的本能,从游戏的科学视角形成了"剩余精力说""松弛说""前练习说""复演说"等早期游戏理论。斯宾塞提出了打架游戏与人的统治的需要相联系,合作游戏与人的社会交往的需要相联系,艺术的游戏能增强象征的能力等。霍尔在理论性地理解儿童和儿童发展方面找到了解释进化的途径,写了关于儿童发展的许多方面的内容,其中包括儿童的游戏。③格罗斯提出游戏是为适应的目的服务的,它的功能指向物种的生存。他写了关于游戏的经典著作《动物的游戏》和《人的游戏》。④

进入现当代,儿童游戏迅速发展,并被赋予教育的同等作用。从20世纪开始,蒙台梭利、杜威、维果茨基等教育家都在儿童游戏方面有深入的研究。蒙台梭利是有创见的教育家,在儿科、精神病科和特殊教育等领域都有丰富的工作经验。她创设的学校环境,准备的设备、教具等,都彰显了"儿童在玩游戏中、玩玩具中学习"的理念。杜威在游戏与儿童知识内化等方面都有深入论述,他提出了儿童游戏的含义,对工作和游戏进行了区分,对游戏的教育目的都有鲜明和具体的观点。

---

① [美]乔·L.弗罗斯特,苏·C.沃瑟姆,斯图尔特·赖费尔.游戏和儿童发展[M].唐晓娟,张胤,译.南京:江苏教育出版社,2011:9.
② [美]乔·L.弗罗斯特,苏·C.沃瑟姆,斯图尔特·赖费尔.游戏和儿童发展[M].唐晓娟,张胤,译.南京:江苏教育出版社,2011:10.
③ [美]乔·L.弗罗斯特,苏·C.沃瑟姆,斯图尔特·赖费尔.游戏和儿童发展[M].唐晓娟,张胤,译.南京:江苏教育出版社,2011:17.
④ [美]乔·L.弗罗斯特,苏·C.沃瑟姆,斯图尔特·赖费尔.游戏和儿童发展[M].唐晓娟,张胤,译.南京:江苏教育出版社,2011:18-19.

三、中国儿童游戏发展概述

中国的游戏与人类的发展几乎同步。早在茹毛饮血、穴居巢处的原始时代,先民们就有拉着牛尾巴唱歌跳舞,或者围着打来的猎物手舞足蹈的情景,或许这些便是最为原始的游戏形式。到了奴隶社会以后,一些较为简单的,但又较具刺激性的游戏被逐渐创造出来,诸如斗鸡、走狗、六博等,都是当时社会上十分流行的游戏形式。汉语的"游戏"一词由"游"和"戏"构成,最早将"游"和"戏"二字连用的,大概是战国时期《韩非子·难三第三十八》中的"管仲之所谓言室满室、言堂满堂者,非特谓游戏饮食之言也,必谓大物也"。《乐府诗集》的《懊侬歌》中也记载:"黄牛细犊车,游戏出孟津。"在长达两千多年的封建社会里,中国的游戏有了非常广泛的发展,各种新型的游戏形式不断涌现出来,同时,游戏之于教育、休闲等的功能也逐步被挖掘出来。崔学古在《幼训》中提到了游戏对儿童发展的作用:"优而游之,使自得之,自然慧性日开,生机日活。"[①]他认为教育要顺应儿童的自然发展规律,游戏则是其最主要的手段。

进入现当代社会,游戏已经成为文明社会经验的一部分,也在促进儿童健康发展和教育等方面占据重要地位。陶行知先生就曾提出,要解放儿童的活动空间,使儿童可以全身心地投入游戏。陈鹤琴先生提出的体育课程思想和方法,无一不与游戏相关联,倡导在游戏中教学、在游戏中锻炼。在前人不断研究、总结的基础上,现在游戏作为儿童教育的重要手段,已经普遍为人们所接受。

四、儿童游戏的特性

儿童游戏是一种社会性的活动。回归游戏的主体本位观,在社会的大环境下应突出儿童游戏的自由、自主、自愿和需要等活动特征。

[①] 胡福贞,周雅君.关于儿童与游戏关系的再思考:从"游戏性"到"游戏力"再到"游戏的儿童"[J].陕西学前师范学院学报,2021,37(10):2.

(一)主动自发性

儿童游戏是儿童内在本质的自发表现,是内在本质出于其本身必要性和需要的外在表现。游戏会给儿童带来欢乐,是非强制性的。游戏中,儿童是唯一的主宰者,主宰自己的世界,满足他们自发、自愿的需要。儿童从自己的主观愿望出发,积极主动地参与游戏,最大限度地发挥自身的潜能,在游戏中体验现实生活中难以实现的愿望。

(二)愉悦目的性

游戏中的儿童是快乐的,他们全身心投入,在最自然、最轻松的游戏中满足需要,享受快乐,并借助游戏表达内心的需求和情感。所以说,儿童游戏是非功利性的,儿童游戏的目的就是愉悦身心、平衡心理和宣泄情绪。

(三)自主选择性

儿童参与任何活动都有选择性,参加游戏也不例外。游戏中,儿童可以根据自身需要,自主选择是否参与游戏、游戏的伙伴、游戏的辅助器具、游戏的场地和方式等,即使是在老师、家长等组织者设定了规则和内容的情况下,该项游戏也至少是儿童发自内心地认同的。所以,自主选择性是儿童自主、自愿的反映,是儿童游戏的本质特征之一。

(四)弹性灵活性

儿童游戏的时间、规则、内容等都可以随着游戏参与者的意愿,适时、适当地进行调整,以充分保障儿童参与游戏的兴趣。改变游戏规则,可以让儿童在游戏中不断增加新奇的体验,并调动儿童在游戏中的创造性。

(五)虚构创造性

儿童游戏本身就是基于现实生活的创造性活动。儿童在游戏中,通过自由创设各种目的和规则,利用模仿和想象虚构理想中的世界,表现自身的生活和精神世界。因此,儿童游戏是创造性的活动,也是发挥儿童想象力和创新性的有效活动。

第二节 儿童游戏的理论

游戏理论,是基于游戏的研究基础和研究经验的理性思考,对研究游戏、应用游戏有具体的指导作用。治疗师应总结关于游戏的实践经验和理性功能,提出适合的游戏指导思想。本节,我们将选取西方关于游戏发展中具有代表性的几个研究领域,来简述关于儿童的游戏理论基础。

一、关于心理学领域的游戏理论

(一)弗洛伊德学派的儿童游戏理论

心理医生弗洛伊德在达尔文物种起源的学说基础上,从生物和文化的影响因素这一角度解释人类行为。他创立了精神分析理论,基础就是讨论遗传和环境对人格结构的作用,探讨生理性的驱动力。他认为,大多数的交互作用机制都是下意识或无意识发生的,我们明确知道的只是头脑中处理的一小部分而已,这是从"自我"的一个"抽象理论修辞"角度对游戏进行思考的主要理论基础。[①]

弗洛伊德的追随者们进一步丰富了他的游戏和人格发展理论,从治疗的功能、心理分析等角度提出游戏的相互作用的观点。游戏作为动机来源的驱动力等观点是弗洛伊德学派的一个重要的理论性概念。其理论的影响是深远的,我们可以认识到儿童在游戏中解决问题,游戏作为儿童生活历史的建构者的独特性等。

(二)皮亚杰的儿童游戏理论

皮亚杰是瑞士心理学家、逻辑学家、生物学家、发生认识论学者。他建立了认知性同化经验的游戏概念,从儿童出生后的活动,以及认知发生发展的各个阶段,归纳了功能性游戏、象征游戏、结构游戏、规则游戏、假想游戏等游戏形式,在游戏的形式或类型与发展阶段之间建立了紧密的关联。在儿童发展的任

[①] [美]乔·L.弗罗斯特,苏·C.沃瑟姆,斯图尔特·赖费尔.游戏和儿童发展[M].唐晓娟,张胤,译.南京:江苏教育出版社,2011:42.

意一个阶段,我们都会看到游戏是伴随其成长的一种主要活动形式。虽然今天的研究者对皮亚杰所得出的关于游戏性质和发展的结论可能存在不同的意见,但不可否认的是,皮亚杰的思想对任何一个研究儿童游戏的学者都产生了较大的影响。①

(三)布鲁纳的儿童游戏理论

布鲁纳认为游戏是一项不成熟的活动,儿童通过游戏来探究和掌握未来成人社会需要的能力,把游戏看作从行动到意义的转化。游戏创设了一个把物品当作工具来使用以帮助人们解决问题的情境。在游戏情境中,儿童逐步学会使用工具来解决问题,在游戏中学习社会习俗和社会符号。②

二、关于社会学领域的游戏理论

(一)帕腾的社会性参与理论

米尔德里德·帕腾认为,我们在儿童展示出的社会性参与类型中都能看到一个发展过程。从同伴参与关系的角度,儿童游戏经历了3个阶段:一是非社会化的活动阶段;二是平行游戏阶段;三是联合游戏和合作游戏阶段。帕腾提出的儿童游戏的发展过程,为客观看待儿童与同伴交往的普遍性提供了理论框架,也对同伴文化和同伴教育给予了理论支持。③

(二)贝特森的元交际理论

贝特森的"元交际"游戏理论也是逻辑学、数理学、人类学等多学科融合的游戏理论。"元交际"是处于交际过程中的交际双方对对方真正的交际意图或所传递的信息意义的辨识与理解。"元交际"是游戏的一个重要特征,即儿童通过意义含蓄的交际方式来进行交流信息的认知与确认,从而确定"在游戏中"的状

---

① [美]乔·L.弗罗斯特,苏·C.沃瑟姆,斯图尔特·赖费尔.游戏和儿童发展[M].唐晓娟,张胤,译.南京:江苏教育出版社,2011:52-53.
② [美]乔·L.弗罗斯特,苏·C.沃瑟姆,斯图尔特·赖费尔.游戏和儿童发展[M].唐晓娟,张胤,译.南京:江苏教育出版社,2011:55.
③ [美]乔·L.弗罗斯特,苏·C.沃瑟姆,斯图尔特·赖费尔.游戏和儿童发展[M].唐晓娟,张胤,译.南京:江苏教育出版社,2011:56-58.

态。游戏中的"元交际"隐喻特征在人类的文化生活中广泛存在,是通向人类文化和表征世界的途径与必需的技能,也是组成人类文化的现实和基础。[①]

(三)维果茨基的社会性活动理论

社会性活动学说主要用马克思主义的观点来解释儿童的游戏行为,强调游戏是儿童最重要的活动,主导着他们各方面的发展;强调游戏是社会性发展的产物,反对游戏本能论的观点。维果茨基是社会性活动理论的代表,他在儿童游戏中主要关注2个基本问题:一是游戏的起源、发生及其发展过程;二是游戏是不是儿童最主要的活动。他倾向于儿童游戏更宽泛、更一般的意义,强调游戏、认知和情绪的关系,认为游戏是刺激儿童发展的重要途径之一。维果茨基认为,游戏有虚拟性、群体性、角色性、规则性等特征,可以把儿童游戏分为模仿性游戏、建构性游戏、约定性游戏等类型。

(四)史密斯的行为适应理论

行为适应理论的代表学者史密斯认为,游戏能促进儿童对一定环境的较好适应,在特定的安全环境范围内,新的环境与儿童已有的认知发生了某些冲突,这种冲突能够培养儿童的创造力和良好的行为。史密斯特别强调象征性游戏的假装作用,它使儿童具有创造的空间自由,进而促进儿童灵活感和自由感的发展。

第三节 | 儿童游戏的功能

自从20世纪80年代提出素质教育以来,促进儿童全面发展便成为我国教育改革的主旨思想,并一直受到党和政府,以及教育研究者的重视。党的二十大报告提出,要培养德、智、体、美、劳全面发展的社会主义建设者和接班人。从教育的视角来看游戏的功能,必须要全面贯彻党的教育方针,落实立德树人根本任务,遵循全面育人的方向。

[①] 滕春燕.有意义游戏的幼儿教育构想[D].南京:南京师范大学,2021:19.

一、游戏与德育

游戏对儿童而言,有着重要的道德启蒙意义和伦理价值。儿童之间存在的差异,主要体现在儿童先天和遗传基因的不同上,后天的发展则会因社会发展、生活环境、文化熏陶、教养引导等方面的不同而不同。因此,儿童在自身的理性与欲望、道德与情感等方面都是有差异的。但是,游戏本身具有"求善""合作""正义""勇敢""仁爱""同情"等方面的价值体现,可以通过儿童之间的游戏互动,传递正向的伦理道德观,从而促进儿童的道德建构。

儿童游戏是儿童社会化进程中的"缓冲区",是儿童迈向文明与道德的重要载体。儿童通过角色扮演游戏、假想类游戏、象征性游戏等,在游戏中再现社会化和生活化的场景,并在游戏中演绎求真尚善、文明礼仪、公平正义、果敢坚忍的积极道德情感;通过合作游戏、规则游戏,培养儿童的合作意识和契约精神,这种教育效果是传统常态化的教育无法比拟的。

二、游戏与智育

儿童的心理发展水平直接影响着其认知的发展,社会性的参与也是帮助儿童提升认知能力。游戏同时具备心理性和社会性等多方面的特性。儿童在参与游戏的过程中,其感官、思维、记忆等方面的功能被全面发挥,这对儿童的智力发展和认知能力的提升有着重要的作用。实践性的游戏过程,也是促进儿童大脑发育、动手操作能力发展、逻辑思维发展等的有力抓手。

从学科方面来看,游戏对儿童智育的促进作用是显而易见的。传统故事的演绎、各种情境的重现等游戏,对儿童运用语言文字与沟通和交往能力的发展具有较好的促进作用;数理游戏、搭配游戏等,对儿童的数理知识的学习和空间感觉的发展具有一定的促进作用。因此,将游戏应用于教学中,可以起到事半功倍的效果。

三、游戏与美育

游戏和美育虽然分属不同的研究领域,但在某些特定的背景下,二者是紧密联系在一起的。游戏的世界可以满足不同年龄阶段和不同特点儿童的审美需要,是天然的美育媒介。儿童游戏种类繁多,每一款游戏的形式、道具、声像、节奏等,都可以多渠道地、综合地对儿童产生影响。儿童可以在游戏中体验成人世界的审美活动,他们既是美的欣赏者,也是美的创造者。

儿童游戏体现生活之美。例如,角色扮演游戏中,儿童在家庭生活中的和谐相处、语言交流、动作关怀等,无一不体现了生活之美;又如,在想象类游戏中,儿童基于生活体验与憧憬的天马行空的想象,也处处体现生活之美。

儿童游戏体现艺术之美。例如,儿童在游戏中的表演"戏份十足",俨然小小"艺术家";儿童在游戏中涂鸦,充满想象和动感的画面,不亚于美术大家的风范。

儿童游戏体现情感之美。例如,儿童在游戏中表现的"人文关怀",体现的"角色规则",展示的"崇善尚美",既彰显了游戏的德育功能,也体现了游戏的情感之美。

四、游戏与体育

体育强调外在的奖励、竞争和专业技能,对儿童有强身健体、锻炼意志、增强协作的功能,而其活泼性、趣味性特征,深受儿童喜爱;但体育训练过程中也存在枯燥、痛楚等感受,可谓是让儿童"既爱又恨"。游戏可能会被描述成"体育活动的变体",掰手腕可以锻炼腕力,踢毽子可以锻炼腿部力量、手眼协调和关节的灵敏度,放风筝可以锻炼奔跑能力等;游戏的娱乐性、自由性更为儿童所接受。因此,游戏与体育相结合,运用游戏的方法开展体育教学,是有效的教学方式。

游戏化的方法丰富了体育教学的形式,引起了儿童兴趣,提高了课堂参与度。丰富多彩的游戏方式、身临其境的体验式游戏教学方法,可以化解教师单向授受式教学的问题,激发儿童的学习欲望,调动儿童学习和训练的积极性。

体育游戏融合体育训练与游戏的功能,促使学生在玩中学、乐中练。将体育训练动作以游戏的方式呈现,创设生活化、实景式的游戏教学情境,能够充分发挥儿童的主观能动性,在达成锻炼的目标基础上提升儿童的意志力。

五、游戏与劳育

儿童游戏与劳动教育是互相促进的关系。游戏可以促进儿童劳动教育的发展,劳动教育又可丰富儿童游戏的内涵。进入新时代以来,习近平总书记多次提出要加强劳动教育;2020年3月20日,中共中央、国务院颁布了《关于全面加强新时代大中小学劳动教育的意见》,进一步明确了劳动教育的重要性和具体的要求。但是在实践中,儿童劳动教育仍存在内容简单化、价值单一化、体验浅表化的问题。基于此,将游戏与劳动教育深度融合,探究游戏化的劳动教育课程实施策略,是有效的尝试。

在学习内容上,结合生活,将游戏的情景注入儿童劳动教育中,不仅可以最大限度地调动儿童劳动的积极性,还可增强其直观的劳动感受,最大程度地帮助儿童理解教育内容。

在学习方法上,游戏是帮助儿童掌握学习内容的关键手段。游戏让枯燥无味的劳动教育变得富有趣味性,轻松、自由、愉悦的学习环境有利于儿童的学习。

在学习环境上,游戏化的儿童劳动教育环境呈现出丰富性和直观教育性的特征,儿童的学习环境和生活空间充满乐趣,潜移默化地影响儿童参与活动的积极性和主动性。

第四节 | 儿童游戏的类型

以儿童年龄和生长发育中出现的重要变化为基础,依据儿童各个发展阶段的主要特征划分游戏类型,是相关研究普遍接受和采用的方法。因此,本节结合皮亚杰的儿童发展认知理论、埃里克森的心理社会理论、维果茨基的社会性活动理论、帕滕的社会性参与理论等,从探索性游戏、创造性游戏、功能性游戏和社会性游戏等方面对儿童游戏进行概括性分类。

一、探索性游戏

婴儿出生后,从蹒跚学步到牙牙学语,都是逐步感知和探索世界的过程。在这个过程中,婴儿通过条件反射自己发起游戏活动,在他人的示范、鼓励和提供材料的情况下,尝试独自或与他人一起探索各类游戏。

(一)动作游戏

儿童动作的发展包括大肌肉动作能力、精细动作能力和感知—动作能力。大肌肉动作能力是指抬头、翻身、坐位、滚动、爬行、站立、行走、跑跳,以及上下楼梯、荡秋千、推拉车等大的身体动作;精细动作能力是指抓握、手眼协调、拍手,以及系鞋带、扣纽扣、拉拉链等精细化的动作能力;感知—动作能力是指儿童的身体意识、空间意识、方向意识和时间意识等。

动作游戏,主要是指通过徒手或使用玩具开展的以身体动作为主要方式的游戏活动。婴儿从能够控制自己的身体后就开始了动作游戏,例如:独自玩自己身体的各部分(玩手指头、脚指头等)、抓握和探索玩具(使用新的动作技能把物体和周围环境纳入游戏中)等等。婴儿最初重复的动作是为了适应并了解它,还不算是游戏。但当他一再重复该动作,并在操作该动作的过程中获得了快乐,就变成了游戏。随着儿童年龄的增长和能力的提升,他们越来越多地把大肌肉动作、精细动作和感知—动作等能力运用在游戏中。儿童在动作运用中获得功能性的快乐,满足生理上的需求,也是参与游戏的过程。

从特点和功能上进行归析,动作游戏同时兼有功能性游戏和社会性游戏的特点。把动作游戏归类于探索性游戏,主要基于皮亚杰关于儿童的认知发展理论。运动游戏是儿童感知运动阶段即出现的游戏形式,主要靠儿童感知和动作来认识环境、与人交往;在成长的过程中,儿童也是不断通过运动来认识世界、探索规律的。因此,笔者仍将其归类于探索性游戏范畴。

(二)物体游戏

物体游戏,是指儿童以物体作为载体,施加作用,或者运用物体开展活动,并在此过程中获得愉悦感受。例如:儿童在婴儿期对物体的咬、摇、敲等动作,或者按照物体的性能给予对应的回应,幼儿期玩玩具的过程等。较少有学者将物体游戏单独作为一项概念进行游戏分类,多与其他游戏融合。

儿童运用物体来探索新事物、感受新环境、体验新动作、学习新知识,在此过程中获得身心的愉悦感。因此,该过程也是探知的过程,我们将其归类于探索性游戏。

(三)模仿游戏

模仿是儿童的天性,也是儿童学习的一种方式。简单来说,模仿游戏就是儿童通过模仿人或动植物的动作、形态、语言(声音)等,以获得身心愉悦感受的游戏。例如,通过模仿动物的跑、跳、攀爬等各种动作,或者模仿他人的声音、动作、衣着、打扮、形态等,以达到愉悦身心、训练动作、激发兴趣、获得满足的目的。

模仿游戏的概念并未在游戏理论中出现,一般是由教育者或家长从实用性的角度出发,设置情境、适度指导,使儿童在实践中探索模仿动作、语言、形态、声音等对象时的要领,实现游戏教育的目的。

(四)象征游戏

按照皮亚杰关于认知游戏的3个阶段,象征游戏出现在感觉动作阶段的后期并贯穿整个前运算阶段,也被称为假想游戏,是使用具体的事物表现某种特殊意义。其主要表现形式包括:把一种东西当成另一种东西,即以物代物,例如把积木当作肥皂洗手、把枕头当作婴儿抚摸等;把自己假装成另一个人,即以人代人,例如把自己当作爸爸、妈妈,给同伴以相应角色的动作等。象征游戏的主要特征是模仿和想象,动作游戏和物体游戏为象征游戏提供了基础。

象征游戏是皮亚杰根据儿童认知发展的阶段提出的游戏分类。从游戏分类的角度,模仿游戏、替代游戏、角色游戏、结构游戏等均属于象征游戏。笔者从游戏的表现形式、特征和功能性等视角综合考虑,把象征游戏作为探索性游戏的一个类别提出,旨在突出该游戏在儿童认知和独立探索的过程中的作用。

二、创造性游戏

游戏是儿童自主、自由、自发的活动。自主性,说明游戏不是让儿童简单地照图模仿,而是在教师的指导下唤醒儿童的创造意识,帮助儿童寻找活动的乐趣,让他们主动投身游戏之中。因此,从创造性游戏的视角来看,游戏可以分为角色游戏、表演游戏和结构游戏3类。

(一)角色游戏

角色游戏是儿童通过操作游戏材料,与同伴进行交流、合作,借助扮演的角色,创造性地再现周围社会生活的游戏。在游戏中儿童可以将自身代入扮演的角色中,选择喜欢的材料和情节进行游戏,极大地发挥自身的自主性。在这一过程中,儿童既是游戏的参与者,也是游戏的创造者,他们发挥想象,借助实物进行游戏塑造,自己确定游戏主题,按照自己的想法选择和布置场地、选择游戏内容、设计情节等,都体现了角色游戏中自主性的价值。

角色游戏深受低龄段儿童,特别是学龄前儿童的喜爱,但是角色游戏对儿童自身的生活经验、理解和想象能力、思维和记忆发展水平等要求较高,因此,特殊儿童开展角色游戏存在一定的困难。

(二)表演游戏

表演游戏是儿童根据故事、童话等内容,运用语言、动作、表情、姿势、道具等进行表演的游戏,是儿童对故事或童话情节自主、独立的理解。儿童在表演游戏中可以自由地增减情节、变更语言和动作,充分体现了儿童的自主性和创造性等特征。

表演游戏是儿童对故事和文学作品的再创作,以愉悦性为目的,对儿童的语言能力、合作能力、表演能力、动作能力等均有较好的促进作用,教育的功能性明显。

(三)结构游戏

结构游戏又称"建构游戏",是儿童利用各种结构材料,根据自己的想象、意愿和生活经验等自主构思,亲自动手操作,反映现实生活的创作活动。游戏的内容涉及拼图、搭积木、插积塑、做泥工、做手工、堆雪人、筑沙碉堡、做木工活动等。

结构游戏可以有效促进儿童想象力、动手操作能力和手眼协调能力的发展,既可作为独自游戏,由儿童独立进行,也可由同伴合作完成,在家庭教育、学校教育和社会机构的教育活动中均有广泛应用。

三、功能性游戏

功能性游戏是指通过游戏达到一定的教育目的,使儿童的某一个方面实现功能性的转变,也可称之为工具性游戏。功能性游戏开始于婴儿期的练习游戏和物体游戏,广泛应用于学前儿童和学龄段儿童的各项教育活动中。

(一)康复游戏

康复游戏是以游戏为手段或媒介,对儿童某个方面的不足给予相应训练的活动。儿童的康复包括生理方面和心理方面,其中:生理方面的康复游戏是指对儿童感官知觉、运动能力、言语能力等方面进行康复的游戏活动;心理方面的康复游戏是对儿童情绪行为问题、心理健康问题等方面进行矫治的游戏活动。

康复游戏在特殊儿童康复训练领域应用广泛且被证明具有实效。康复游戏调动了特殊儿童参加康复训练的积极性和主动性,提升了康复训练的效果。

(二)体育游戏

体育游戏是通过体育和游戏相结合的方式,把体育教学内容融入游戏活动中,在游戏中展现体育的内容和精神,促进儿童全面发展和进步。

体育游戏集教育性、娱乐性和竞争性于一体,通过组织儿童以游戏的方式进行各类动作的练习,将身体的力量训练、柔韧性训练、协调性训练、灵活度训练等内容有机结合,促进学生身体训练的同时增强其团结协作的意识。

(三)智力游戏

智力游戏是以认知训练为主要目标的游戏活动。认知由感觉、知觉、记忆、思维、想象、言语等构成,智力游戏对儿童的认知发展有促进作用,益智性是智力游戏的主要特征。智力游戏可以细分为观察类游戏、想象类游戏、思维类游戏、记忆力游戏等多种类型。

智力游戏适用于家庭、教育机构等多种环境,游戏的形式彰显趣味性、多元化和生活化等特点,不但可以促进儿童认知能力的发展,还可以增强儿童的合作能力和手眼协调能力。

(四)音乐游戏

音乐游戏是以发展儿童音乐能力为主要目标的游戏,是以游戏的方式对儿童进行音乐基本素质训练,也是培养儿童认识音乐世界、提高音乐素质的良好途径。将游戏的理论应用到音乐中,不仅能促进儿童各方面的发展,而且也能培养儿童的创造力。

音乐游戏的形式和内容多样,包括歌舞游戏、表演游戏、听辨反应游戏等,具有音乐性、趣味性、规则性、创造性、教育性、愉悦性、多样性和灵活性等特点。

四、社会性游戏

(一)独自游戏

独自游戏是指儿童单独玩的游戏。他的游戏和可谈话距离内的其他儿童的游戏不同,他不想凑近那些儿童,只专注于开展自己的游戏。

儿童独自游戏,有可能是游戏比较简单,可独自完成;也有可能是儿童需要安静,不想被打扰,喜欢独自完成游戏。独自游戏在孤独症儿童身上经常发生,孤独症儿童游离于正常的社交范围之外,在独处的过程中开展各类游戏,从而"自娱自乐"。

(二)平行游戏

平行游戏是指儿童单独玩游戏,但是该游戏活动使他成为周围儿童的一部分。因为他玩的玩具、游戏方法和过程等与周围儿童的类似,他与周围儿童都各自进行独自游戏,玩游戏的儿童之间相互没有影响或不需要因对方而改变。

正常的儿童均有社会交往的需求。因此,平行游戏一般仅是因游戏方法或规则的需要,也是因游戏设计者和组织者训练的需要而进行。

(三)联合游戏

联合游戏是指儿童与其他儿童围绕同样的活动进行游戏,所有的游戏者都在做类似的活动,没有分工和活动组织。儿童个人的游戏兴趣不会因为向他人妥协而改变。

在联合游戏中,儿童以自己的兴趣为中心,做自己愿意做的事情;同时参与游戏的各个儿童没有建立共同的目标,但在游戏中有时会有短暂的语言交流和互借玩具等行为交流。

(四)合作游戏

合作游戏是以儿童的集体合作为主要形式,儿童在游戏中有明确的分工、合作和规则意识,在游戏中通过相互合作达到某种目的。

合作游戏对儿童的领导力、团结协作精神和沟通交往能力等都有一定的训练效果,在各类教育培训、教育教学等活动中应用广泛。

(五)规则游戏

规则游戏是儿童按照一定的规则进行的、带有竞赛性质的游戏,参加游戏的儿童必须是二人及以上。它以规则为中心,用规则来组织游戏。儿童规则游戏与认知的发展关系密切,儿童进行规则游戏,更能适应真实环境,服从真实世界的规则和秩序,这也表明了儿童达到了能更好地让自己的思维顺应真实世界的水平。如果儿童的智力达不到一定的水平,无法理解并遵守规则,就谈不上制订规则,更无法进行规则游戏。

规则游戏不但能锻炼儿童的认知水平,也对儿童社会适应行为的发展具有很好的推动作用,为儿童积极的社会交往提供了基础,在儿童教育和康复领域有广泛的应用价值。

(六)语言游戏

语言游戏是儿童探索和操作他们语言系统诸多方面的一种模型,是儿童运用语音、语调、词语等开展的游戏。在游戏的过程中,语言是一种工具,儿童通过使用语言来设计游戏情节,进行表演、交流、讨论等,是一种社会性的活动。

从功能性的角度看,语言游戏也是康复游戏的一部分,可以通过语言游戏来发展儿童的言语和非言语沟通技能,提高沟通与交往的能力。

第五节 | 游戏与特殊儿童

第一章中,我们对特殊儿童进行了概述。这里需要提出的是,特殊儿童首要的身份是"儿童",其成长符合儿童生理和心理发展的一般性规律;其次,特殊儿童是身心存在某一方面或多方面缺陷的儿童,需要给予适合其特殊性和发展需要的教育。维果茨基曾说:"我们发现了秋毫之末般的缺陷,而未能看见受累于不正常的孩子身上所拥有的巨大的、生机勃勃的方面。"[1]因此,坚持教育公平,是社会主义教育的本质体现和价值取向,是特殊儿童实现平等受教育权和全面发展的要求和保障。[2]

---

[1] [苏]列·谢·维果茨基.缺陷儿童心理学研究[M].刘华山,等译.合肥:安徽教育出版社,2016:60.
[2] 丁勇.关于《人民日报》"四问特殊教育"的思考[J].现代特殊教育,2017(3):5.

在特殊儿童的康复工作中,充分调动儿童的积极性、激发其主动参与康复训练的动机是保证康复效果的有效措施。游戏为实现这个目的提供了大力支持。在特殊儿童的康复中运用游戏的方法,缓解儿童康复过程中枯燥、痛楚等体验,使康复的过程更具有趣味性,增强儿童参与康复活动的主动性,是有效的尝试。

一、特殊儿童游戏的特点

特殊儿童缺陷的情况是多种多样的,要判断不同类型、不同程度缺陷的儿童在游戏中的特点存在极大的困难。另外,不同行业的研究者对特殊儿童游戏的研究也有所不同。因此,笔者主要从特殊儿童教育和康复的视角,提出特殊儿童游戏的主要特点。

(一)特殊儿童存在社会交往障碍,独自游戏长期占据主导地位

特殊儿童普遍存在社会交往受限的情况:听觉障碍儿童和视觉障碍儿童缺少了社会交往中听觉语言或视力的支持;孤独症儿童、智障儿童和脑瘫儿童普遍存在言语和社交障碍的问题。社会交往障碍使特殊儿童长期游离于正常人际关系圈之外,社会性技能不足,这种情况直接造成其参与社会性游戏的困难。突出的表现是游戏的形式单一、非游戏行为或单独游戏行为较多,联合游戏或合作游戏行为较少。

(二)特殊儿童思维和想象能力较弱,自主性游戏能力不足

特殊儿童认知能力不足,直观形象性的观察、思维和记忆等能力长时间占据主导地位,抽象逻辑思维发展缓慢;想象力不足,理解和实践能力较弱。因此,与普通儿童相比,特殊儿童在游戏的自主性、探索性和创造力等方面均存在较大的差距,对以认知为基础的探索性游戏兴趣不大、能力不强。各类特殊儿童在创造性游戏上也有明显不同的表现,例如:孤独症儿童由于缺乏基本的表征能力,他们不能以一物来表征另一物,或者不能把游戏的角色在头脑中表征出来,因此,其一般不进行象征性游戏;听觉障碍、视觉障碍儿童在可参与的游

戏数量和方式、游戏行为的多样性等方面较为单一,其自发性、自主性和创造性难以达到普通儿童的水平;智障儿童在家庭中出现的主导游戏的装扮成分比在学校多,游戏的形式比较单一,想象力和创造力较差;脑瘫儿童因大脑发育的影响,会产生动作障碍并引发感觉、认知、语言、行为等多方面的障碍,缺少生活中的直接体验,思维水平较低,游戏的欲望和能力均明显不足。

(三)特殊儿童存在言语障碍,运用言语开展相关游戏的能力不足

特殊儿童普遍存在言语能力不足的问题。该不足主要表现在:部分听障儿童、脑瘫儿童、孤独症儿童和智障儿童无言语能力,或者言语发育迟缓;受智力障碍的影响,部分特殊儿童无法辨听和理解语言等。言语障碍直接导致儿童无法参与以言语为主要交际方式的游戏;假想游戏参与较少且水平不高,在象征性游戏中表现出一定的劣势;在群体环境中,有沟通障碍的儿童与同伴的互动较少,对同伴发起的游戏很少做出回应,还往往被同伴忽视。

(四)特殊儿童存在情绪行为问题,社会性游戏能力不足

儿童情绪情感障碍会影响其社会性游戏的开展。这主要从以下3个方面进行理解:一是该类儿童情感淡漠和行为刻板,对游戏行为不理解,对游戏缺乏兴趣和积极性;二是该类儿童对规则游戏的理解能力较弱,规则意识不足,不懂得遵守规则,更无法制订规则;三是受情绪行为问题影响,该类儿童的行为表现不容易被人所理解和接纳,他们与其他人之间形成了一道屏障,致使其参与联合游戏或合作游戏受限。

二、游戏在特殊儿童康复中的重要作用

游戏不仅是儿童愉悦身心的活动,其教育功能也是不容忽略的。同时,结合前文提出的游戏分类方法,以及特殊儿童身心发展特点及康复需求,我们认为游戏在特殊儿童康复训练中具有重要的作用,可以有效提升特殊儿童康复训练的效率和效果。

(一)探索性游戏:促进特殊儿童认识和探索外部世界,培养认知的敏锐性和适应能力

感官系统帮助我们接收外界的信息,加工系统帮助我们理解这些信息。未经加工时,我们只是得到了一大堆原始但毫无意义的信息。感觉信息加工是大脑中最早发生的一种信息加工模式。新生儿就完全生活在一个以感觉为主的世界中,他们最大的任务和困难就是感觉信息加工。随之而来的是认知加工,这是一种能够分辨不同模式,并建立事物之间联系的能力。[①]

与感知觉存在密切联系的还有动作。动作的发展是人类各类活动发展的基础,即儿童获取独立的途径。儿童动作的发展是在大脑、神经系统以及肌肉等共同作用下进行的,因此,儿童的动作发展和其大脑、神经系统以及肌肉的发展密切相关。动作在儿童心理发展中起着重要的建构作用,它使个体能够积极地构建和参与自身的发展。此外,动作还能够支持儿童从多角度深入地探索周围的物质世界和社会环境,从而给个体带来大量新的经验。[②]

儿童的动作和感知觉密不可分。特殊儿童感觉信息的输入非常混乱,出现认知加工方面的问题,缺乏对外界事物和信息的分析能力,无法正确认识和理解外部世界,从而出现注意力不足、感觉统合失调、动作能力较弱和不协调等问题。

游戏的介入,特别是有针对性地开展探索性游戏,可以有效改善上述问题。动作游戏可以训练大肌肉动作、精细动作和感知—动作能力,改善特殊儿童感官知觉系统的不足;模仿游戏、象征游戏等,可以令特殊儿童以愉悦的方式认识世界,通过直观形象感知各种信息。因此,游戏指导者(家长或教师)以评估为基础,针对特殊儿童感知觉不足之处,有针对性地设置游戏情境,指导儿童在游戏中感知事物和理解信息,从而培养其认知的敏锐力和社会适应能力。

---

① [美]斯坦利·格林斯潘,塞蕾娜·维尔德,罗宾·西蒙斯.特殊需要儿童智力和情绪发展指南[M].赵瑾娜,译.北京:华夏出版社,2014:18-19.
② 王辉.特殊儿童教育评估[M].南京:南京师范大学出版社,2015:92-93.

(二)创造性游戏:激发特殊儿童康复的积极性和主动性,培养思维的敏捷度和创造性

特殊儿童认知能力和社会交往能力的不足,都是因其缺陷引起的社会适应障碍。对比普通儿童,特殊儿童在心理学各领域的积极性和主动性都存在明显的差异,思维的敏捷性和创造性极为不足。对特殊儿童的教育和康复,也因为这些差异和不足而步履艰难、成效欠佳。维果茨基认为,"学校的核心教育学问题是特殊教学与社会教育的普遍原理之间的关系。利用特殊的教学法材料所进行的'心理矫正''感觉训练'应该完全融入游戏中,融入学习和劳动中"[①]。

游戏本身具有自发性、自由性和创造性等特点。特殊儿童的特殊性,使其并不容易体会到游戏的上述特点。其在游戏中偶尔表现出的愉悦感和积极性更显得弥足珍贵。基于此,游戏组织者(教师)运用恰当的语言指导和辅助,并安排同伴(同学)进行辅助和示范,组织特殊儿童在角色游戏中欣赏和参与、在表演游戏中尽情发挥、在结构游戏中创造性地参与,运用创造性游戏的特点和功能,激发特殊儿童参与康复的积极性和主动性,同时增加愉悦感,体验成功的快乐,并培养其思维的敏捷性和创新性。

(三)功能性游戏:提高特殊儿童康复的效率和效果,培养其生活适应和社会生活能力

特殊儿童的康复和教育目标,是补偿其缺陷、开发其潜能,促使其适应社会生活,回归主流社会,成为自食其力的人。但是,特殊儿童康复的过程是漫长的,需要长期的坚持但成效并不显著,在这个过程中,特殊儿童及其教育者(家长或教师)极容易产生懈怠的思想。

游戏为特殊儿童创造了一种安全、自由、包容的环境,使他们可以充分表达自己的各种想法,无论是喜悦的还是恐惧的。相比其他训练方法,康复游戏内容丰富、形式多样,更容易被儿童接受。特别是功能性游戏,其目标性更为突

---

① [苏]列·谢·维果茨基.缺陷儿童心理学研究[M].刘华山,等译.合肥:安徽教育出版社,2016:96.

出。它以体育、音乐、美术、劳动和一般性课程为基础,多学科融合地实施策略,具有综合性康复的功能。应用功能性游戏对特殊儿童实施康复训练,可以达到事半功倍的效果。

运用功能性游戏进行康复训练,教育者要注重游戏前的评估,准确了解儿童的缺陷、基础和最近发展区,科学制订康复目标;要注重游戏的设计适合学生的兴趣和能力水平,从而调动儿童的主观能动性,让儿童由被动地参与游戏变成游戏的组织者和设计者;要做好游戏预案,保障儿童在游戏过程中的安全。

(四)社会性游戏:增强特殊儿童社会交往和团结协作的能力,促进其回归主流社会

上文提到,回归主流社会是特殊儿童康复和教育的最终目标。增强特殊儿童的社会交往能力和团结协作能力,则是促进其回归主流社会的重要抓手。运用社会性游戏开展特殊儿童的康复和教育工作,有助于消除特殊儿童的沟通和社会交往障碍,促进其社会化发展。平行游戏有利于发挥儿童同伴间的示范作用;联合游戏有利于儿童间的交流与对比,激发共同的兴趣;合作游戏可以培养儿童的团队协作精神、竞争精神和规则意识。

教育者要做好儿童参与社会性游戏的组织和引导工作,创设游戏化的生活和教育环境,在儿童亲社会行为上有针对性地给予训练,示范如何与同伴发展友谊并科学合理地帮助儿童建立同伴关系,不断扩大儿童的朋友圈。

三、特殊儿童康复游戏的设计原则

特殊儿童康复游戏的总目标是针对特殊儿童的缺陷,运用游戏的方法进行教育和训练,坚持以人为本,促进特殊儿童在愉悦、自由和自主的氛围中改善不足,得到全面发展,适应环境并平等地参与社会生活。

(一)遵循特殊儿童身心发展的特点

我们一直在强调,特殊儿童首先是儿童,其次才是有特殊需要的儿童。无论是在生理上还是心理上,特殊儿童和普通儿童都存有很多共性,包括发展历程模式相似、生理组织结构相似、心理需求要素相似、人格结构发展相似和社会适应内容相似。其特殊性主要表现在某个方面的身心发展障碍、个体间及个体内的差异性和学习与生活适应能力等方面。"天生我材必有用",特殊儿童的差异性不应成为教育上的负担,而应以平常的心态与赏识和发现的眼光看待特殊儿童。康复游戏设计也是如此,首先要遵循特殊儿童生理和心理发育的特点,尊重儿童的个体差异,运用个别化、多样化的方法设计和开展游戏,确保每个儿童都可以充分参与游戏。

特殊儿童的发展评价包括感官知觉、粗大运动、精细运动、生活自理、沟通交往、认知和社会技能七大领域,康复的目标是促进其各大领域的各项技能协调发展。因此,康复游戏设计要遵循特殊儿童自身的能力水平和潜质,设计适合其七大领域内各项技能的游戏活动,为特殊儿童的个人发展与适应社会奠定基础。

(二)遵循特殊儿童全面发展和融入社会的需要

由全人教育观衍生出来的全人教育,是指教师在教学过程中要充分了解儿童的心理需求、能力、经验、性格和意愿等,并科学地融入教学活动中,不断激发儿童的求知欲、提高儿童的学习动机并使其快乐学习。该理念核心是教育过程促进人的全面发展,塑造全面发展的人,使其在身体、知识、技能、道德、创造性等方面和谐发展。[①]多元智能理论认为某项智能缺陷可通过重新选择其他智能作为旁路而加以补救。那些因为某方面存在障碍而难以获得学业成功的儿童,可以通过使用其他替代认知通道克服自身障碍,获得智能方面的发展。在全人教育和多元智能理论的支持下,特殊儿童的康复游戏应面向全体儿童,从特殊儿童的全面发展需要出发,注重基于多学科融合、多途径整合的综合性康复。

特殊儿童康复以融入社会需要为基础,康复游戏设计的目标、内容、过程和评价均应与生活实践相结合、与适应社会相统一,注重实景式实践体验,促使儿童在常态化情境中开展游戏活动,增强康复的实效性。

---

① 洪显利.特殊儿童游戏活动设计与指导[M].重庆:重庆大学出版社,2022:20.

(三)遵循以生为本、循序渐进的原则

以生为本、循序渐进是教育的主旨思想,同样也是设计康复游戏须遵循的原则。以游戏为媒介的康复训练,若要促进儿童在愉悦的氛围中补偿缺陷、开发潜能,就必须坚持以生为本和循序渐进。

坚持以生为本,是要切实根据儿童的基础和需求设计康复游戏,努力使游戏活动成为"最适合儿童的",而不是"适合老师的"或者"适合教学的",摒弃"想当然"的设计陋习。以生为本的康复游戏,强调"功能性是基础",同时要注重游戏的趣味性、综合性和可操作性,保证儿童喜欢参与和可以参与,并尽量调动儿童多感官参与,实现其对事物的整体认知和身心和谐发展。

坚持循序渐进,就是遵循儿童发展和社会性学习的规律。特殊儿童的发展不是一蹴而就的,要以最近发展区为依据,将其康复的目标分解成数个小目标;坚持小步子、多循环,从具体形象的活动逐步过渡到抽象性活动,层层深入地引导儿童去体验游戏和参与游戏,并不断增加游戏中涉及的康复的内容和强度。教育者同时要注重做好每个阶段的观察、记录、反思、调整,为下一阶段的游戏组织做好准备。

第三章 感觉统合游戏设计

感觉统合是研究大脑感觉加工功能与人类行为之间关系的理论,以及在此理论指导下的实践过程。本章将简要阐述感觉统合的基本理论,举例介绍特殊儿童感觉统合的康复游戏设计。

第一节 │ 特殊儿童感觉统合概述

依据皮亚杰关于人的认知发展理论,"感知运算阶段"是儿童认知发展的第一阶段。该阶段,儿童主要依靠感官得来的信息对环境做出反应。受生理发展障碍的影响,特殊儿童的感知觉普遍存在一定的缺陷,需要通过训练及其他感官的代偿来维持其感知的功能。

一、感知觉与感觉统合训练

感知觉是所有心理能力的起点,人所有的认知能力都是以感知觉为基础的。一旦失去对于感知觉的认识,那么人不可能产生知、情、意、行等心理活动。

(一)感知觉

感觉,是人脑对当前直接作用于感觉器官的客观事物个别属性的反映。感觉是人们认识活动的开始,通过感觉,不仅可以了解客观事物的各种属性,如物体的颜色、气味、软硬、光滑或粗糙等,也能知道身体内部的状况和变化,如饥饿、疼痛等。感觉是一切心理活动的基础,是人脑与外部世界的直接联系。

知觉,是人脑对当前直接作用于感觉器官的客观事物整体属性的反映。知觉是在感觉的基础上产生的,是对感觉信息整合后的反映。

感觉和知觉是紧密联系的心理活动过程。两者的共同点在于客观事物必须直接作用于感觉器官;不同之处在于,感觉反映的是客观事物的个别属性,而知觉反映的是客观事物的整体属性。感觉是知觉的基础,但知觉不是感觉的简单相加,而是对大量感觉信息进行综合加工后形成的有机整体。①

(二)感觉统合训练

感觉统合训练又称为"感知运动整合""感知整合疗法""感知统整",是大脑将从身体各个感觉器官传来的感觉信息,进行多次组织分析、综合处理,做出正确决策,使整个机体和谐有效地运作的一种训练。脑干是感觉统合最重要的部位。感觉统合是儿童发育的最重要的基础,对其身心发展起着不可替代的作用。婴幼儿期是感觉统合发展的最重要时期。

感觉统合训练的理论假设是:感觉刺激通过整合可转换成有意义的知觉判断,而知觉判断则会影响到个体能否适宜地与环境发生相互关系。②

二、感觉统合训练的基本理论

(一)感觉与神经系统的理论基础

1.中枢神经系统具有可塑性

大脑的结构和功能具有终生的可塑性,可塑性并非一定要有中枢神经系统结构上的变化。研究表明,年龄越小可塑性越大,尤其是7岁以前。因此,感觉统合理论多用于儿童,但同样适用于成人。

2.发育的连续性

儿童成长过程中每一阶段的行为表现,都为下一阶段更高级的行为发育提供了基础,行为功能从低级向高级发展,感觉统合功能得以不断发育成熟。

3.大脑既分工又整体地发挥功能

大脑高低级皮质之间互动发展,大脑低层次部分是高层次部分的发育基础,高层次的统合功能有赖于低层次的结构和感觉动作经验。大脑皮质的功能有赖于脑干提供充分的信息。

---

① 兰继军.应用心理基础教程[M].北京:北京大学出版社,2014:48.
② 朴永馨.特殊教育辞典(第三版)[M].北京:华夏出版社,2014:348.

4.适应性反应

与环境互动过程中的适应性行为是感觉统合的功能表现,反映了感觉统合的功能水平。

5.内驱力

在感知运动的活动中,人类有内驱力和动机促进自我指导和自我实现。

(二)大脑学习的发展历程

1.第一阶段:感觉通路的建立

个体能正确接收感觉刺激,正确筛选、调整及封闭感觉刺激的功能。

2.第二阶段:感觉动作的发展

感觉动作包括肌张力、眼球控制活动、姿势控制、平衡、对地心引力的安全感、母子情感依恋等,是对外界刺激做出适应性反应的不可缺少的要素,是儿童发育的基石。触觉、本体觉、前庭觉最直接地影响感觉动作。

3.第三阶段:对身体形象的认识

个体能认识身体各部分的位置、身体各部分的功能、身体各部分之间的关系及整个身体形象的特点。身体双侧动作逐渐协调发展,促使个体不断掌握新的动作技巧。

4.第四阶段:知觉运动的形成

个体能感知环境中物体的物理性质及进行听说模仿、完成指令等行为,是由既往所获得的经验积累储存于大脑而形成的。

5.第五阶段:认知学习的产生

个体发展出理解、分析综合、运用语言文字、掌握数量概念、专注力、自控能力等功能。

(三)感觉统合的循环过程

大脑在同一时间内接收来自身体及环境的多种感觉信息后,立即进行统一的加工处理,组织和计划行为,然后对外做出适当的反应,即行为输出。在接收新信息的同时,大脑找到储存于记忆中的经验信息,将新感觉与以往经验进行比较并使之协调,进一步指挥身体对环境做出反应。感觉输入是大脑活动的原动力,行为输出是感觉刺激引发大脑作用的结果。该循环过程如图3-1所示。

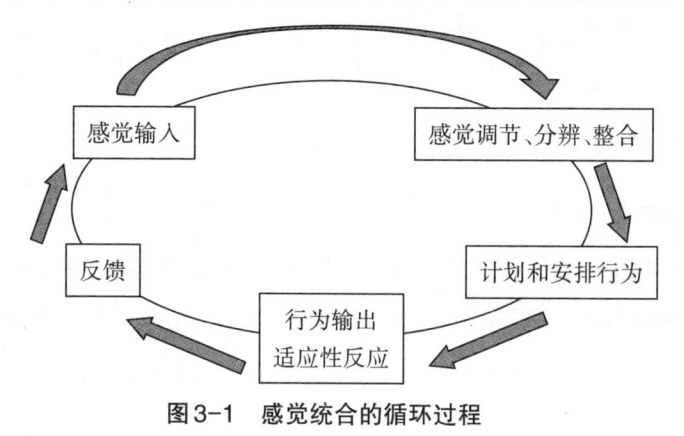

图3-1 感觉统合的循环过程

(四)适应性反应

适应性反应是人体的身体与环境接触后产生的,能自然地协助控制身体、感觉、情感的行为反应,即成功地回应环境挑战的反应。适应性反应必须以良好的感觉统合功能为基础,而成功的适应性反应能促进更高层次的感觉统合过程。

适应性反应的形式包括运动控制、社交、行为组织、适应变化、心理调整和自我控制,例如口腔运动功能、手部机能、力度把握、姿势控制、双侧协调性、眼球运动控制、安全感、语言等。

适应性反应的特点,包括恰当地回应感觉刺激,主动参与活动,与自然产生反应,为个体带来成功感,产生正面的影响,促进中枢神经系统的发育等。

三、感觉统合层次

(一)感觉调节

感觉调节是指大脑根据身体和环境的需要,对所接收的感觉信息进行正确调节和组织,从而能以恰当的行为方式做出适当的反应,即大脑将警觉状态调整在理想的水平以应对日常生活的挑战。

(二)感觉辨别

感觉辨别是指大脑利用前馈和反馈的信息对所接收的感觉刺激的质和量进行分辨,以改变和调整运动计划,对外界做出正确的反应。正常的感觉辨别功能是身体结构充分发展的基础。触觉系统、本体觉系统、前庭觉系统的准确辨别在姿势控制、双侧协调性和顺序性动作的发展中具有重要意义。

(三)感觉基础性运动

感觉基础性运动包括姿势控制和动作运用,是指大脑对环境做出反应前所进行的一系列行动计划、安排以及动作执行过程。动作运用需要3个步骤:动作概念的形成(知道要做什么)、动作计划(知道如何去做)、执行动作(将动作指令传达到身体相关部位,完成动作)。

四、感觉统合失调

感觉统合失调是大脑不能有效地整合感觉信息,从而导致儿童产生一系列的行为问题,主要表现为学习、专注力、姿势控制、小肌肉协调、情绪、生活功能等多方面的功能障碍。所有感觉系统都可以发生感觉统合失调。感觉统合失调主要发生在脑干。[①]

(一)感觉统合失调的病因

1.生物学因素

发育中的大脑容易受多方面生物学因素的影响而导致不同程度的脑功能障碍,包括源于遗传、胎儿、孕妇、环境的因素,可能发生在产前、产时、产后的不同阶段。如孕妇患妊娠高血压、TORCH感染、高龄妊娠、有吸烟嗜酒等不良生活习惯、情绪低落抑郁、长期生活在受到污染的环境中,胎儿胎位不正、前置胎盘、宫内感染、胎盘老化、脐带绕颈、生长发育迟缓等;产程中发生窒息、早产、脐带脱垂、产钳助产不当、剖宫产等;出生后发生各种疾病、各种原因的脑损伤、营养不良等;遗传因素如唐氏综合征、X脆性综合征、各种遗传代谢病、小头畸形等。

---

① 李林.小儿脑性瘫痪作业治疗[M].北京:人民卫生出版社,2014:207.

2.社会心理因素

过于被溺爱、过度保护,抱得过多,缺少运动,缺少同伴,缺乏主动探索环境的机会。特殊家庭的子女容易被忽视甚至被虐待,与社会严重隔离,缺乏教育和良性环境的刺激。

(二)感觉统合分型与表现

1.感觉调节障碍

感觉调节障碍是因机体不能对所接收的感觉信息进行正确的调节和组织,因而表现出害怕、焦虑、负面固执行为、自我刺激、自伤等不恰当的行为反应。所有感觉系统都可能发生调节障碍。感觉反应过高即感觉防御,是指机体对同一感觉刺激反应较一般人明显快速、强烈或持久,逃避刺激。感觉反应低下即感觉迟钝,是指机体对同一感觉刺激的反应明显较一般人低下和缓慢,需要更大强度和更长时间的刺激才能发生行为反应。感觉寻求是指机体因不能满足感觉需求而不断地寻求更强或更长时间的感觉经验,表现为不停地动、爬高爬低、故意跌倒等。

2.感觉辨别障碍

感觉辨别障碍是因大脑不能正确地诠释所接收的感觉信息,或者信息处理时间过长,影响了机体对环境的反应。所有感觉系统都可以产生辨别障碍。躯体感觉辨别障碍(触觉、本体觉、前庭觉分辨障碍)者无法完成分级、平滑、协调的运动;视听觉辨别障碍者看不清、听不懂。

3.感觉基础性运动障碍

感觉基础性运动障碍是因个体不能正确地处理与运动计划相关的感觉信息,在行动的计划或安排上存在缺陷,包括动作运用障碍和姿势控制障碍两种类型。儿童或者不能形成动作概念(缺乏活动动机),或者不能按计划动作(想做而做不到),或者无法有效执行动作指令(适应性反应不良),会导致他们学习技巧性活动困难,动作笨拙,动作不连贯,不会玩新游戏,不会做新的手工活动,手眼协调能力差,球类技能差,进食技能发育不完善,产生言语障碍,不会正确使用表情等。

五、感觉统合训练

感觉统合训练由感觉经验和成功的适应性反应组成。治疗师以一对一的方式借助特定的活动对儿童实施训练,通过控制感觉输入的种类、剂量,为儿童提供正确的感觉经验,引导儿童做出成功的适应性反应。感觉统合训练实施不当不仅无效,而且有害。

(一)感觉统合训练原则

1. 坚持安全性原则

训练的环境要安全,让儿童放心大胆地探索环境,摔倒了不疼不伤。

2. 多重刺激原则

训练的器材要能提供多样的刺激,能搭配出不同的活动,以及在一个活动中提供"视+听+活动"的多种刺激。

3. 阶梯式难度设计原则

设计的活动的难度必须适合儿童的发育水平,让儿童觉得"有点儿难又不太难",享受挑战的乐趣并得到适当的刺激。活动要能激发儿童的乐趣,驱使儿童主动尝试各种活动。

4. 个性化设计原则

设计活动的强度、时间、频率要有个性化,由儿童决定刺激的种类和剂量。

5. 动静结合原则

动态与静态、粗大与精细互相搭配交错,通常以3∶2的比例相结合,保存适当体力,能接受全面的刺激。

6. 坚持以治疗师为主导,以儿童为主体的原则

治疗师的角色是为儿童提供适当的感觉输入并控制感觉输入的量,适时调整,收放自如;妥善使用肢体语言、对话、暗中指导帮助儿童,因势利导;利用活动让儿童尝试错误、失败和成功,以改善大脑整合感觉信息的功能,最终达到自主学习、生活自理等目的。

(二)感觉统合训练流程

1. 预备感觉系统

(1)制作感觉图谱:明确儿童在感觉接收调节、感觉辨别和姿势控制以及动作计划和行为组织功能等方面是否存在障碍。

(2)分析感觉问题:按感觉系统障碍层次逐项描述所存在的问题,理顺感觉统合障碍与行为症状之间的关系。

(3)制订训练目标:如减轻感觉防御,减少自我刺激,改善姿势控制和身体认知,等等,最终提升自理、学习、社交、游戏等功能。

(4)确定训练策略:从哪个治疗层面开始,训练哪些感觉系统的活动,解决什么问题等,要在实施训练前做出决策。

2. 实施感觉统合训练,提供适合的挑战

治疗师要严格按照感觉统合训练的原则对儿童实施训练。训练的活动要特别强调难度适合,难度过高会导致儿童紧张恐惧,而活动难度过低则无法提高儿童的活动技能。

3. 预备离场

活动结束后引导儿童进行手部精细活动及认知学习,并协助儿童收拾玩具器材等,让每一次感觉统合训练均在快乐中结束。

(三)注意事项

1. 训练过程中治疗师要与儿童保持沟通互动。

2. 训练过程要加强安全意识,防止儿童受伤。

3. 注意观察儿童对所选择的材料有无过敏反应。

4. 弹跳时要有节律、有规律。

5. 使用松紧带等工具捆绑儿童身体时注意观察其末梢血液循环,确保循环正常。

6. 慎防儿童将豆粒等物品放入口腔内,或放入耳朵、鼻中,发生窒息。

7. 刺激不可太大,当儿童感到不适应时应立刻停止活动,避免诱发自主神经反应,尤其要慎防癫痫儿童癫痫发作。

8.头低脚高的活动不可在饭后进行,唐氏综合征儿童不做倒立活动。

9.每次训练应开心快乐地结束。

第二节 视知觉理论基础与康复游戏设计

视觉是人最重要的感觉。光作用于视觉器官,使其感觉细胞兴奋,信息经过视觉神经系统加工后便产生视觉。视觉可使人感知外界物体的大小、明暗、颜色、动静,获得对机体生存具有重要意义的各种信息。

一、视知觉理论基础

(一)视知觉的定义和功能

介绍视知觉的主要功能,要首先介绍视觉的功能。视觉功能又称"视机能""眼功能""眼机能",是应用视觉观察事物的实际能力。视觉的生理机制包括折光机制、感觉机制、传导机制和中枢机制。

从知觉与动作统合能力来看,良好的视知觉必须有高效的注视功能和大脑对物体性质的正确解读。

1.视知觉功能包括视觉动作整合(手眼协调、手部精细动作)、视觉分析技巧(图形分析、记忆、专注力等)、视觉空间能力、帮助建立人际关系和沟通(如目光接触、情感表达等),以及眼球运动(包括扫视、跟随、前庭觉—眼反射等)。

2.前庭觉系统与注视。人在看移动的物体时,眼睛必须借助前庭觉系统提供物体方位和运动方向等信息,调整眼球、头颈及躯干的运动,稳定地跟踪目标的移动。而在身体或头颈移动时,需要前庭觉系统负责维持视野的稳定,使人所注视的物体不会跟着身体或头的移动而摆动或跳动,依靠前庭觉平衡系统对眼外肌和颈肌的调整,双眼稳定地随着注视目标的移动而调整,达到注视的目的。

3.大脑对视觉信息的解读。眼球看到的图像在脑干水平、枕叶视觉中枢加工后,还需要继续在大脑其他广泛分布的视皮质区,不断地与触觉、本体觉、听觉等信息统合,才能产生对空间及物体的各种物理性质的认知(如辨别图像形状、方位,区分主题与背景,图像仿绘,视觉记忆等)。

(二)视知觉功能失调

视知觉功能失调,主要是视觉和运动的协调障碍,主要有视觉注意力、视觉记忆力、视觉辨别能力、视觉想象力等方面不足的现象。[①]

1.大脑对视觉信息的解读障碍

大脑视知觉中枢受损或缺乏对空间和物体性质的认识者,可发生对视觉信息的解读障碍,造成视觉动作整合、视觉分析技巧、空间感等发育障碍,辨别形状和字形困难,视觉记忆短暂。

2.眼球运动不自如

主要表现在扫视能力、跟随运动能力差,前庭觉—眼反射建立不正常,辐辏功能异常,运动障碍,追踪物体时不能聚焦,阅读困难,学习时动作迟缓等方面。

3.前庭觉功能失调

个体在看移动的物体时,无法正确判断周围物体的方位与运动方向,从而影响了视觉空间定向能力,造成日常生活中经常磕磕碰碰,传球方向错乱等问题。同时,当身体或头颈移动时,前庭觉平衡系统不能有效调整眼外肌和颈肌,双眼不能稳定地随着注视目标的移动而调整,因而无法真正注视,如同坐在颠簸的车上看书,难以看清字句。

4.视知觉与本体觉、前庭觉、触觉等系统失调合并出现

该失调会导致手眼不协调,视觉空间认知困难,注意力不集中等。

(三)视知觉功能失调的临床表现

1.婴儿出生后日渐发现目光对视差,目光回避,开灯入睡困难,害怕强光。

2.常眯眼、斜眼、搓眼或遮住一只眼看东西,用力眨眼或侧头看东西。

---

① 李林.小儿脑性瘫痪作业治疗[M].北京:人民卫生出版社,2014:222-223.

3. 视物易疲劳,抱怨字体模糊或有双重影像,厌恶阅读,经常跳读漏读。

4. 写字时偏旁部首颠倒,字体大小不一,不能整齐地写在格子里。

5. 视觉追踪能力差,不能双眼同时注视移动的物体,如不会玩弹弹珠游戏。

6. 拼图困难,空间概念差,不能理解上下、前后等概念。

7. 经常错误地判断物体与环境的距离,从而撞到家具等。

二、视知觉康复游戏设计

(一)"神奇的颜色"

适用对象:低、中年级段智障儿童。

游戏准备:各种颜色的纸张、铅笔;各种原色的粉状颜料、透明的瓶子及若干瓶盖等。

游戏目的:提高儿童的视觉敏锐力与注意力;帮助儿童认识各种颜色的名称;帮助儿童认识"红+蓝=紫""黄+蓝=绿""红+黄=橙"的颜色变化;了解儿童喜欢的颜色。

游戏方法:

1. 每次练习时先后出示1~5种不同颜色的色卡,训练儿童认识各种颜色(出示的顺序:白、黑、红、黄、蓝;绿、紫、橙、灰、粉红)。

2. 出示不同颜色的物品,训练儿童认识各种物品的颜色。

3. 涂鸦的游戏:让儿童用各种颜色的铅笔在白纸上随意涂鸦,并同时说出颜色。

4. "我会变、变、变":老师示范后,请儿童一起玩"我会变、变、变"的游戏,具体做法是:

第一步:在透明的瓶子内注入清水;

第二步:在瓶盖内侧撒上任意一种原色的粉状颜料;

第三步:把瓶盖拧紧后,上下摇动,让儿童观察水的颜色变化;

第四步:把瓶盖打开,再在瓶盖内侧撒上与之前不同原色的粉状颜料;

第五步:再次把瓶盖拧紧后,上下摇动,让儿童观察水的颜色变化。

备注：原色包括红、黄、蓝；该游戏可以任意玩多次，每次使用的原色颜料可以不同，通过不断地尝试，可以帮助儿童了解"红+黄=橙""红+蓝=紫""黄+蓝=绿"的颜色变化。

注意事项：

1.玩的过程中要注意对儿童做好指导和管理。有些颜料有毒性，注意不要让儿童把颜料放进嘴里。

2.游戏的过程应循序渐进，可以分课时进行训练。

3.训练过程可以结合生活实践，从生活中选取训练器具进行巩固练习。

（二）"猜猜我在哪儿？"

适用对象：低年级段智障儿童、孤独症儿童。

游戏准备：3个色盅碗（或可用不透明的圆筒状粗口瓶代替），训练对象喜欢的小食品。

游戏目的：提高儿童注意力和追视的能力。

游戏方法：

1.先取出2个色盅碗，其中1个碗内放置小食品，然后把2个碗碗口朝下放在桌面上。

2.随意调整两个色盅碗左右的位置，静止后让训练对象指出小食品在哪个碗里。

3.若训练对象猜对了，则将小食品奖励给训练对象，猜错则不奖励。

4.该游戏可以进行多轮。

5.将色盅碗增加至3个，其中1个碗内放置小食品，方法同上，以增加难度。

注意事项：

1.选用的小食品是训练对象所喜欢的，且与他的身体健康等方面不相冲突（例如：尽量少选择煎炸类的、容易上火的食品）。

2.保证小食品的卫生，应是独立包装的。

3.训练对象参加多轮游戏后若仍然没有猜对，应给予适当的提醒，并在合适的时候从训练对象的参与态度等角度进行表扬,同时给予小食品奖励。

4.游戏过程应注重色盅碗移位速度的快慢,使之适合训练对象。

(游戏设计者:周强)

(三)"拍打气球"

适用对象:低、中年级段智障儿童、孤独症儿童。

游戏准备:不同颜色的气球。

游戏目的:提高儿童的注意力、认识颜色的能力、手眼协调能力和动作计划能力。

游戏方法:

1.在训练场地上方,儿童跳跃时可触碰处悬挂几个不同颜色的气球。

2.鼓励儿童跳跃并伸手按顺序触摸气球。

3.让儿童按照指令跳跃分别触摸不同颜色的气球。

4.随着游戏的进行,逐步调整悬挂气球的高度,以提高操作的难度。

注意事项:

1.每次活动拍气球10~20次。

2.每天训练3~5次,每次游戏活动以5~10分钟为宜。

3.活动前注意做好热身;场地铺设软胶或软垫,做好安全防护。

(游戏设计者:周强)

(四)"打保龄球"

适用对象:低、中年级段智障儿童、孤独症儿童、脑瘫儿童。

游戏准备:保龄球玩具(或用矿泉水瓶代替,以下简称"球瓶");小号篮球、足球或排球(以下简称"投掷球")。

游戏目的:提高儿童的注意力、手眼协调能力和动作能力。

游戏方法:

1.在光滑的训练场地上画好保龄球运动的"球道"。

2.将球瓶按照保龄球运动的规则摆好。

3. 让训练对象在距离球瓶1~1.5 m的位置,将投掷球按照球道投向球瓶。

4. 如果球瓶在第1次击球时未被全部击倒,则可在同样的距离进行第2次击球。

5. 计算2次击球后共击倒的球瓶数量,计算得分。

6. 同样的游戏进行多轮后计算总分。

注意事项:

1. 游戏开始前做好热身。

2. 游戏过程中注重对训练对象身姿、动作的指导。

3. 可逐步增加难度:可在以矿泉水瓶代替保龄球的球瓶内逐步加水,增加重量;击球点至球瓶的距离可逐步增加等。

(游戏设计者:周强)

第三节 听知觉理论基础与康复游戏设计

听觉是仅次于视觉的重要感觉,是声波作用于听觉器官,使其感受细胞兴奋、引起听神经的冲动并向大脑听觉中枢传入信息,经听觉中枢分析后引起的感觉。

一、听知觉理论基础

(一)听知觉的定义和功能

听知觉是人脑通过感受到的声音信息经过分析结合而对客观事物做出的整体反映,是人认识外部世界、了解语言信息的重要途径和能力之一,建立在听感觉的基础之上。

听觉感觉器位于内耳的耳蜗,内耳接受的声波刺激传送到脑干听觉中枢后,与前庭觉、本体觉、触觉等信息统合,然后继续传送到大脑听觉中枢(颞叶)

进行更高级的听觉统合,实现听觉分辨,产生听觉记忆,真正产生对声音、语言的理解。

正常的听知觉功能,是对声音、语言的理解,帮助建立人际关系和社交;与前庭觉和视觉系统紧密合作,提供空间定向的信息和距离感。

(二)听知觉功能失调

大脑统合听觉信息功能障碍,会引发听知觉失调,导致个体听得到声音但听不明白声音的意义,并因此产生许多异常行为。

1. 听知觉失调的原因

(1)前庭觉功能失调

听觉系统与前庭觉系统关系十分密切,听知觉失调与前庭觉系统失调往往合并存在,与声源定向、对声音的敏感程度及语言分辨等有关。

(2)听知觉辨别能力缺陷

辨别声音能力差,分辨中文的四声困难,如把"拜拜"听成"爸爸",把"水饺"听成"睡觉"等,造成学习困难。不清楚如何反应环境中的声音刺激,对语言理解差,反应慢。

(3)听知觉过滤障碍

无法适当地过滤环境中的无关的听觉刺激,造成自己常因不重要或不相干的听觉刺激而分心,注意力无法集中。

(4)听觉记忆障碍

听觉记忆短暂,转身即忘记别人交代的事情;跟人对话时,常用"啊?"要求对方重说一次,才能弄清对方的意思;或常重复对方的话后再做回答;经常对别人的问题不做答复。

2. 听知觉失调分类

(1)听知觉防御

对普通的声音反应过度,总感觉相当难受,即使长期听到的声音也无法习惯。

(2)听知觉迟钝

对很大的或突然发出的声音无反应,"听而不闻"。

(三)听知觉功能失调的临床表现

1.睡眠不安,容易被很小的声音惊醒。

2.无法找出声音的来源。

3.运动时会不同寻常地突然增强语言能力。

4.对电话铃声等日常生活中的声音反应过度,常抱怨声音刺耳;讨厌嘈杂的环境,孤僻,不合群,不喜欢有特殊声音的玩具。

5.对突然或较大的声响不在乎或无反应,常自言自语,或用嘴巴、手、脚制造怪声。

6.无法在有背景声音的环境下活动,易分心。

7.无法分辨近似音,咬字不清,高低音掌握困难,经常听不懂别人说的话,被叫到名字时常没有反应;跟人对话时,常用"啊?"或"不知道"回答,或经常不作答复。

8.听觉记忆短暂,易忘记别人所说的话、交代的事。

9.社交情绪障碍。

二、听知觉康复游戏设计

(一)可视音乐治疗游戏

适用对象:低年级段智障儿童、孤独症儿童。

游戏准备:可视音乐情绪干预系统及配套用具。

游戏目的:帮助儿童适应生活中各种声音的刺激,减少听觉防御。

游戏方法:

1.儿童坐于可视音乐情绪干预治疗仪前,做好训练前的各项准备。

2.打开可视音乐情绪干预系统,配负性音乐套餐,配对应的绿光,观察儿童的反应。若儿童无抗拒,音乐可从负性到中性再到正性,灯光也对应由弱到强。

注意事项：

1.不能选取儿童抗拒的音乐,应遵循儿童能够接受的原则,循序渐进。

2.训练前应取得家长的同意(有的家长可能以保护儿童的视力为由,拒绝该游戏)。

(游戏设计者:周强)

(二)"谁在叫?"

适用对象:低年级段智障儿童、孤独症儿童。

游戏准备:各种动物的图片及有声音的多媒体影像。

游戏目的:增强儿童的听觉辨别能力。

游戏方法:

1.儿童坐位,观看动物的多媒体影像。

2.听动物的叫声,说一说这是什么动物?

3.将声音再次与动物的图片或影像配对,看看儿童说的是否正确。

4.鼓励儿童模仿动物叫声。

5.重复多次游戏。

注意事项：

1.应选择儿童生活中常见的动物作为训练的目标。

2.应了解儿童的喜好,不选择儿童抗拒或会引起儿童害怕的动物及声音。

(游戏设计者:周强)

(三)"我喜欢吃……"

适用对象:低年级段智障儿童、孤独症儿童。

游戏准备:各种小食品。

游戏目的:增强儿童的听觉记忆力。

游戏方法:

1.请每个参与游戏的儿童说"我喜欢吃……"。

2.老师带领同时参与训练的其他儿童复述"×××喜欢吃……"。

3.全部儿童都说完后,老师轮流说出每个儿童的名字,然后请其他儿童说"×××喜欢吃……",并同时把相应的小食品送到该儿童面前。

注意事项:

1.应选择生活中常见的且儿童喜欢的小食品开展游戏。

2.逐步增加游戏的难度,例如,儿童在复述其他儿童喜欢吃的食品的过程中,可以从1个词增加到2个词,再增加到3个词……

3.儿童喜欢的物品可以从小食品过渡到文具、日用品等。

(游戏设计者:周强)

(四)"声音在哪里?"

适用对象:低年级段智障儿童、孤独症儿童。

游戏准备:密闭不透光的功能室或眼罩,小鼓、铃铛等。

游戏目的:增强儿童的听觉注意力,增强空间定向的能力。

游戏方法:

在密闭的功能室中,儿童站在起点,老师帮助其蒙住双眼后退到距离儿童较远的地方,敲打小鼓,要求儿童根据鼓声找到自己。

注意事项:

要在安全的环境中进行,避免儿童摔伤;如儿童抗拒,尽量不进行此项活动。

(游戏设计者:周强)

(五)"听指令,我会做"

适用对象:低年级段智障儿童、孤独症儿童。

游戏准备:各种文具或物品。

游戏目的:增强儿童的听觉记忆与听觉指令的执行能力。

游戏方法:

1.儿童坐于课桌前。

2.老师从最简单的指令开始,请儿童按照指令做动作,例如"请举高双手"

"请拿起铅笔"等。儿童按指令完成动作后给予奖励。

3.逐步换成复杂的动作指令,例如"请先把瓶子放在地上,再拿起水杯""请把铅笔放进文具盒,再把文具盒放进书包"等。儿童按指令完成动作后给予奖励。

注意事项:

1.要从儿童能听懂的指令开始训练。

2.训练过程从易到难,由一步指令到两步指令,逐渐增加难度,循序渐进。

(游戏设计者:周强)

第四节 | 味觉的理论基础与康复游戏设计

味觉是人的主要感觉之一。部分特殊儿童的味觉会有一定的偏好,比如喜欢刺激性的味道等。对特殊儿童味觉的训练,主要是促进其能够识别不同的味道,能够凭口腔的感觉来认识食物的特质等。

一、味觉的基本理论

(一)味觉的定义和功能

味觉是指食物在人的口腔内刺激味觉器官化学感受系统而产生的一种感觉,是食物直接刺激味蕾产生的。从生理角度来划分,有酸、甜、咸、苦4种基本味觉。舌头前部,即舌尖有大量感觉到甜的味蕾;舌头两侧前半部分负责感觉咸味,后半部分负责感觉酸味;近舌根部位负责感觉苦味。实际上人舌头上的味蕾可以感觉到各种味道,只是有不同的敏感度。在4种基本味觉中,人对咸味的感觉反应最快,对苦味的感觉反应最慢,但人对苦味最敏感。

味觉是人类在进化过程中选择食物的重要手段,也是儿童最为发达的感知觉之一。味觉器官是人的身体内部与外界环境沟通的一个重要出入口,担负着一定的警戒任务。同时,味觉也可以影响人的情绪。

(二)味觉功能失调

特殊儿童常常会出现味觉问题,即分不清酸、甜、苦、咸这4种基本的味道,或者有"异味癖"等,因而容易造成身体缺乏必要的对外界有害食物的防御能力。因此,要加强特殊儿童的味觉训练,提高其味觉辨识能力,增强其防御功能。训练的内容集中于味觉敏锐性、味觉辨别力和味觉记忆力。

(三)味觉的日常检查

1.能否说出食物的味道。

2.对强烈的味觉刺激有无反应。

3.是否挑食,强烈喜爱某种味道的食物。

二、味觉康复游戏设计

(一)"酸酸的,甜甜的"

适用对象:低年级段智障儿童、孤独症儿童、脑瘫儿童。

游戏准备:蜂蜜水、甜牛奶、奶糖、话梅糖、酸梅、高浓度柠檬水。

游戏目的:增强儿童对甜与酸的味觉敏锐力和味觉辨别能力,加强对酸、甜味食物的认识。

游戏方法:

1.取一勺蜂蜜水请儿童品尝,问:"这是什么味道?"

2.取一勺甜牛奶请儿童品尝,问:"这是什么味道?"

3.取奶糖等甜的食物请儿童交替品尝,并询问儿童分别是什么味道。

4.如上同样的方法,先后取高浓度柠檬水、酸梅请儿童品尝,并询问儿童分别是什么味道。

5.取奶糖、话梅糖交替请儿童品尝,并请儿童说出味道的不同。

6.取酸甜食物让儿童交替品尝并辨别。

注意事项:

1.根据儿童的能力调整训练难度。

2.不可取儿童强烈抗拒的食物。

3.训练一轮后,要按照儿童的喜好,将食物作为强化物奖励给儿童食用。

(二)"咸不咸?苦不苦?"

适用对象:低年级段智障儿童、孤独症儿童、脑瘫儿童。

游戏准备:盐水、咸菜、苦咖啡、苦瓜水。

游戏目的:增强儿童对苦与咸的味觉敏锐力和味觉辨别能力,加强对苦、咸味食物的认识。

游戏方法:

1.取盐水/咸菜请儿童品尝,问:"这是什么味道?"儿童若能正确回答,则追问:"这是什么食物?"儿童若不能正确回答,则出示食物并引导儿童回答。

2.取苦咖啡/苦瓜水请儿童品尝,问:"这是什么味道?"儿童若能正确回答,则追问:"这是什么饮品?"儿童若不能正确回答,则出示相应的图片并引导儿童回答。

3.分别取咸、苦的食物交替请儿童品尝,并请儿童说出相应的味道和食物。

注意事项:

1.根据儿童的能力调整训练难度。

2.不可取儿童强烈抗拒的食物,如果儿童对上述食物非常抗拒,可选择其他味道相近的食物代替。

3.提前准备好儿童喜欢的食物作为强化物,训练一轮后,将强化物奖励给儿童食用。

(三)"水果拼盘"

适用对象:低、中年级段智障儿童、孤独症儿童、脑瘫儿童。

游戏准备:酸、甜味道的水果,如酸橘子、柠檬、甜枣、葡萄等。

游戏目的:增强儿童的味觉辨别能力,加强儿童对各种不同味道的食物的认识。

游戏方法:

1.取若干削皮水果,依次请儿童品尝,分别询问是什么味道。儿童正确回答后,再追问:"这是什么水果?"

2.交替给儿童品尝酸、甜味道的水果,询问他们味道,并请儿童说出哪个更甜,哪个更酸。

注意事项:

1.不可选取儿童抗拒的食物。

2.训练一轮后,将儿童喜欢的水果作为强化物奖励给儿童食用。

(四)"谁更甜?谁更酸?谁更苦?谁更咸?"

适用对象:低、中年级段智障儿童、孤独症儿童、脑瘫儿童。

游戏准备:浓度不同的糖水、柠檬水、苦瓜汁、盐水。

游戏目的:增强儿童的味觉辨别能力和味觉敏锐力。

游戏方法:

1.分别请儿童品尝低浓度和高浓度糖水,问:"这是什么味道?"儿童正确回答后,追问:"哪个更甜?"

2.以同样方法让儿童依次品尝辨别其他3种味道。

注意事项:

1.不可取儿童抗拒的食物。

2.提前准备好儿童喜欢的食物作为强化物,训练一轮后,将强化物奖励给儿童食用。

第五节 | 嗅觉的理论基础与康复游戏设计

嗅觉与味觉是相辅相成、互相联系的感觉。有些特殊儿童嗅觉不灵敏,有些特殊儿童喜欢刺激性的味道。

一、嗅觉的基本理论

(一)嗅觉的定义和功能

嗅觉是辨别物体气味的感觉,由物体发散于空气中的物质微粒作用于鼻腔上的感受细胞而引起,其刺激物必须是气体物质。因而,嗅觉不像其他感觉那样容易分类,通常使用产生气味的物质来命名,例如:玫瑰花香、肉香、腐臭、酸味、刺鼻味等等。嗅觉关系到人们的日常生活及身体安全,因此,对伴有嗅觉功能异常的特殊儿童进行嗅觉康复训练至关重要。

嗅觉能力主要包括嗅觉敏锐性、嗅觉辨别能力、嗅觉记忆力及与味觉的关系。

(二)嗅觉功能失调

有嗅觉障碍的儿童往往不能对生活中的各种刺激性气味做出反应,或不能区分出各种气味的类别。

(三)嗅觉的日常检查

1. 对刺激性气味有无反应。
2. 能否辨别常见的气味。
3. 是否强烈喜爱某种气味。

二、嗅觉康复游戏设计

(一)"香不香?"

适用对象:低年级段智障儿童、孤独症儿童、脑瘫儿童。

游戏准备:香皂、鲜花、香水等有香味的物品。

游戏目的:提高儿童对各种香味的敏锐性;培养儿童对香味的辨别能力。

游戏方法:

1. 先后出示香皂、鲜花、香水等各类香味物品,请儿童闻一闻,然后问:"香不香?"再追问:"这是什么香味?"

2.可带儿童到花园或花店,让儿童闻一闻花香,然后问:"香不香?"

注意事项:

1.对于认知较差的儿童,老师应引导其建立正确答案。

2.如果儿童非常抗拒,不可强制其进行该项游戏。

(二)"酸不酸?"

适用对象:低年级段智障儿童、孤独症儿童、脑瘫儿童。

游戏准备:醋、酸味果汁等酸味物品;酱油、甜味果汁等非酸味物品。

游戏目的:提高儿童对各种酸味的敏锐性;培养儿童对酸味的辨别能力。

游戏方法:

1.引导儿童闻醋的气味,问:"这是什么味道? 香不香?"然后引导儿童认识酸味。

2.请儿童闻酸味果汁的味道,问:"酸不酸?"

3.请儿童交替闻醋、酱油、酸味果汁、甜味果汁的味道,然后请儿童说出哪个是酸的。

注意事项:

1.对于认知较差的儿童,老师应引导其建立正确答案。

2.如儿童非常抗拒,不可强制其进行该项游戏。

3.可将儿童喜欢的饮料作为强化物,儿童完成游戏后将强化物奖励给儿童食用。

(三)"臭不臭?"

适用对象:低年级段智障儿童、孤独症儿童、脑瘫儿童。

游戏准备:臭鱼、臭豆腐等臭味食品;与之对比的香味食品若干。

游戏目的:提高儿童对各种臭味的敏锐性;培养儿童对臭味的辨别能力。

游戏方法:

1.请儿童依次闻臭鱼、臭豆腐等臭味物品,然后问:"这是什么味道? 香不香?"引导儿童感知臭味。

2.请儿童依次闻香味、臭味的物品,然后引导儿童说出:"这是香的(臭的)。"

注意事项:

1.对于认知较差的儿童,老师应引导其建立正确答案。

2.如儿童非常抗拒,不可强制其进行该项游戏。

3.可将儿童喜欢的食物作为强化物,儿童完成游戏后将强化物奖励给儿童食用。

(四)"闻一闻,辨一辨"

适用对象:低年级段智障儿童、孤独症儿童、脑瘫儿童。

游戏准备:上述3项游戏中关于香、酸、臭的物品若干。

游戏目的:增强儿童的嗅觉辨别能力。

游戏方法:

将物品隐藏在不透明但透气的瓶子里,请儿童闻,并询问儿童这是什么气味。依次让儿童辨别这3种气味。

注意事项:

1.选择的物品气味要对比明显。

2.如儿童非常抗拒,不可强制其进行该项游戏。

3.可将儿童喜欢的食物作为强化物,儿童完成游戏后将强化物奖励给儿童食用。

第六节　触觉的理论基础与康复游戏设计

皮肤觉是刺激物作用于皮肤引起的各种感觉,包括触觉、温度觉、痛觉、振动觉等。在皮肤觉中,最重要的是触觉。部分特殊儿童的触觉也表现出较大的特殊性,例如:大多的孤独症儿童触觉较为敏感,不喜欢别人触碰等。

一、触觉的基本理论

(一)触觉的定义和功能

触觉感受器位于皮肤表皮、真皮及皮下组织内,触觉系统是人类最基本、影响力最广泛的感觉系统。

1. 触觉的七大功能

触觉有七大功能:防御性反应、辨别性反应、稳定情绪、促进成长、促进动作灵活、辅助视知觉、促进社交技能的发展。其中,防御性反应和辨别性反应是人类对触觉刺激的两种基本反应系统,反应正常者才能为其他触觉功能的发展提供正确的信息。

防御性反应是一种单纯的自然反应,能保护自身免受伤害,本能地逃避刺激。

辨别性反应需要大脑对刺激进行精密的辨别后再做出反应,有助于个体了解自身身处的位置及环境中物体的各种物理性质等。

2. 触觉刺激活动的效果

小面积、快速、轻轻触碰皮肤的触觉刺激活动可提高人体警觉性;大面积、缓慢、稳稳地重压皮肤的刺激活动可减轻压力,使人镇静。

(二)触觉功能失调

大脑不能合理处理触觉刺激则产生触觉功能失调,可分为以下3种类型。[1]

1. 触觉防御

以排斥的方法应对外来刺激,身体极不舒服,如惊弓之鸟一般忙于避免或应对任何碰触,导致情绪不稳定、易激怒、注意力分散,不愿跟人近距离接触,逃避用手,手部得不到发育和运用,手功能差,进而影响学习和社交发展。

2. 触觉迟钝

对触觉反应低下。有的人过度渴望某些特定的触觉刺激,不能离开某些毫无意义的安慰物。

---

[1] 李林. 小儿脑性瘫痪作业治疗[M]. 北京:人民卫生出版社,2014:218-219.

3.触觉分辨障碍

利用触觉辨别环境的能力差,无法在大脑中呈现环境中物体的正确信息,因而无法完成堆积木等手部精细动作,学习新动作迟缓,笨手笨脚,所以也表现出学习困难、表情冷漠等问题。

(三)触觉功能失调的临床表现

1.触觉防御

(1)在人多拥挤的环境中显得特别紧张,和人擦身而过时会感到不安,特别讨厌与别人在自己的视线范围以外突然接触。

(2)对水特别敏感,即使衣服沾到水也会感到极不舒服。

(3)穿着讲究,避免接触某些衣服,不肯穿袜子,拒绝穿衣或坚持穿长袖长裤以避免暴露皮肤。

(4)不喜欢洗头、洗脸,拒绝触摸脸、口部周围,特别是口腔内,不愿亲吻。

(5)害怕手部沾上胶水、颜料或胶带等黏性东西,特别爱洗手,不喜欢别人帮自己剪指甲;逃避用手,手功能差。

(6)严重挑食、偏食,不愿吃某些类型的食物等。

(7)易怒、易焦躁、情绪控制能力差、容易大发脾气或有攻击性。

2.触觉迟钝

(1)不易察觉被人触摸,分辨不清被人碰/摸到哪里,需要用力拍打才有感觉。

(2)对痛觉不敏感,打针、受伤时不哭,感觉不到身体出血。

(3)拿东西时常常掉在地上。

(4)过分依赖自己专用的小物品。

(5)过分喜欢摸别人或物品,或需要父母特别多的抚摸。

(6)喜欢扭动嘴唇、扯头发、咬指甲、铅笔、橡皮擦、衣服等。

(7)不能察觉天气变化。

(8)经常口含食物不吞,喜欢刺激性强的食物。

二、触觉康复游戏设计

(一)"突出重围"

适用对象:低年级段智障儿童、孤独症儿童。

游戏准备:弹性绷带等类似物品。

游戏目的:提供触觉及感觉调节的机会,并提供本体觉刺激以强化儿童对身体的控制。

游戏方法:

在儿童身上缠上橡皮筋带、弹性绷带或弹性塑料带等,鼓励儿童行走、滚动数分钟(如图3-2、图3-3所示),然后引导儿童松绑。

图3-2　　　　　　　　图3-3

注意事项:

1.绷带不可绑得太紧,防止造成血液循环受阻,儿童出现身体不适。

2.如果儿童非常抗拒该项游戏,则不要强制儿童进行。

3.提前准备好儿童喜欢的食物作为强化物,训练一轮后,将强化物奖励给儿童食用。

(游戏设计者:周强)

(二)"寻宝"

适用对象:低年级段智障儿童、孤独症儿童。

游戏准备:装满豆子、沙子、棉花、米的塑料桶;小玩具。

游戏目的:为儿童提供触觉刺激,锻炼儿童的动作计划能力。

游戏方法:

将儿童喜欢的小玩具藏在装满豆子、沙子等物品的塑料桶底,鼓励儿童将手伸进桶里找出指定玩具。

注意事项：

1.所选的训练器材必须是儿童不会特别抗拒的。

2.游戏要在老师或家长的监护下进行，防止儿童因误吞道具而出现窒息等意外。

3.以寻找到的小玩具作为强化物，儿童按要求找到后允许其玩玩具。

（游戏设计者：周强）

(三)"波波池游戏"

适用对象：低年级段智障儿童、孤独症儿童。

游戏准备：海洋池（波波池）。

游戏目的：帮助儿童接受更多的触觉刺激，改善触觉防御或迟钝、身体协调不良。

游戏方法：

1.海洋洗澡

老师搓动儿童躯体周围的海洋球，似洗澡。稍后，老师推动儿童的躯体做不同方向的运动，并鼓励儿童主动做更大幅度的躯体活动。如图3-4所示。

2.淋雨球

儿童端坐于球池，老师将整桶海洋球倾倒而下，触及学生的头及躯体。如图3-5所示。

图3-4　　　　　　　　图3-5

3.助动跋涉

儿童站立于海洋池,老师协助或鼓励儿童独自以脚蹭着地面行走或跨步行走。如图3-6所示。

4.跳水

儿童站立于海洋池边缘的台阶上,跳跃入池,反复多次。如图3-7所示。

图3-6　　　　　　　　　　图3-7

注意事项:

游戏过程中要保护好儿童防止其跌倒受伤。

（游戏设计者:周强）

(四)"探囊取物"

适用对象:低年级段智障儿童、孤独症儿童。

游戏准备:不透明袋子或上方开口的箱子,生活中不同质地的常见的小物品。

游戏目的:帮助儿童建立或增强利用手部触觉及本体觉辨别事物物理特性的能力。

游戏方法:

1.将生活中各种常见的小物品放置在不透明的袋子里(或箱子里)。

2.请儿童在不用眼睛看的前提下用手从袋子或箱子中找出老师所指定的物体。

注意事项:

1.不要选用较尖锐的物品。

2.如果儿童非常抗拒,不能强制其进行该项游戏。

(游戏设计者:周强)

(五)"光滑与粗糙"

适用对象:低年级段智障儿童、孤独症儿童。

游戏准备:砂纸、丝巾等粗糙和光滑的物品。

游戏目的:帮助儿童建立利用触觉感知光滑与粗糙的能力。

游戏方法:

1.请儿童抚摸砂纸等粗糙的物品,指导儿童说:"粗糙的。"

2.请儿童抚摸丝巾等光滑的物品,指导儿童说:"光滑的。"

3.请儿童自行交替抚摸砂纸、丝巾,辨别后说出感受(粗糙的、光滑的)。

注意事项:

1.不可选用儿童明显抗拒的物品。

2.提前准备好强化物,训练一轮或儿童能正确表达后,适时进行强化。

(游戏设计者:周强)

(六)"冷的与热的"

适用对象:低年级段智障儿童、孤独症儿童。

游戏准备:冷、热水,脸盆,冰块等。

游戏目的:帮助儿童建立冷热的概念,提高其触觉敏锐力和分辨能力。

游戏方法:

1.取冷、热水各1盆,请儿童先后伸手进入冷、热水中进行感受,询问儿童的感觉。

2.帮助儿童建立正确的冷热概念,再分别取冷、热毛巾让儿童感受。

3.取冷水、冰块让儿童感受,询问儿童哪个更冷。

4.如上方法,取温水、热水请儿童感受哪个更热。

注意事项:

1.不可用温度过高的水让儿童触摸,避免儿童烫伤。

2.在冷、热的感受中不可持续过长时间。

3.如儿童非常抗拒,不可强制其进行该项游戏。

(游戏设计者:周强)

(七)"软软的,硬硬的"

适用对象:低年级段智障儿童、孤独症儿童。

游戏准备:石头、硬触觉球、海绵、橡皮泥等。

游戏目的:帮助儿童提高触觉辨别能力。

游戏方法:

准备一系列软硬不同的物品让儿童感受并区分,要求儿童能在闭眼的条件下通过触摸感知区分出物体的性质。

注意事项:

1.不可选用较尖锐的物品或儿童明显抗拒的物品。

2.游戏过程中,老师要做好安全防护,防止儿童出现因扔掷或吞食训练物而发生安全事故。

(游戏设计者:周强)

第七节 | 前庭觉的理论基础与康复游戏设计

前庭觉主要指人的重力感和平衡感。部分特殊儿童平衡能力差、无法正常感知重力等,易导致机体不能协调运作。

一、前庭觉的基础理论

(一)前庭觉的定义和功能

前庭感受器是位于内耳的3个半规管,以及与之相通的球囊和椭圆囊,分别感受旋转变速运动和直线变速运动的刺激。

1. 前庭觉功能

在潜意识中探索头部和身体与地心引力之间的关系,调节身体及眼球的动作,维持肌张力及姿势和平衡反应,进行视觉空间加工以及听觉—语言的加工,建立重力安全感,稳定情绪。

2. 前庭觉系统的自身调节功能

能主动发挥抑制作用和促进作用。当前庭刺激太多时,能自动过滤更多的刺激,而刺激太少时又能发挥促进作用,主动增加神经传导,从而完成2种前庭觉反应,即防御性反应和辨别性反应,合适地完成对自身的保护,清晰地认识身体的运动情况。

3. 前庭觉系统与其他感觉系统的关系

前庭觉系统在脑干部位统和所有输入的感觉信息,与多种神经系统功能密切相关,如视觉系统(即空间视知觉)、听觉系统(彼此在功能上相辅相成)、本体觉系统(如维持姿势、产生动作及发展出正确的身体空间概念等)、双侧统合、情绪(判断个体在环境中的空间位置以产生安全感)等。

4. 前庭觉刺激活动的效果

任何头部移动均能产生大小不等的前庭觉刺激。快速、大幅度、瞬间活动能提供强烈的前庭觉刺激,起到兴奋神经的效果;慢速、小幅度、持续性活动能提供温和的前庭觉刺激,起到镇静的效果。

(二)前庭觉功能失调

当前庭觉促进和抑制的调节功能不能正常进行,则发生前庭觉系统功能失调,对运动产生两种极端反应——防御反应和反应迟钝。[1]

---

[1] 李林. 小儿脑性瘫痪作业治疗[M]. 北京:人民卫生出版社,2014:220-221.

1.前庭觉防御

个体对移动产生厌恶反应或重力不安全感;因注意自己与地心引力的关系以防跌倒而造成注意力不集中。

2.前庭觉迟钝

个体对前庭觉刺激的传导不通畅,前庭觉刺激吸收不足,好动,寻求更多的刺激,易跌倒,易分散注意力。

除此之外,前庭觉系统功能失调还会影响其他神经系统的功能,如本体觉系统、听觉系统、左右大脑功能的分化和发展等。

(三)前庭觉功能失调的临床表现

1.前庭觉防御(重力不安全感、对移动产生厌恶反应)

(1)特别害怕跌倒、双脚离地,努力想办法用脚踩到地面或支撑物。

(2)畏高,不喜欢玩举高高的游戏,在高处显得特别惶恐,避免从高处往下跳。

(3)不愿尝试移动性活动,旋转时容易失去平衡甚至恶心呕吐,不喜欢会移动的玩具。

(4)喜欢低头、倒立、翻跟头、打滚等活动。

(5)抗拒乘电梯,上下车、移动座位、上下斜坡、上下楼梯等动作非常缓慢。

(6)坐在车内害怕加速、拐弯,极易受惊吓,很容易"晕车"。

(7)经常要求熟悉的成人协助扶走。

(8)过度的恐惧感和不安全感。

2.前庭觉迟钝

(1)跑来跑去,动个不停。

(2)喜欢旋转或快速移动的活动。

(3)坐在凳子上不经意地摇晃身体。

(4)两侧协调及手眼协调活动障碍,婴儿期没有爬行阶段。

(5)粗大、精细动作发育落后,容易绊倒,使用笔、剪刀较同龄儿童差。

(6)协调活动能力差,动作僵硬,不会抛接球,不会在跑动中接球,不能和同伴一起玩踢球等动作快速且连续的活动。

(7)跨越中线能力差,不会侧跳。

(8)不能建立惯用手。

二、前庭觉康复游戏设计

(一)"我平衡,我能行"之一

适用对象:低年级段智障儿童、孤独症儿童。

游戏准备:平衡台、海洋球、桶。

游戏目的:增强前庭觉固有感觉,帮助儿童建立较简单的平衡反应;增强手眼协调能力。

游戏方法:

1.请儿童跪位于平衡台或静坐于平衡台。如图3-8、图3-9所示。

2.老师帮助其摇晃平衡台,要求儿童在不用手撑地的条件下保持身体平衡。

3.老师重复上面的动作,要求儿童尝试在闭眼的条件下进行。

4.老师重复上面的动作,在晃动中要求儿童投海洋球至桶内。老师适当把握摇晃的强度。

图3-8　　　　　　　　图3-9

注意事项：

1.游戏要在安全的环境中进行，避免儿童摔倒。

2.摇晃的强度要在儿童能够接受的范围内。

（游戏设计者：周强）

(二)"我平衡,我能行"之二

适用对象：低年级段智障儿童、孤独症儿童。

游戏准备：平衡台、海洋球、桶、套圈、篮球等。

游戏目的：增强儿童前庭觉固有感觉，发展较高难度的平衡反应；增强手眼协调能力。

游戏方法：

1.儿童站立于平衡台，老师摇晃平衡台并要求儿童保持平衡。

2.老师重复上述动作，要求儿童尝试在闭眼的条件下进行。

3.老师重复上述动作，要求儿童站立于平衡台上投球、套圈，或与老师互相抛接球等。如图3-10所示。

注意事项：

1.游戏要在安全的环境中进行，防止儿童摔倒。

2.互动时，要先从简单再到困难。

图3-10

（游戏设计者：周强）

(三)"旋转盘投球"

适用对象：低年级段智障儿童、孤独症儿童。

游戏准备：旋转盘、海洋球、沙包、桶等。

游戏目的：增强儿童（角度+速度的）前庭觉固有感觉，发展较简单的平衡反应；增强手眼协调能力。

游戏方法：

1.请儿童静坐于旋转盘上，要求其通过双手用力作用于地面带动旋转盘旋转，或儿童固定双手于膝盖，老师帮助其旋转转盘。

2.要求儿童在旋转盘旋转时将海洋球或沙包投入桶中。如图3-11所示。

注意事项：

根据儿童实际情况选择该项目，若儿童感觉不适应立即停止。

图3-11

（游戏设计者：周强）

（四）"独脚椅踢球"

适用对象：低年级段智障儿童、孤独症儿童。

游戏准备：独角椅、篮球、足球、沙包、桶。

游戏目的：帮助儿童发展更高水平的平衡反应，增强手眼、手脚的协调能力。

图3-12

游戏方法：

要求儿童坐在独角椅上保持身体平衡，并尝试在坐位平衡的前提下与老师互相抛接球、丢沙包，或用脚踢滚来的球。如图3-12所示。

注意事项：

游戏要在安全的环境中进行，防止儿童摔伤。

（游戏设计者：周强）

（五）"极限挑战"

适用对象：低年级段智障儿童、孤独症儿童。

游戏准备：各类秋千（在专业感统室内进行）。

游戏目的:提供大量前庭觉刺激,提高平衡、姿势控制及动作运用等能力,缓解心理压力,稳定情绪,调节警觉状态等。

游戏方法:

以各种不同的姿势在秋千上摇荡,并可结合手眼协调活动,如丢沙包、套圈等。具体形式如下。

1.矩形秋千,操作如图3-13、图3-14、图3-15、图3-16所示。

图3-13　矩形秋千游戏①

图3-14　矩形秋千游戏②

图3-15　矩形秋千游戏③

图3-16　矩形秋千游戏④

2.正方形秋千,操作如图3-17、图3-18所示。

图3-17　正方形秋千游戏①

图3-18　正方形秋千游戏②

3.飞碟秋千,操作如图3-19所示。

图3-19　飞碟秋千游戏

注意事项:

根据儿童实际情况掌握训练强度,对于平衡差、反应敏感的儿童,摇荡、旋转不可过快。活动要在安全的环境中进行,防止儿童摔倒。

(游戏设计者:周强)

(六)"摇小船和跷跷板"

适用对象:低年级段智障儿童、孤独症儿童。

游戏准备:垫子(或软胶地面)。

游戏目的:提供大量本体觉和前庭觉刺激,提高儿童对身体形象的认识,稳定情绪。

游戏方法:

1.老师或家长与儿童脚掌对合、面对面而坐,拉住儿童双手,前—后—左—右晃动,边唱歌边玩摇小船游戏。如图3-20所示。

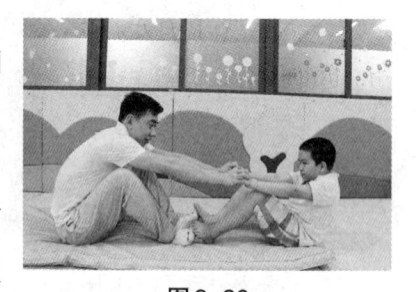

图3-20

2.让儿童双脚踏在家长膝部上,轮流进行坐与仰卧间的转换,玩跷跷板游戏。

注意事项:

老师或家长的控制力度要适应儿童,并在安全的环境中进行。

(游戏设计者:周强)

(七)"青蛙跳"

适用对象:低年级段智障儿童、孤独症儿童。

游戏准备:彩色胶布(或粉笔)。

游戏目的:锻炼儿童的腿部运动能力、重心及前庭觉平衡能力。

游戏方法:

用彩色胶布在地板上贴两条平行线(或用粉笔在地板上画两条平行线),要求儿童两脚并拢,屈膝,双脚同时跳起来,前脚掌轻轻地着地,在平行线内一拍一拍地往前跳。老师或家长可以先做示范,然后指导儿童进行模仿。结合儿童实际情况,予以适当鼓励。建议10次蛙跳为一组,每天蛙跳3~5组,每次游戏活动时间5~10分钟为宜。

注意事项:

1.活动前做好热身运动。

2.游戏场地平坦、松软。

(游戏设计者:周强)

第八节 | 本体觉的理论基础与康复游戏设计

人体的平衡、协调及技巧性运动与本体感觉的正确反馈密切相关。在维持姿势平衡中,本体感觉的作用比视觉大。[①]

一、本体觉的基本理论

(一)本体觉的定义和功能

本体觉是人体的深度感觉,是提供关于肌肉、关节、韧带、肌腱和结缔组织的信息的感觉系统,是人对于自己的位置、力量、方向和身体各部位动作的感觉。[②]

---

① 刘波,孔维佳,邹宇.应用海绵垫干扰本体觉分析正常人姿势平衡中的感觉整合作用[J].临床耳鼻咽喉头颈外科杂志,2007(4):162-165.

② 王辉.特殊儿童教育评估[M].南京:南京师范大学出版社,2015:98.

1.本体觉功能

感知肌肉伸展或收缩时的张力,调节四肢活动的力度,控制关节位置、关节活动的方向和速度,对平衡姿势反应起重要作用;能感知皮肤内感觉神经末梢的信息;常与其他感觉共同发挥作用,如与视觉配合伸手取物,闭眼时与触觉配合触摸积木,感知积木的物理特性,与前庭觉系统配合共同调节眼外肌;可影响神经系统的兴奋状态,起抑制作用,有利于平复情绪,增加安全感。

2.本体觉活动的效果

身体与环境的互动,如克服环境障碍进行爬、钻、跨的活动等,均可刺激本体觉。本体觉活动能帮助儿童提高跨越障碍的能力、动作计划能力、维持平衡的能力。

(二)本体觉功能失调

1.无防御反应

本体觉失调会影响肌力、认知的发展,容易发生危险。具体表现为体弱无力,身体形象认知差,进行粗大、精细活动时用力不当,力度时大时小,分不清轻重,不怕痛。

2.本体觉功能失调一般不单独存在

本体觉合并前庭觉功能失调时,眼球控制、姿势控制及平衡能力差。专注做事时注视困难,身体活动时不能注视,坐不稳,不想动,东倒西歪。本体觉合并前庭觉、触觉功能失调时,不懂如何运用身体进行活动,计划组织能力差,身体双侧协调困难,注意力不集中,表现出动作笨拙、模仿能力低下、做事不利索等特点。

(三)本体觉功能失调的临床表现

1.姿势控制不稳,易疲劳:常喜欢靠在物体上,站无站姿,坐无坐相。

2.身体动作幅度大,力度控制不良:执笔忽轻忽重,书写困难,容易折断铅笔,字迹浓淡不均,字体大小不等,字体混乱。

3.感觉回馈差:容易碰撞或撞跌环境中的物件、墙壁等,喜欢被紧紧抱住的感觉。

4. 上下楼梯困难或用脚踢台阶。

5. 方向感差，容易迷路、走失，闭上眼睛容易跌倒，过分怕黑。

二、本体觉康复游戏设计

(一)"脚踢悬球"

适用对象：低年级段智障儿童、孤独症儿童。

游戏准备：悬吊设备、球。

游戏目的：在特殊体位下踢移动的球需要很好的肢体控制能力和视觉空间感，故训练儿童的手脚协调能力。

游戏方法：

1. 将球悬挂在儿童下肢可触及的位置。

2. 儿童按照老师的要求在各类体位下准确踢球，如图3-21、图3-22所示。尽量设计多种训练变式。

图3-21 　　　　　　　图3-22

注意事项：

做好安全防护，防止球砸到学生。

(游戏设计者：周强)

(二)"翻山越岭"

适用对象：低年级段智障儿童、孤独症儿童。

游戏准备：枕头、被子、豆袋、地垫等。

游戏目的：提供大量本体觉、触觉及前庭觉刺激，训练儿童双侧协调及动作计划能力。

游戏方法：

1. 在软胶地面(或床上)将枕头、被子、豆袋、地垫等物品堆成"小山"。

2. 鼓励儿童在"小山"上面翻滚或从"小山"中爬出。如图3-23所示。

注意事项：

要设计出一定的难度，并在安全的环境中进行。

图3-23

（游戏设计者：周强）

（三）"不倒翁"

适用对象：低年级段智障儿童、孤独症儿童。

游戏准备：地垫。

游戏目的：让儿童感受身体处在不同位置，控制姿势，并训练肌力；训练儿童的平衡反应，强化上半身肌力和下半身耐力。

图3-24

游戏方法：

1. 老师或家长与儿童面对面，可尝试不同的姿势，包括单脚跪，半膝跪或全跪，四点跪或前后脚站立。

2. 老师或家长与儿童双掌对合，十指紧扣，双方慢慢地用力互推，引导儿童保持不倒，取得胜利，或故意将儿童推倒在地垫上。如图3-24、图3-25所示。

图3-25

注意事项：

老师或家长的控制力度要适应儿童，并在安全的环境中进行。

（游戏设计者：周强）

(四)"人力车"

适用对象:低年级段智障儿童、孤独症儿童。

游戏准备:开阔的场地、软垫。

游戏目的:强化儿童对上肢本体觉的刺激,增强上肢肌力、耐力。

游戏方法:老师或家长用双手托住儿童下肢,要求儿童利用双手撑地,用双手代替双脚向前行。

注意事项:

1.老师或家长要控制难度以适应儿童能力,训练强度不可过大。

2.游戏全程做好安全防护。

(游戏设计者:周强)

第四章

言语与语言
康复游戏设计

沟通是人际交往中的重要媒介,是人实现社会功能的主要手段。语言和言语是沟通交流最常见、最主要的形式,对每个人都很重要。特殊儿童普遍存在语言方面的问题,"不想说""不会说"或"说不出"的情况在特殊儿童群体中较为常见。

本章将在分析语言发展相关理论的基础上,例举特殊儿童语言康复的游戏,以期为提高特殊儿童语言康复效果,增强其沟通与交往能力提供参考。

第一节 | 言语语言障碍与康复概述

语言与言语是人类最主要的沟通形式。语言即"话",言语即"说"。语言包括了言语,而言语是语言的一部分。[①]

一、语言与言语

(一)基本概念

言语(speech),通常是指口语的能力,也就是说话的能力,是一种通过口腔、咽喉结构和呼吸器官产生声音实现交流的运动活动和实际过程。

语言(language)是人类最重要的交际工具和认知功能之一,是包含了口语、书面语、手势语和体态语等交流符号的集合系统,是一个自然发展起来的语音、词法、句法、语义及语用的规则体系。语言活动有四种形式,即口语表达、口语理解、阅读理解和书写表达。

(二)言语的产生

言语是人们运用语法规则,将语言材料通过口头形式表达出来的过程。言语的形成是一个非常复杂的过程,需要各言语器官的运动协调一致。其中任何一个环节出现问题,言语都是难以准确形成的。[②]

[①] 王辉.特殊儿童教育评估[M].南京:南京师范大学出版社,2015:162.
[②] 黄昭鸣,杜晓新.言语障碍的评估与矫治[M].上海:华东师范大学出版社,2006:2.

作为一线特殊教育工作者或者特殊儿童家长,如果没有极为深厚的医学、生物学和语言学等专业基础,是难以理解言语产生的复杂过程的。因此,从言语康复需要的视角,我们首先需要简要了解言语产生的三大系统——呼吸系统、发声系统和构音系统,以及各系统与言语之间的关系,能正确评估儿童言语障碍的类型和原因,为实施言语康复提供理论依据。

1.呼吸与言语

呼吸是人体重要的生命活动之一。言语是在呼气的过程中产生的。吸气时,要求瞬时吸入较多的气体,呼气则是一个缓慢的过程,呼出的气流能使声带振动,产生嗓音。肺的运动,是言语产生的动力源。要形成自然的言语声音,要求言语呼吸轻松自如。

2.发声与言语

言语产生在喉部,形成于声道。在呼吸系统的支持下,喉部两侧的声带振动发生一系列气流脉冲波,并转化成一系列声能脉冲信号,从而形成言语的基本声源,这就是嗓音。声带的运动,是言语产生的振动源。喉部的发声功能包括:一是气流形成的声门下压作用于声带,使两侧声带边缘在靠近到一定程度时产生振动,发出浊音;二是开启声带,发出清音;三是作为发声系统的重要组成部分,为构音系统提供必需的声学能量。

3.构音与言语

构音系统由下颌、舌、唇、软腭、悬雍垂以及咽腔等器官组成。构音就是构音器官之间建构和发出言语的协调过程。只有构音系统各个器官的运动在时间上同步,在位置上准确,才能保证准确构音的形成。

二、语言与言语障碍

语言障碍是指由于各种原因导致的难以与他人进行正常语言交往活动的障碍。尽管语言障碍与言语障碍有差别,但实际上它们时常通用,可分为言语异常和言语缺陷两大类。[①]

---

① 朴永馨.特殊教育辞典(第三版)[M].北京:华夏出版社,2014:261.

常见的言语障碍类型有构音障碍、口吃、发声障碍和听力障碍,其临床表现为呼吸、发声、共鸣、构音和语音功能的异常;语言障碍主要有失语症和语言发育迟缓。

(一)构音障碍

1. 运动性构音障碍

由神经肌肉病变引发的构音器官的运动障碍,出现发声和构音不清等症状。常见的病因有脑血管病、脑外伤、脑瘫、多发性硬化等。

2. 器质性构音障碍

由于构音器官形态结构异常导致的构音障碍,其代表为腭裂,可以通过手术来修补缺损,但部分特殊儿童还会遗留有构音障碍,需要通过言语训练进行改善。

3. 功能性构音障碍

多见于学龄前儿童,指在不存在任何运动障碍、听力障碍和形态异常等情况下,部分发音不清晰。通过训练可以完全恢复。

(二)口吃

口吃是言语的流畅性障碍,可表现为重复说初始的单词或语音、停顿、拖音等。通过训练可改善。

(三)发声障碍

发声障碍是指由于呼吸和喉头调节存在器质性、功能性或神经性异常引起的嗓音障碍。

(四)听力障碍

听力障碍是指听觉系统中的传音、感音,以及对声音的综合分析的各级神经中枢发生器质性或功能性异常,而导致听力出现不同程度的减退。

儿童言语形成之前,由于听力障碍导致的言语障碍,如不经过听觉言语康复治疗,获得言语会很困难。

(五)失语症

失语症是由于大脑损伤所引起的言语功能受损或丧失。

(六)儿童语言发育迟缓

儿童语言发育迟缓是指儿童在生长发育过程中其言语发育落后于实际年龄的状态。最常见的病因有大脑功能不全、孤独症、脑瘫等。这类儿童通过言语训练虽然不能达到正常儿童的言语发育水平,但可以尽量发挥和促进被限制的言语能力,不仅能改善言语障碍,而且能提高儿童的社会适应能力。

由于语言发育迟缓和构音障碍是特殊儿童言语与语言障碍的主要类型,也是特殊教育学校(机构)及家庭实施语言康复中主要的针对性内容,因此,本章主要介绍发生这两种言语与语言障碍的有关原因和康复方法。

三、言语治疗

言语治疗(speech therapy,ST)又称言语训练或言语再学习,是由专业工作者对各类言语障碍患者进行的一种矫治工作,从而改善其言语功能,提高交流能力。理论上讲,凡是言语障碍的患者都可接受言语治疗。但是,由于言语治疗需要患者与治疗师之间的双向交流,因此,对于重度智力障碍、多重障碍等类型的患者,言语治疗难以达到预期效果。

若经系统的言语治疗,效果仍不理想者,可用非言语交流的方式训练,或借助替代言语交流的方法来达到交流的目的。

(一)治疗途径

1.听觉训练

指导儿童理解口头语言,这是言语治疗的基础。

2.呼吸训练

呼吸系统是言语的动力来源。如果没有气流呼出,将无法产生言语声。训练特殊儿童腹式呼吸,为其言语的产生提供更多的呼吸支持,是儿童自主控制音速、音高和音长的重要方法。

3.构音训练

构音器官由下颌、唇、舌、软腭、悬雍垂、口腔、鼻腔、咽腔等器官组成。它们各自的灵活运动及协调运动是产生清晰的、有意义言语的必要条件。因此,要解决特殊儿童构音障碍问题,首先需要通过训练解决其构音器官的运动异常和协调运动障碍的问题。

4.非言语沟通训练

对于重度言语障碍的特殊儿童,可训练其运用手势、沟通板、电子辅助交流器具(例如:平板电脑等)进行交流,实现沟通需要。

(二)治疗原则

1.坚持"三早"

言语治疗开始得越早,效果越好。因此,应注重言语障碍的早期发现、早期诊断和早期治疗。

2.依据评估

言语治疗前应进行全面的言语功能评估,了解言语障碍的类型及程度,制订针对性的治疗方案。治疗过程中要定期评估,了解治疗效果,并据此调整治疗方案。

3.循序渐进

坚持由易到难、由简单到复杂,循序渐进的原则。治疗内容和时间安排要适当,避免儿童疲劳及出现过多的错误。

4.及时反馈

治疗中根据儿童的反应,治疗师应给予及时反馈,强化正确的反应,纠正错误的反应。

5.主动参与

言语治疗需要儿童的主动参与,治疗师与儿童之间、儿童与家庭之间的双向交流是治疗的重要内容。

(三)治疗形式

1.个训

个训是治疗师与儿童一对一的训练形式,其优点是儿童容易集中注意力,保持情绪稳定,刺激条件容易控制,训练内容针对性强,并可及时调整。

2. 小组训练

小组训练是减少儿童的孤独感,帮助儿童逐步接近正常交流的方法之一。

3. 家庭训练

治疗师将治疗计划和方法等介绍、示范给儿童家长,使儿童在家庭亦能进行训练。

4. 自主训练

自主训练是儿童运用平板电脑、手机等设备进行复述、听理解和听写的训练。

(四)治疗环境与辅具

言语治疗要求环境尽可能安静、舒适,使儿童能处于充分放松和心境良好的状态中。各种训练用具和器材,如平板电脑、镜子、秒表、单词卡、图片、常用物品等,均应准备充分,放置整齐有序,尽量不要让儿童视野内出现不必要的物品。

第二节 │ 特殊儿童语言发育迟缓的理论与评估

语言发育迟缓是指发育过程中的儿童其语言发育落后于正常儿童的状态。在儿童的语言障碍中,语言发育迟缓的发生率为7%~10%,是发生率较高的障碍,严重影响儿童的理解能力和表达能力,并可影响神经心理发育,导致儿童生活质量下降。[①]

一、儿童语言发育迟缓的基本理论

语言发育迟缓表现为:与正常标准相比,儿童某一语言功能或语言体系发展质量处在低水平,发音、词汇、语法、语言沟通等方面发展水平低,言语不成熟,与其生理年龄不相适应。

---

① 李胜利.言语治疗学[M].北京:求真出版社,2010:184-186.

(一)语言发育迟缓的原因

目前,现代医疗技术支持的检查,例如脑电图、CT、核磁共振等,均难以判断儿童语言发育迟缓的原因。在康复领域,一般认为阻碍儿童语言发育的主要因素包括以下6个方面(下列因素单独或同时存在均会引起语言发育迟缓)。

1. 听觉障碍

听觉障碍是由于各种原因导致双耳不同程度的听力损伤,听不到或听不清周围环境声和言语声,影响患者的沟通交往和日常生活。儿童发生中度以上程度的听觉障碍,言语发育期间长期存在有声语言的输入障碍,则其语言的信息接收(理解)和信息发出(表达)等都会受到影响,导致语言发育迟缓。其语言障碍程度与耳聋程度相平行。

2. 孤独症谱系障碍

孤独症谱系障碍儿童存在对语言刺激的关心不够、刻板行为等特点,出现语言发育迟缓的状况,最典型的表现是与场合不符的自言自语、"鹦鹉学舌"、人称代词混乱使用、没有抑扬顿挫的单音调讲话方式等。

3. 智力障碍

智力障碍儿童在发育期间,整体智能较正常平均水平显著降低,并伴有适应性行为障碍。其语言发育迟缓表现为:语言的理解和表达均较实际年龄迟缓,发音声音小、模糊不清,应用词语和句子的形式混乱、不合时宜等。

4. 受语言学习限定的特异性障碍

(1) 发育性运动性失语

即语言的理解能力与儿童的生理年龄相符,但有语言表达障碍。该类儿童在6岁时多能达到正常儿童的发育水平。

(2) 发育性感觉性失语

是指历来对语言的接受(理解)和发出(表达)同时极度迟缓的儿童的用语,这样的儿童,语言发育的预后不理想。最近发现在局限于颞叶的颅内感染及抽搐性疾病中可产生这样的语言症状。

5. 语言环境脱离

在儿童发育的早期被剥夺或脱离语言环境可能导致语言发育障碍。印度等地发现的"狼孩"即为由于脱离正常的语言环境导致语言障碍的典型代表。

6.构音器官异常

构音器官异常,指的是以脑性瘫痪为代表的运动障碍性疾病及以腭裂为代表的器质性病变等。

(二)语言发育迟缓的表现

目前,言语治疗学专业领域一般参考正常儿童的语言发育阶段,与之比较判定特殊儿童的语言发展处于哪一阶段,进而根据儿童的障碍类型、表现和所处的阶段制订康复计划。

1.正常儿童语言发育阶段

第1阶段:对外界的声音、动作等刺激有主动反应,但对特定事物间的相互关系的理解较为困难。例如:不能区别食物和非食物,会将食物以外的东西也放入口中。

第2阶段:可理解日常生活中出现或存在的事物间的相互关系,但对符号的理解和使用较为困难。

第3阶段:能区分符号及其对应的物品,能理解符号的意义,如手势、幼儿语、拟声拟态语等。

第4阶段:能以幼儿语的方式理解由单词组成的词组,例如:"打电话""我吃饭"等。

第5阶段:能以与成年人同样的水平理解按语法规律组成的词组(句子),儿童可理解简单句和复杂句。例如:"一个人在看电视""一个人在吃完饭后看有趣的电视节目"等。

2.发育迟缓儿童的言语表现

(1)表达性语言发育迟缓

该类儿童的非言语的交流能力和语言理解能力基本是正常的,其问题主要表现在会说话的时间迟、言语匮乏两个方面。

(2)继发性语言发育迟缓

因为听力障碍、唐氏综合征、智力发育迟缓、孤独症谱系障碍等引起的语言发育迟缓被称为继发性语言发育迟缓。继发性语言发育迟缓很可能导致儿童形成更加严重的语言障碍。

(3)单纯性语言发育迟缓

儿童未出现上述障碍,但是其语言的理解和表达能力落后于同龄儿童。导致儿童单纯性语言发育迟缓的主要原因是不良的语言环境,特别是不良的家庭教育环境。

二、儿童语言发育迟缓的评价与诊断

对儿童语言发育迟缓进行评价,主要是发现和确定儿童是否存在语言发育迟缓,这种语言发育迟缓属于哪一种类型,特殊儿童的语言与正常儿童相比处于哪一个阶段。评价的结果将作为制订训练计划的依据,也是研究语言发育迟缓的重要资料。有些儿童在初诊时由于注意力很差、不能很好地配合评价等因素,初诊时只进行初期的评价,需要在训练过程中进一步观察儿童表现,最后完成评价。在训练过程中,儿童的语言会发生变化或取得不同程度的改善,因此,必须进行再评价,为进一步的训练和调整计划提供依据。

(一)评价的程序

对儿童语言发育迟缓的评价涉及多学科和多专业的知识,基本的评价流程如图4-1所示。[①]

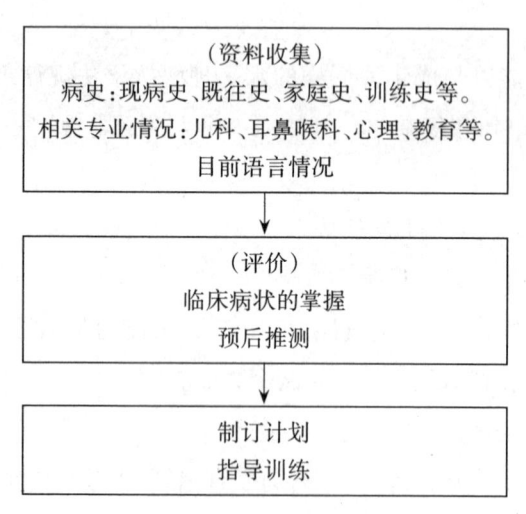

```
┌─────────────────────────────┐
│ (资料收集)                   │
│ 病史:现病史、既往史、家庭史、训练史等。 │
│ 相关专业情况:儿科、耳鼻喉科、心理、教育等。 │
│ 目前语言情况                  │
└─────────────────────────────┘
              ↓
┌─────────────────────────────┐
│ (评价)                       │
│ 临床病状的掌握                │
│ 预后推测                      │
└─────────────────────────────┘
              ↓
┌─────────────────────────────┐
│ 制订计划                      │
│ 指导训练                      │
└─────────────────────────────┘
```

图4-1 语言发育迟缓评价流程图

---

① 李胜利.言语治疗学[M].北京:华夏出版社,2004:101.

(二)评价的内容

1.资料采集

通过访谈儿童家长或其他监护人,了解与儿童语言发育迟缓相关的讯息,包括语言发育现状、既往史、家族史、康复训练情况等。

(1)语言发育现状

详细询问儿童语言发育现状、语言发育迟缓的程度、对生活和学习的影响,了解儿童的听力情况、吞咽和咀嚼能力等。

(2)既往史

记录儿童出生时的有关情况,如是否足月出生、分娩方式、胎次、出生时的体重、出生后的身体状况等;记录儿童成长过程中的发育情况,包括儿童抬头、坐、爬、叫爸爸和妈妈的月龄或年龄;了解儿童的生活环境和语言环境,包括由谁抚养、抚养人的语言状况等;了解儿童的生活是否规律,以及兴趣和爱好等。

(3)家族史

主要询问家庭成员中是否有与儿童类似的表现,父母及亲属是否有遗传病史,父母及看护者的文化程度,以及他们与儿童的关系和语言环境等情况。

(4)康复训练史

儿童是否接受过针对性的康复训练,以及接受训练的内容、时间、效果等。

通过采集上述资料,并配合相关检查,评价者能够对儿童的语言发展情况、缺陷表现有客观的认识,为制订训练计划提供依据。

2.儿童语言发育迟缓评价的理论基础

语言行为的评定,大体上围绕"接受性、交流性和描述性"进行。第一是语言的构造形式,第二是辨别、记忆、产生、范畴化等内容,第三是交流关系的建立、维持、展开等使用方面。在"语言发育迟缓评价法"中这些分别被称为符号形式—指示内容关系、基础性过程、交流态度。参照表4-1、图4-2。[1]

---

[1] 李胜利.言语治疗学[M].北京:华夏出版社,2004:100-101,103.

表4-1 语言行为的3个侧面

语言行为的侧面	内容
语言行为的基础	辨别、记忆、产生等
构造性侧面	符号形式—指示内容关系
机能性侧面	交流态度

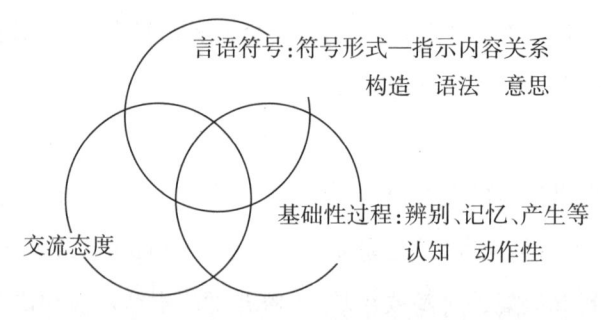

图4-2 语言行为3个侧面的关系

3.汉语儿童语言发育迟缓评价法[①]

语言发育迟缓评价法(简称"S-S法")由3个侧面组成,即符号形式与指示内容的关系;交流态度;基础性过程。该评价法能比较全面地对儿童语言障碍进行评价并对引起语言障碍密切相关的交流态度和非言语功能进行评价。

(1)"S-S法"原理

基于语言行为研究的视角,"S-S法"对照语法规则、语义、语用3个方面,从"符号形式与指示内容的关系""促进学习有关的基础性过程"和"交流态度"3个方面进行评定,并对其语言障碍进行诊断、评价、分类和针对性的治疗。

(2)"S-S法"的适应年龄和适应证

该评价法原则上适合1岁6个月~6岁6个月的由各种原因引起的语言发育迟缓儿童。有些儿童的年龄已超出此年龄段,但其语言发展的现状如果不超出此年龄段水平,也可应用。另外,学龄前儿童如有获得性失语症也可以参考应用。该评价法不适合听力障碍引起的语言障碍。

---

① 李胜利.言语治疗学[M].北京:华夏出版社,2004:104.

（3）"S-S法"语言发育迟缓检查记录表[①]

表4-2 "S-S法"语言发育迟缓检查记录表（表一）

姓名：　　　　　　检查日期：　　　　年　　月　　日

项目阶段			内容	理解			表达		
语法规则	5-2		被动语态	/6			/8		
	5-1		语序	/4			/6		
词句	4-2	三词句	大小+颜色+事物	/3			/4		
			主+动作+对象	/3			/4		
							3 词语 + -		
	4-1	两词句	颜色+事物	/4			/5		
			大小+事物	/4			/5		
			主+动作	/4			/5		
			动作+对象	/4			/5		
							2 词语 + -		
事物的符号		词汇	颜色	/4			/4		
			大小	/4			/6	/2	
			动词	/5			成 /5	幼 /5	手 /5
			身体部位	/6			/6		
	3-2		事物的名称（名词）言语符号（图片）	/5组	E /4 C /9 D /7 A /4 B /4		成 /16 手 /16	幼 /16	
			言语符号（事物）	/3组	/3	/3	/3	成 /7 幼 /7 手 /7	
	3-1		手势符号（事物）	/3组	/3	/3	/3		
事物的基础概念	2-3		选择	/3组	/3	/3	/3		
	2-2		匹配	/3组	/3	/3	/3		
	2-1		机能性操作	/3组	/6(A+B)		/3组		
					A.单个事物	B.成对事物	C.镶嵌板		

---

① 吴建国.小班语言发育迟缓儿童游戏干预的个案研究[D].宁波:宁波大学,2021:33-42.

表4-3 "S-S法"语言发育迟缓检查记录表(表二)

姓名：　　　　　　检查日期：　　　年　　月　　日

		段阶2 事物的基础概念					段阶3 事物的符号			
							理解		表达	模仿
		2-1机能性操作	2-2匹配		2-3选择		3-1手势符号	3-2言语符号		
		第1次 第2次	第1次	第2次	第1次	第2次	第1次 第2次	第1次 第2次	第1次 第2次	第1次 第2次
A.事物		人体部位 (1/1C) 帽子/鞋/牙刷	事物(1/1C) 帽子/鞋/牙刷 ↓ 娃娃		事物(1/3C) 帽子/鞋/牙刷 ↓ 娃娃		手势+言语: 事物(1/3C) 帽子/鞋/牙刷	言语符号: 事物(1/3C) 帽子/鞋/牙刷	事物: 手势·言语 (1/1C) 帽子/鞋/牙刷	事物: 手势·言语 (1/1C) 帽子/鞋/牙刷
	帽子									帽子
	鞋									鞋
	牙刷									牙刷
	小计	/3 /3	/3	/3	/3	/3	/3 /3	/3 /3	/3	/3
B.成对事物		事物: 机能性操作 (1/1C)	事物 x: 事物 y (1/3C) 听筒 ↓ 电话/鼓/茶杯		事物 x: 事物 y (1/3C) 鼓槌/壶/听筒 ↓ 鼓		手势+言语: 事物(1/3C) 壶/听筒/鼓槌	言语符号: 事物(1/3C) 壶/听筒/鼓槌	事物: 手势·言语 (1/1C) 壶/听筒/鼓槌	事物: 手势·言语 (1/1C) 壶/听筒/鼓槌
	听筒—电话									听筒
	鼓槌—鼓									鼓槌
	壶—茶杯									壶
	小计	/3 /3	/3	/3	/3	/3	/3 /3	/3 /3	/3	/3
C.事物镶嵌板			子板:母板 (1/1C) 牙刷(子) ↓ 鞋/牙刷/剪子	子板:母板 (1/3C) ↓ 牙刷(母)	母板:子板 (1/3C) ↓ 鞋/牙刷/剪子		手势+言语: 子板(1/3C) 鞋/牙刷/剪子	言语符号: 子板(1/3C) 鞋/牙刷/剪子	子板: 手势·言语 (1/1C) 鞋/牙刷/剪子	子板: 手势·言语 (1/1C) 鞋/牙刷/剪子
	鞋									鞋
	剪子									剪子
	牙刷									牙刷
	小计	/3	/3	/3	/3	/3	/3 /3	/3 /3	/3	/3
合格组数		A+B　/6个	/3组		/3组		/3组	/3组	成A 幼C 手G / / /7词	成A 幼C 手G / / /7词

表4-4 "S-S法"语言发育迟缓检查记录表(表三)

姓名：　　　　　　　检查日期：　　　年　月　日

阶段3-2 言语符号	理解 言语:图片				表达 图片:言语、 手势	模仿 言语、手势
事物的名称	A(1/4C)　B(1/4C) 鞋 面包 飞机 狗 象 汽车 米饭 电话		C(1/9C)		E(1/16C)	
	成人语	幼儿语	成人语	幼儿语	成人语	
日常用品 鞋	A					
帽子						
眼镜						
手表					E	
剪子						
电话	B					
动物 象	A					
狗	B					
猫					E	
			D(1/7C)			
			成人语	幼儿语		
食物 面包	A					
香蕉					E	
苹果						
米饭	B					
交通工具 汽车	A					
火车					E	
飞机	B					
各组小计	A　/4 B　/4		C　/9 D　/7		E　/4	成(A)　/16 幼(C)　/16 手(G)　/16	成(A)　/16 幼(C)　/16 手(G)　/16
合格组数					/5组		

表4-5 "S-S法"语言发育迟缓检查记录表（表四）

姓名：　　　　　　　　　检查日期：　　　年　月　日

身体部位	理解:言语(1/6C)		表达:言语、手势	模仿:言语、手势
	成人语	幼儿语		
眼	1			
嘴	2			
手	3			
鼻	4			
耳	5			
脚	6			
小计	/6	/6	成A /6　幼C /6　手G /6	成A /6　幼C /6　手G /6

动词	理解:言语、手势(1/5C)			表达:言语、手势	模仿:言语、手势
	成人语	幼儿语	手势语		
睡觉	1				
洗	2				
吃	3				
哭	4				
切	5				
小计	/5	/5	/5	成A /5　幼C /5　手G /5	成A /5　幼C /5　手G /5

大小	理解:言语、手势（1/2C）			表达:言语、手势	模仿:言语、手势
	大小 小大	大小 小大			
大	1	3	(5)		
小	2	4	(6)		
小计	/4	/6		成A:/2　手G:/2	成A:/2　手G:/2

颜色	理解:言语(1/4C)				表达:言语	模仿:言语
	黄	绿	红	蓝		
红	1					
黄	2					
蓝	3					
绿	4					
小计				/4	/4	/4

表4-6 "S-S法"语言发育迟缓检查记录表(表五)

姓名： 　　　　　　　检查日期： 　　年　　月　　日

动词准备检查	理解：言语；图片(1/3C) 吃　切　洗	
	成人语A	幼儿语C
吃	1	
切	2	
洗	3	
阶段4-1 2词句 (动词+对象)	(动词+名词组合) 吃　洗+香蕉、苹果	
	理解：言语；图片(1/4C) 吃香蕉　吃苹果 洗香蕉　洗苹果	表达：言语 图片(1/1C)
吃香蕉	1	
洗苹果	2	
洗香蕉	3	
吃苹果	4	
洗香蕉	(5)	
小计	/4　　/5	
(主+动)	(主+动组合) 妈妈、弟弟+洗、吃	
	理解：言语；图片(1/4C) 妈妈吃　弟弟吃 妈妈洗　弟弟洗	表达：言语 图片(1/1C)
妈妈洗	1	
弟弟吃	2	
妈妈吃	3	
弟弟洗	4	
妈妈洗	(5)	
小计	/4　　/5	
阶段4-2 3词句 (主+动+对象)	理解：言语；图片(1/8C) 妈妈吃香蕉　妈妈吃苹果　弟弟吃香蕉　弟弟吃苹果 妈妈洗香蕉　妈妈洗苹果　弟弟洗香蕉　弟弟洗苹果	表达：言语 图片(1/1C)
妈妈吃香蕉	1	
弟弟洗香蕉	2	
弟弟吃苹果	3	
妈妈洗苹果	(4)	
小计	/3　　/4	

表4-7 "S-S法"语言发育迟缓检查记录表(表六)

姓名：　　　　　　　　　检查日期：　　　年　　月　　日

阶段4-1　2词句 （大小+事物）	理解：言语：图片（1/4C）		表达：言语 图片（1/1C）
	大的鞋	大的帽子	
	小的鞋	小的帽子	
大的鞋	1		
大的帽子	2		
小的鞋	3		
小的帽子	4		
小的鞋	(5)		
小计	/4　　　/5		/4　　　/5

（颜色+事物组合）红、黄、蓝、绿+帽子、鞋

阶段4-1　2词句 （颜色+事物）	理解：言语；图片（1/4C）		表达：言语 图片（1/1C）
	黄色鞋	黄色帽子	
	红色鞋	红色帽子	
黄色　帽子	1		
红色　鞋	2		
红色　帽子	3		
黄色　鞋	4		
红色　鞋	(5)		
小计	/4　　　/5		

阶段4-2　3词句 （大小+颜色+事物）	理解：言语；图片（1/8C）				表达：言语 图片（1/1C）
	大红鞋	大红帽子	大黄鞋	大黄帽子	
	小红鞋	小红帽子	小黄鞋	小黄帽子	
大黄　帽子	1				
小红　鞋	2				
大黄　鞋	3				
小红　帽子	(4)				
小计	/3　　　/4				/3　　　/4

表4-8 "S-S法"语言发育迟缓检查记录表(表七)

姓名：　　　　　　　　检查日期：　　年　月　日

语法规则 （阶段5-1　语序） 主动语态	理解：言语；图片(1/6C)			表达：言语 图片(1/1C)
	鸡→乌龟	猫→鸡	乌龟→猫	
	乌龟→鸡	鸡→猫	猫→乌龟	
猫追鸡	练习1			
乌龟追鸡	练习2			
乌龟追猫	1			
鸡追乌龟	2			
猫追乌龟	3			
猫追鸡	4			
乌龟追鸡	(5)			
鸡追猫	(6)			
小计	/4　　　　/6			/4　　　　/6
语法规则 （阶段5-2　被动语态）	理解：言语；图片(1/6C)			
	猫←乌龟	鸡←猫	乌龟←鸡	
	乌龟←猫	猫←鸡	鸡←乌龟	
鸡被猫追	练习1			
乌龟被鸡追	练习2			
猫被乌龟追	1			
乌龟被鸡追	2			
乌龟被猫追	3			
鸡被猫追	4			
鸡被乌龟追	5			
猫被鸡追	6			
乌龟被猫追	(7)			
鸡被乌龟追	(8)			
小计	/6　　　　/8			

表4-9 "S-S法"语言发育迟缓检查记录表(表八)

姓名：　　　　　检查日期：　　　年　月　日

基础性过程						
1.操作性课题						
	项目	记录+ -	反应　记录+ -			
	(1) 放入小球					
	(2) 延迟反应					
(3) 图形的辨别	a.三种图形镶嵌板	/3	○	△	□	
	b.六种图形镶嵌板	/6	○ △ □	□	⬠	◇
	c.十种图形	/10	○ △ □ ✚ ⌒ ◇ ⬡ ⬠ ⌒ ☆			
(4) 积木	a.堆积		a.堆积	b.排列	c.隧道	
	b.排列					
	c.隧道					
(5) 描画	a.•		a.•	b.|	c.—	d.○
	b.|					
	c.—					
	d.○					
	e.+		e.+	f.□	g.△	h.◇
	f.□					
	g.△					
	h.◇					

表4-10 "S-S法"语言发育迟缓检查记录表(表九)

姓名：　　　　　　　　检查日期：　　　年　月　日

基础性过程				
2.听觉记忆力				
2单位 鞋　电话　帽子 米饭　面包　狗 象　飞机　汽车		检查顺序	言语:图片(2/9C)	小计
	练习1	米饭　汽车		
	练习2	电话　象		
	1	狗　鞋		/4
	2	帽子　面包		
	3	飞机　电话		
	4	狗　米饭		
3单位 飞机　汽车　象 电话　狗　鞋 帽子　米饭　面包		检查顺序	言语:图片(3/9C)	
	练习1	象　米饭　鞋		
	1	面包　电话　汽车		
	2	帽子　鞋　狗		/4
	3	米饭　飞机　面包		
	4	电话　象　帽子		

表4-11 "S-S法"语言发育迟缓检查记录表(表十)

姓名： 　　　　　　检查日期：　　　　年　　月　　日

交流态度检查项目：

1. 对他人行动的注视
   a. 对他人的行动大致经常注视
   b. 对他人操作自己较关心的事或物时注视
   c. 完全或几乎不注视

2. 视线
   a. 大致经常视线交流
   b. 经过促进视线可以交流(如"看这里"或将事物拿到检查者的面前时)
   c. 完全或几乎无视线交流

3. 对他人的指示、问候、招呼的反应
   a. 对他人的指示、问候、招呼用言语回答,或者边看指示者的面部边行动
   b. 不看指示者的面部但有行动反应
   c. 完全无反应

4. 对他人的表达
   a. 用言语或手势进行表达　　　　　(i. 看他人面部　ii. 不看他人面部)
   b. 用手指着来表示要求　　　　　　(i. 看他人面部　ii. 不看他人面部)
   c. 用提示行动不表示要求(让看物品等)(i. 看他人面部　ii. 不看他人面部)
   d. 拉着大人的手到物品存放处表示要求(i. 看他人面部　ii. 不看他人面部)
   e. 无要求表示

5. 感情起伏的表现
   a. 感情表现用可以理解或适当的程度进行表示
   b. 感情表现虽然能够理解,但过分
   c. 感情表现大部分不能够理解
   d. 几乎没有感情表现

6. 询问—回答的关系
   a. 理解了问题的内容后进行回答(包括手势、文字)
   b. 对问题的内容不能很好理解,但能够明白其要答话的状况,对问题或支支吾吾,或笑嘻嘻
   c. 仅仅是对问题机械地模仿
   d. 无反应

7. 特征性语言
   a. 自言自语　　(有　无)
   b. 仿说　　　　(有　无)
   c. 韵律　　　　(异常　正常)

第三节 | 特殊儿童构音障碍的理论与评估

构音障碍是言语障碍的一种类型，表现为说话时咬字不清楚。构音障碍可分为以下几种类型：省略音，即在言语中丢掉某一个或某几个音；替代音，即说话时把一个音用另外的音来替代；歪曲音，即说话时把一个音发成近似，或差别较远的、在该语音系统中没有的音；赘加音，即说话时增加某一单音或音节。上述情况会影响到个体的言语交往，使交往对象听不懂或不全听懂个体要表达的内容。

构音障碍分为功能性构音障碍、器质性构音障碍和运动性构音障碍。

一、功能性构音障碍

功能性构音障碍，是指不存在任何运动障碍、听力障碍和形态异常的情况下部分发音不清晰，多见于学龄前儿童。有些研究资料显示：功能性构音障碍主要与儿童语音的听觉接受、辨别、认知因素有关。

(一)功能性构音障碍常见的构音错误

根据胡谊容等人对功能性构音障碍患者所做的调查显示，被调查者主要存在舌尖中音/d-t-l/、舌尖后音/zh-ch-sh/、舌根音/g-k-h/、舌尖前音/z-c-s/、舌面音/j-q-x/等发音错误，这些也是功能性构音障碍的常见错误。

(二)功能性构音障碍的诊断

1. 检查构音器官形态是否存在异常。
2. 检查构音器官运动机能是否存在异常。
3. 检查听力是否正常。
4. 对于儿童4岁前出现的构音错误，可以看作发育过程中未成熟的发音。

(三)功能性构音障碍训练原则

1. 改变固定化了的构音习惯

主要是改变错误的构音动作，加强正确构音。

2.构音训练方法

注重训练听辨别音,严格训练构音动作,设法消除错误构音习惯的影响。

二、器质性构音障碍

器质性构音障碍是指构音器官形态结构异常所致的构音障碍,其代表为腭裂以及舌或颌面部术后,主要表现为不能说话、鼻音过重、发音不清等。

(一)器质性构音障碍的表现

腭裂语音障碍

腭裂语音障碍是由于器官结构存在缺陷,包括腭部裂隙、腭咽闭合不全、听觉感知功能异常等多因素导致的器质性构音障碍,主要包括辅音错误和鼻共鸣音异常等。

(1)辅音错误

辅音错误是腭裂语音障碍最常见的错误,可分为3类:一是发音部位异常;二是发音方式异常;三是发音部位和发音方式均异常。

(2)鼻共鸣音异常

鼻共鸣音异常主要影响儿童的音质,包括:鼻音过高,有时伴有鼻漏气现象;鼻音过低,应有的鼻音性声音鼻共鸣减少。

(二)先天性腭咽闭合功能不全

先天性腭咽闭合功能不全是功能性腭咽闭合不全的一种,儿童因神经肌肉协调性障碍而不能够达到连续闭合和完全闭合,主要表现为腭部无明显裂隙及异常走向肌肉,鼻咽内镜下软腭中份肌肉上抬无倒"V"形凹陷及明显腭裂语音。[1]

先天性腭咽闭合功能不全的儿童,均存在不同程度的高鼻音表现。在辅音构音表现方面,儿童依次表现为代偿、省略和替代。

---

[1] 王希,等.先天性腭咽闭合不全的腭咽闭合状态及语音特点分析[J].华西口腔医学杂志,2020,38(6):662-663.

(三)舌系带短

舌系带短指舌系带距舌尖距离小于3 mm,舌体卷起,但舐着上腭及伸出口外等活动受限,舌尖呈圆弧状、倒"V"状或"W"状。[1]舌系带过短会在一定程度上影响儿童的哺乳和发音。

有观点认为,舌系带过短是构音障碍的主要原因,而毛渤淳等人的研究则证明:舌系带过短与构音障碍无相关性。语音障碍的儿童若同时存在舌系带短的情况,发音不清时应经专业的病理语言师评估,明确其原因,再确定治疗方案。[2]

(四)器质性构音障碍的功能评价

1.构音器官结构与运动功能检查

构音器官结构与运动功能检查的目的是了解构音器官解剖形态、大小、运动状态和功能的基本情况,从而指导儿童进行相应的治疗。如表4-12所示[3],治疗师(教师)可以对儿童的唇部、牙齿、舌部、硬腭、悬雍垂、下颌等构音器官的结构和功能进行检查,发现异常现象及时进行描述记录。

表4-12 构音器官结构与运动功能的主观评估表

	结构	功能
唇部		
牙齿		
舌部		
硬腭		
悬雍垂		
下颌		

(如果正常,请打"√";如果异常,请描述异常的情况)

---

[1] 毛渤淳,等.功能性构音障碍与舌系带短的相关性研究[J].口腔疾病防治,2019,27(10):643-644.

[2] 毛渤淳,等.功能性构音障碍与舌系带短的相关性研究[J].口腔疾病防治,2019,27(10):643-644.

[3] 黄昭鸣,杜晓新.言语障碍的评估与矫治[M].上海:华东师范大学出版社,2006:113.

2.构音评定

详见"四、构音障碍的评定"。

三、运动性构音障碍

运动性构音障碍是由于神经病变所致与语言运动有关的肌肉麻痹或运动不协调,是脑瘫儿童常见的语言障碍类型。

(一)运动性构音障碍的表现

由于脑瘫儿童口面部器官肌力减弱、肌张力异常和选择性运动控制受限,进行目标性言语运动时,舌、唇和下颌运动速度和(或)幅度受限,各发音器官间的时间与空间耦合减少,特别是舌的运动控制能力受损,导致运动性构音障碍和音韵障碍,言语特点为部分或全部元辅音歪曲、错误、置换或拖延,音素、音节、单词和句子的言语清晰度下降,语速过快或过慢,吸气发音和言语不流畅等。①

(二)运动性构音障碍的分类

基于儿童神经病变损伤部位、病因等,运动性构音障碍可分为以下6种类型。

1.痉挛型构音障碍

为中枢性运动障碍,由脑血管病、假性延髓麻痹、脑瘫、脑外伤等所致。

2.迟缓型构音障碍

为周围性构音障碍,由颅神经麻痹、延髓麻痹、肌肉本身障碍、进行性肌营养不良等引发。

3.失调性构音障碍

为小脑系统障碍,由肿瘤、多发性硬化、外伤等导致。

---

① 侯梅,罗光金,赵建慧.脑瘫患儿言语障碍的评估与管理[J].中国听力语言康复科学杂志,2019,17(3):171-172.

4.运动过强型构音障碍

为锥体外系障碍,由舞蹈病、肌震等引发。

5.运动过弱型构音障碍

为锥体外系障碍,主要由帕金森病引发。

6.混合型构音障碍

为运动系统多重障碍,主要由威尔逊氏症引发,呈多发性特点。

四、构音障碍的评定

(一)构音障碍的评定目的与内容

1.构音障碍评定的目的

(1)评定特殊儿童有无构音障碍,构音障碍的类型和程度等,为康复训练提供依据。

(2)对特殊儿童原发疾病及损伤部位进行推定,为制订治疗计划提供依据。

2.构音障碍评定的内容

(1)构音器官检查:包括肺(呼吸情况)、喉部、面部、口部肌肉、硬腭、腭咽机制、下颌、反射等。

(2)构音检查:通过单词检查、音节复述检查、文章检查等,判断特殊儿童构音错误的类型(是否存在省略、置换、歪曲、口唇化、齿背化、硬腭化、齿龈化、边音化、鼻音化、软腭化、无声音化、摩擦不充分、不送气音化等类型中的一种或几种)。

(二)构音障碍评定方法

1.运用《构音器官检查表》(详见表4-13)检查构音器官情况。

表4-13 《构音器官检查表》

_____学校(机构)构音器官检查表[①]

_____—_____年度　　第_____学期

姓名:_____　性别:_____　年龄:_____　病案号:_____

住址:_____　检查日期:_____年_____月_____日

残疾类别:_____　障碍程度:_____　伴随障碍:_____

发病日期:_____年_____月_____日　语言背景:_____

既往康复史:_____　是否有过敏史:_____

临床诊断:_____

CT或MRI结果:_____

偏瘫侧:左_____　右_____　双_____　文化程度:_____

语言诊断:_____　检查者:_____

联系电话:_____　出生日期:_____年_____月_____日

会话的观察:_____

_____

_____

_____

[①] 李胜利.言语治疗学[M].北京:求真出版社,2010:276-278.

构音器官检查内容

Ⅰ 肺

1. 呼吸类型:胸腹____ 胸____ 腹____

2. 呼吸次数:____/分

3. 最长呼气时间:____秒

4. 快呼气:能____ 不能____

Ⅱ 喉功能

1. 最长发音时间:____秒　　范围异常____

2. 音质、音调、音量

a. 正常音质____　　嘶哑____　　震颤____

b. 正常音调____　　异常高调____　　异常低调____

c. 正常音量____　　异常音量____　　音量过低____

d. 总体程度____　　气息声____(0 1 2 3)　　无力声____(0 1 2 3)

e. 吸气时发声____　　费力声____(0 1 2 3)　　粗糙声____(0 1 2 3)

3. 音调、音量匹配

a. 正常音调____　　单一音调____

b. 正常音量____　　单一音量____

Ⅲ 面部

a. 对称____　b. 麻痹(R/L)____　c. 痉挛(R/L)____　d. 眼睑下垂(R/L)____

e. 口角下垂(R/L)____　f. 流涎____　g. 怪相____　扭曲____　抽搐____

h. 面具脸____　i. 口呼吸____

Ⅳ 口部肌肉

1. 噘嘴

a. 缩拢范围正常____　　范围异常____

b. 对称缩拢____　　不对称缩拢____

2. 咂唇

a. 力量正常____　　力量减弱____

b. 口角对称____　　口角不对称____

3.龇牙

范围正常____　　　　范围减小____

4.唇力度

正常____　　　　减弱____

Ⅴ 硬腭

a.腭弓正常____　　b.新生物____　　c.黏膜下腭裂____　　d.高窄腭弓____

Ⅵ 腭咽机制

1.大体观察

a.正常软腭高度____　　　　软腭下垂(L/R)____

b.分叉悬雍垂(L/R)____

c.正常扁桃体____　　　　肥大扁桃体____

d.节律性波动____　　　　或痉挛____

2.软腭运动

a.中线对称____

b.正常范围____　　　　范围受限____

c.鼻漏气____

d.高鼻腔共鸣____　　　低鼻腔共鸣____　　　鼻喷气声____

3.鼓腮

鼻漏气____　　　　口漏气____

4.吹

鼻漏气____　　　　口漏气____

Ⅶ 舌

1.外伸

a.正常外伸____　　　　偏移(L/R)____

b.长度正常____　　　　外伸减少____

2.舌灵活度

a.正常速度____　　　　速度减慢____

b.正常范围____　　　　范围缩小____

c.灵活____　　　笨拙____

3.舔唇左右侧

a.充 分____

b.不充分____

c.扭曲____　　　或受限____

4.舔上下唇外

a.活动充分____

b.活动不充分____

c.活动困难____

Ⅷ下颌

1.下颌张开闭合

a.正常下拉____　　　异常下拉____

b.正常上抬____　　　异常上抬____

c.不平稳扭曲____　　　或张力障碍性运动____

d.下颌关节杂音____　　　膨出运动____

2.咀嚼范围

正常范围____　　　减少____

Ⅸ反射

1.角膜反射____　　2.下颌反射____　　3.眼轮匝肌反射____

4.呕吐反射____　　5.缩舌反射____　　6.口轮匝肌反射____

2.运用游戏辅助进行构音障碍检查

包含构音器官检查和构音检查,了解特殊儿童的构音器官情况,以及构音是否存在错误、错误音和错误类型等。

(1)构音器官检查

检查目的:通过游戏疗法对特殊儿童在构音障碍的有无、障碍的种类以及程度等方面进行测评,评测内容主要包括呼吸、喉功能、面部及口部肌肉、硬腭、腭咽机制、舌、下颌等。

①呼吸评估

准备用具:不同大小的树叶、盘子、秒表、记录表。

目的:评估呼吸类型、呼吸的次数、呼气时长,以及是否能够完成快速和缓慢呼吸,评估儿童呼吸对言语的支持情况。

评估方法:

<1>儿童站立位,双手自然下垂放于身体两侧,治疗师发指令,双唇闭合用鼻子吸气,口呼气,看儿童是否能够完成。

<2>儿童站立位,双手自然下垂放于身体两侧,治疗师一手放于儿童腹部,秒表计时,测评儿童1分钟呼吸次数。

<3>儿童站立位,双手自然下垂放于身体两侧,治疗师拿一片树叶,发指令让儿童吸气后慢慢呼出,测评儿童呼气时长及特殊儿童可否完成缓慢呼吸。

<4>儿童坐位于桌前,双手自然下垂放于身体两侧,治疗师拿一片树叶放于儿童前方的盘子里,发指令让儿童吸气快速呼气将盘中的树叶吹出,测评儿童可否完成快速呼气。

<5>对儿童游戏中的表现进行记录,通过分析儿童呼吸类型、1分钟呼吸次数、呼吸时长及快速和缓慢呼吸的情况,判断儿童呼吸的控制力,评估其呼吸对言语的支持情况。

②喉功能评估

准备用具:《两只老虎》歌词及背景音乐、记录表。

目的:评估喉部功能最长发音时长、音质、音调、音量。

评估方法:

<1>儿童站立位,双手自然下垂放于身体两侧,治疗师示范演唱《两只老虎》歌曲,然后请儿童演唱歌曲。

<2>在儿童演唱时,观察记录儿童喉部功能,然后分析儿童最长发音时长、音质、音调和音量。

③面部及口部肌肉评估

准备用具：表情涂卡、压舌板、记录表。

目的：评估面部及口部肌肉功能。

评估方法：

<1>儿童站立位，双手自然下垂放于身体两侧，治疗师做各种表情，请儿童模仿，同时观察儿童面部及口部肌肉功能情况并做好记录。

<2>儿童坐位，双手自然下垂放于身体两侧。治疗师将压舌板横向放于儿童双唇中间，让儿童双唇用力夹住压舌板（注意不可用牙咬住压舌板）。治疗师用力向前方拉压舌板，测评特殊儿童唇力度。

④硬腭评估

准备用具：手电筒、压舌板、记录表。

目的：评估硬腭结构。

评估方法：

儿童站立位，头稍后倾抬高下颌，治疗师发指令，请儿童张大嘴巴发"啊"同时用压舌板辅助控制舌上抬，观察硬腭结构，分析儿童硬腭结构是否存在异常。

⑤腭咽机制评估

准备用具：紫菜、气球、压舌板、记录表。

目的：评估腭咽机制功能。

评估方法：

<1>儿童站立位，头稍后倾抬高下颌，治疗师发指令，请儿童张大嘴巴，用压舌板将紫菜放于软腭位置，观察并记录儿童腭咽机制功能情况。

<2>儿童站立位，治疗师示范吹气球，然后请儿童独立完成，观察腭咽机制功能情况并做记录。

⑥舌运动评估

准备用具：蜂蜜、棉签、记录表。

目的：评估舌运动功能。

评估方法：

儿童站立位，双手自然下垂放于身体两侧，头保持正中位。治疗师用棉签蘸蜂蜜分别涂于儿童口唇的上、下、左、右口角的位置，请儿童用舌头将蜂蜜舔到口中，观察并记录儿童舌功能情况。

⑦下颌运动功能评估

准备用具：不同大小的方块饼干、记录表。

目的：评估下颌运动功能。

评估方法：

儿童站立位，双手自然下垂放于身体两侧，头保持正中位。治疗师分别将不同大小的方块饼干放入口中，在口中不同的位置进行咀嚼，请儿童模仿操作，观察儿童下颌运动功能，并做好记录。

(2) 构音检查

检查目的：检查儿童发音的过程中，上下唇、舌尖、上齿龈、舌根、软腭、前硬腭等部位发音运动的情况，以及发音的正确性，评估错误的发音及发音错误的类型。

①单词检查

准备用具：单词卡片（每个单词为一张卡片，内容包括词语、拼音及对应的图片，词卡的内容详见图4-3）、错误类型记录表（见图4-4）。

目的：评估构音功能。

评估方法：

儿童站立位，双手自然下垂放于身体两侧，头保持正中位，均匀呼吸。治疗师示范分别读词卡的内容，请儿童模仿跟读。儿童读词卡的过程中，观察记录儿童上下唇、舌尖、上齿龈、舌根、软腭、前硬腭等发音器官的运动情况，以及各类发音的正确性。记录错误的发音类型：省略、置换、歪曲、口唇化、齿背化、硬腭化、齿龈化、边音化、鼻音化、软腭化、无声音化、送气音化、摩擦不充分、不送气音化。

tī zú qiú 1. 踢足球	chuānyī 2. 穿衣	bèi xīn 3. 背心	bù xié 4. 布鞋	cǎomào 5. 草帽	rén tóu 6. 人头	wéi jīn 7. 围巾	liǎnpén 8. 脸盆
rè shuǐpíng 9. 热水瓶	yáshuā 10. 牙刷	chá bēi 11. 茶杯	huǒchē 12. 火车	wǎnkuài 13. 碗筷	xiǎocǎo 14. 小草	dàsuàn 15. 大蒜	yī guì 16. 衣柜
shā fā 17. 沙发	shǒudiàntǒng 18. 手电筒	zì xíngchē 19. 自行车	zhàoxiàngjī 20. 照相机	tiān ānmén 21. 天安门	ěr duo 22. 耳朵	táidēng 23. 台灯	féngrèn jī 24. 缝纫机
jiěfàngjūn 25. 解放军	shū jià 26. 书架	tàiyáng 27. 太阳	yuèliang 28. 月亮	zhōngbiǎo 29. 钟表	mǔ jī 30. 母鸡	gēchàng 31. 歌唱	nǚ hái 32. 女孩
xióngmāo 33. 熊猫	bái cài 34. 白菜	pí dài 35. 皮带	duǎnkù 36. 短裤	huáchuán 37. 划船	xià yǔ 38. 下雨	mó tuōchē 39. 摩托车	cāzhuō zi 40. 擦桌子
zhī liǎo 41. 知了	lǜ sè 42. 绿色	huángguā 43. 黄瓜	niú nǎi 44. 牛奶	xīhóngshì 45. 西红柿	bō luó 46. 菠萝	sǎo dì 47. 扫地	kāi chē 48. 开车
yuánquān 49. 圆圈	diànbīngxiāng 50. 电冰箱						

图4-3 单词检查的词卡内容

省略( )	置换( )	歪曲( )	口唇化( )	齿背化( )
硬腭化( )	齿龈化( )	边音化( )	鼻音化( )	软腭化( )
无声音化( )	送气音化( )	摩擦不充分( )	不送气音化( )	

图4-4 错误类型记录表

②文章检查

准备用具:短文(内容详见图4-5)、错误类型记录表(见图4-4)。

目的:评估构音功能。

评估方法:

儿童站立位,双手自然下垂放于身体两侧,头保持正中位,均匀呼吸。首先,治疗师逐句示范朗读短文,请儿童跟读;然后,请儿童连起来读短文。该评估过程,可以以小组的形式进行,组织几名儿童轮流接力朗读,增加趣味性。治疗师记录儿童发音是否存在错误;发音错误的,记录错误的类型。

```
dōng tiān dào   dōng tiān dào   běi fēng chuī   xuě huā piāo
冬  天  到， 冬  天  到， 北  风  吹， 雪 花  飘，
xiǎo péng yǒu men bù pà lěng pái qǐ duì lái zuò zǎo cāo
小  朋  友 们 不 怕 冷，排 起 队 来 做 早 操，
shēn shēn bì wān wān yāo duàn liàn duàn liàn shēn tǐ hǎo
伸  伸  臂，弯  弯  腰，锻  炼  锻  炼  身 体 好。
```

图4-5 短文内容

五、构音障碍的治疗

(一)治疗原则

1.针对言语表现进行治疗，从言语治疗学的观点来看，往往是针对异常的言语表现而不是按构音障碍的类型进行治疗。

2.言语的发生受神经肌肉控制，身体姿势、肌张力、肌力和运动协调的异常都会影响言语的质量，言语治疗应从改变这些状态开始。

3.按评定结果选择顺序，一般情况下按呼吸、喉、腭和腭咽区、舌体、舌头、唇、下颌运动的顺序逐个进行训练。要分析这些结构与言语产生的关系，应根据构音器官和构音评定的结果决定治疗从哪一环节开始和先后的顺序，或选择几个部位同时开始构音训练。

(二)轻中度构音障碍的治疗

1.呼吸训练

呼吸是发音的动力源，必须形成一定的声门压力才能有理想的发音。呼吸训练要有良好的坐姿，尽量延长呼气的时间。如儿童呼吸时间短而弱，可令儿童仰卧位，治疗师的手放在其腹部，在吸气末推压腹部以助延长呼气。

2.构音改善的训练

(1)舌唇运动训练

舌唇运动不良是构音障碍的共性问题，要注重训练儿童唇的张开、闭合、前突、缩回、舌的前伸后缩、上举、向两侧的运动。

(2)发音的训练

完成训练舌唇的动作后，即可做无声的构音运动，然后轻声地引出靶音。

原则是先训练元音发音,然后训练辅音发音,再进一步是辅音与元音的结合(元音+辅音+元音),最后过渡到单词和句子的训练。在训练发音之前,一定要先训练此音的构音类似运动,待掌握了构音类似运动后,才能进行此音的训练。

(3)减慢言语速度

基于多数儿童由于痉挛或运动不协调而出现歪曲音或失去韵律,因此可利用节拍器控制言语速度,由慢渐快,让儿童随节律训练。

(4)辨音训练

通过口述或放录音,训练儿童对音的分辨。

(5)利用视觉辨认能力

对于理解能力很好的儿童,可以通过画图让其了解发音的部位和机理,指出其问题所在;也可以给儿童录音录像,治疗师与儿童一起对构音错误进行分析。

3.克服鼻音化的训练

儿童由于软腭运动不充分,腭咽不能够适当闭合,将鼻音以外的音发成鼻音,称为鼻音化。训练的目的是加强软腭肌肉的强度。

(1)"推掌法"

儿童用两手掌相对推或两手掌同时向上、向下推并同时发出"啊"音,随着一组肌肉的突然收缩,促进其他肌肉也趋向收缩,从而增强腭肌的功能,这种方法可与打哈欠、叹息等方法结合应用,效果更好。

(2)引导气流法

是引导气流通过口腔,减少鼻漏气,如吹吸管、吹哨子、吹喇叭、吹蜡烛、吹奏乐器等,可用来集中和引导气流。治疗师可诱导儿童持续发音,长呼气。

4.克服费力音的训练

费力音是声带过分内收所致,听起来喉部充满力量,声音如同挤出来一样。治疗的目的是获得容易发音的方式,如采用打哈欠的方法,让儿童在打哈欠呼气时发出词和短句。也可用以头颈部为中心的放松训练;可用拼音"h"训练发音;以咀嚼训练使声带放松等方法来克服费力音。

5.克服气息音的训练

由于声门闭合不充分引起的气息声,可用上面所述的"推掌法"促进声门闭合。也可用一个元音或双元音结合辅音和另一个元音发音的方法来产生词、词组和句子。对单侧声带麻痹者,注射硅可用来调整声带的体积,当声带接近中线时,可能会产生较好的声带振动。

6.语调训练

多数儿童因为音调低或音调单一需要进行语调训练。训练时要指出儿童的音调问题,训练时发音由低向高,也可借用乐器的音阶变化来进行音调训练。

7.音量训练

训练儿童强有力地呼气并延长呼气的时间,这对音量的调控很重要。亦可用具有监视器的语言训练器,儿童在发音时观看图形变化,训练和调节发音的音量。

(三)重度构音障碍的治疗

重度构音障碍多见于急性期和病程长、病情重的儿童,由于严重的肌肉麻痹,及运动功能严重障碍,以致难以发声和发音。这些儿童适合用言语辅助装置或沟通辅助系统。

1.以手法辅助儿童训练,使儿童逐步自主完成构音运动

(1)呼吸训练

卧位训练时儿童放松并平衡呼吸,治疗师的手平放在儿童的上腹部,随着呼气动作平衡地施加压力,通过横膈的上升运动使呼气相延长,并逐渐让儿童结合"f"等发音进行。坐位训练时,治疗师站在儿童的前方或侧前方,双手放在儿童胸廓的下部,在呼气末轻轻挤压,可以使呼气逐渐延长。注意力量不要过大。

(2)舌训练

重度儿童的舌呈现僵硬状态或软瘫并存在舌肌萎缩,治疗手法亦有不同,尤其上运动神经元损伤呈现舌僵硬的儿童要训练适当,避免因过度训练而出现运动功能下降的现象。方法是治疗师戴上指套或用压舌板协助儿童做舌的各种运动。

(3)唇训练

通过手法可以帮助儿童做双唇展开、缩拢、前突运动,并进行呼吸及爆破音的训练。下颌肌麻痹的儿童可能会出现下颌的下垂或偏移,使唇不能闭合。可以把左手放在颌下,右手放在儿童的头部,帮助其做下颌上举和下拉的运动,逐步使双唇闭合。唇的训练不仅为儿童发双唇音做准备,也可使流涎症状逐步减轻或消失。

2.非言语沟通方法的训练

沟通辅助系统又称替换或增强交流系统,包括图片沟通板、电子沟通板(平板电脑)等。经过训练,儿童可通过沟通辅助系统表达各种交流内容。

第四节 | 言语与语言康复游戏设计

人类的言语和非言语沟通皆是在互动和模仿的环境中习得的。特殊儿童的沟通交往障碍、想象与模仿能力不足等实际情况,影响了其言语和语言的学习效果。运用游戏,有针对性地指导特殊儿童在游戏中进行呼吸、发音、构音等方面的康复训练,可以起到事半功倍的效果。

一、言语与语言康复游戏——呼吸训练篇

言语是在呼气的过程中产生的。正确使用腹式呼吸,增强呼吸肌群的力量,增加肺活量,提高呼吸的支持能力,促进呼吸与发声的协调,是呼吸训练的主要目标。

(一)"我和星星手拉手"

适用对象:低年级段智障儿童、孤独症儿童。

游戏准备:舒缓的音乐、绳子、剪纸星星。

游戏目的:指导儿童建立正确的呼吸模式,掌握鼻吸气、口呼气;增强吸气肌群、呼气肌群的力量。

游戏方法:

1.在空中用绳子悬吊两颗剪纸星星,根据儿童的能力设定星星的高度,使其伸手可及。如图4-6所示。

图4-6

2.儿童站立位,双脚与肩同宽,双臂自然下垂。

3.儿童深吸一口气,同时将双臂向前伸直尽量上举去触摸星星(如图4-7所示);然后儿童再将双臂慢慢放下同时缓慢、均匀地呼气。

4.儿童先做深呼吸2次,然后进行运动,在音乐的伴奏下反复练习10次。

注意事项:

注意动作和呼吸相配合,并要求儿童用鼻吸气,用口呼气。

图4-7

(游戏设计者:马晶)

(二)"闻一闻谁最香"

适用对象:低年级段智障儿童、孤独症儿童。

游戏准备:纸巾、香水、醋、水、料酒、绳子、双面胶。

游戏目的:引导儿童建立正确的呼吸模式,掌握鼻吸气、口呼气;增强吸气肌群、呼气肌群的力量。

游戏方法:

1.将绳子拉长横系在空中,根据儿童的身高确定绳子的高度,将带有不同味道的纸巾,分别粘贴在绳子的不同位置。如图4-8所示。

2.请儿童用鼻子深吸气,逐一闻纸巾,辨别哪一张是有香水味的纸巾,并用嘴巴将有香水味的纸巾吹高,如图4-9所示。找对了给予奖励。

3. 逐步增加难度,可调整纸巾的大小和增加纸巾的数量。

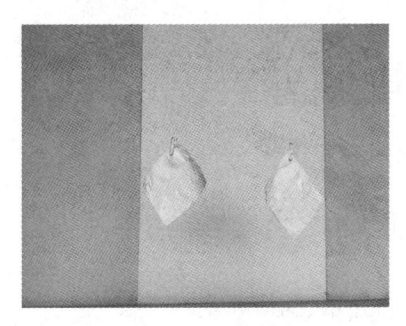

图 4-8　　　　　　　图 4-9

注意事项:

1. 儿童鼻子吸气闻纸巾时嘴巴要闭紧。

2. 不要使用儿童厌恶的气味。

(游戏设计者:马晶)

(三)"会飞的小纸巾"

适用对象:低年级段智障儿童、孤独症儿童、脑瘫儿童。

游戏准备:纸巾 1~2 张,稍厚的面巾纸。

游戏目的:提高儿童呼吸的支持能力,增加肺活量;增强呼吸肌群的力量。

游戏方法:

1. 儿童坐位或站立位,头稍抬高,要求将嘴巴闭起来,双手轻拿纸巾的两端,将纸巾放在嘴巴上面,盖住鼻子和嘴巴。如图 4-10 所示。

图 4-10

2. 儿童用鼻子深吸一口气,用力将纸巾吸在鼻子和嘴巴上,然后用嘴巴快速用力地吹纸巾,将纸巾吹向高处,如图 4-11 所示。重复练习 5 次。

3. 逐步增加难度,可增加纸巾数量或选择粗糙、稍厚的面巾纸。

图 4-11

注意事项：

1.先深吸气，再快速用力呼气。

2.游戏时注意，要求儿童鼻子吸气时嘴巴要闭紧。

3.要保持纸巾干燥，防止儿童窒息或者吞食纸巾。

（游戏设计者：马晶）

(四)"小羽毛跑步"

适用对象：低年级段智障儿童、孤独症儿童、脑瘫儿童。

游戏准备：小羽毛、彩色胶布、尺子。

游戏目的：提高儿童呼吸的支持能力，增加肺活量；增强呼吸肌群的力量。

游戏方法：

1.在桌面上用胶布贴好宽度为30cm的长跑道，根据儿童的能力设定起点和终点的位置。如图4-12所示。

2.请儿童站或坐在桌旁，将小羽毛放在起点线上。

3.请儿童先深吸一口气，然后快速用力地吹小羽毛，将小羽毛吹远（如图4-13所示），测量小羽毛距离起点的距离。重复练习3~5次。

4.增加难度，可调整小羽毛的大小或换成纸羽毛。

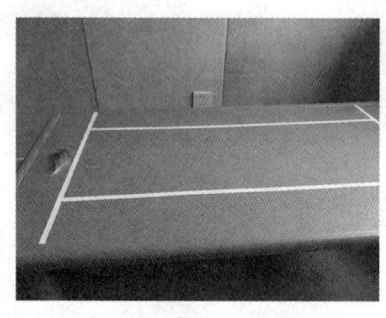

图4-12 　　　　图4-13

注意事项：

1.先深吸气，再快速用力地呼气。

2.若中途将小羽毛吹出跑道外，须回到起点重新开始。

（游戏设计者：马晶）

（五）"乒乒乓乓运球喽"

适用对象：低年级段智障儿童、孤独症儿童、脑瘫儿童。

游戏准备：乒乓球1个、一次性纸杯5个、水。

游戏目的：提高儿童呼吸的支持能力，增加肺活量；增强呼吸肌群的力量。

游戏方法：

1.请儿童坐或站在桌旁，将4个装满水的一次性纸杯和1个空纸杯依次排列在桌面上，再将乒乓球放在第1个水杯中。如图4-14所示。

2.请儿童用鼻子深吸一口气，然后用嘴巴用力地吹乒乓球，将乒乓球从第1个水杯吹到第2个水杯里，再吹到第3个水杯里……最后把乒乓球吹到空的纸杯中，成功完成者给予奖励。如图4-15所示。

图4-14　　　　图4-15

3.可通过小组竞赛的形式开展，看哪个组运球最快。

4.增加难度，可增加水杯和乒乓球的数量。

注意事项：

1.先深吸气，再用力地吹乒乓球。

2.中途乒乓球掉出水杯需重新放回第1个水杯中开始游戏。

3.间断练习，避免长时间连续吹气。

（游戏设计者：马晶）

（六）"小蝌蚪找妈妈"

适用对象：低年级段智障儿童、孤独症儿童、脑瘫儿童。

游戏准备：纸蝌蚪、大鱼图片、大乌龟图片、大青蛙图片、吸管。

游戏目的:提高儿童呼吸的支持能力,增加呼气量;增强呼吸肌群的力量。

游戏方法:

1.请儿童坐或站在桌旁,在桌面一端放上大青蛙图片,另一端放好宽为5cm的纸蝌蚪和吸管,中间分别放大鱼、大乌龟的图片,根据儿童的能力设定各动物图片与纸蝌蚪之间的距离。如图4-16所示。

2.请儿童用鼻子深吸一口气,然后用嘴巴通过吸管缓慢平稳地吹纸蝌蚪,重复吹气,将纸蝌蚪分别吹向指定的"大鱼""大乌龟"旁,最后将纸蝌蚪吹到指定的"大青蛙"身边。如图4-17所示。

3.可通过小组竞赛的形式开展。

4.增加难度,可调整"蝌蚪"的材质和吸管长度。

图4-16    图4-17

注意事项:

1.先深吸气,再缓慢平稳地吹气。

2.使用吸管时要注意安全,通过吸管吹气时不能咬吸管。

3.间断练习,避免长时间连续吹气。

(游戏设计者:马晶)

(七)"打开盒盖取礼物"

适用对象:低年级段智障儿童、孤独症儿童、脑瘫儿童。

游戏准备:纸杯、白纸、糖果(或饼干)。

游戏目的:提高儿童呼吸的支持能力,增加肺活量;增强呼吸与发声的协调性。

游戏方法：

1.将1块糖果（或饼干）放到纸杯里，然后用1张边长为15cm左右的正方形白纸盖在盒子上面，摆放在桌面上。如图4-18、图4-19所示。

2.儿童坐或站在桌旁，先用鼻子深吸一口气，然后用嘴巴缓慢平稳地吹白纸，重复数次，最后把白纸吹开，看到盒子里的糖果（或饼干）。完成游戏后将糖果（或饼干）奖励给儿童吃。

3.可通过小组竞赛的形式开展。

4.增加难度，可改变纸张的厚度及设定完成时间。

图4-18　　　　图4-19

注意事项：

1.先深吸气，再缓慢平稳地呼气。

2.吹气时嘴巴要与纸张尽量保持水平位置。

3.间断练习，避免长时间连续吹气。

（游戏设计者：马晶）

（八）"梨子多多"

适用对象：低年级段智障儿童、孤独症儿童、脑瘫儿童。

游戏准备：梨的图片数张、动物图片数张。

游戏目的：提高儿童呼吸的支持能力，增加肺活量；增强呼吸与发声的协调性。

游戏方法：

1. 请儿童坐在桌旁,将数张梨的图片和动物图片打乱排列,摆放在桌上。如图4-20所示。

2. 请儿童用鼻子深吸气,然后再玩"一口气数梨"的闯关游戏,成功数完桌面上梨的个数给予奖励,中间不能停,如:一个梨两个梨三个梨……

3. 可通过小组竞赛的形式开展,看谁一口气说的词语多。

4. 增加难度,可增加梨的数量或通过快慢方式数梨。

注意事项：

先深吸气,再一口气数梨,中间不能停顿,一口气数完再换气休息。

图4-20

（游戏设计者：马晶）

(九)"快乐数数"

适用对象：低年级段智障儿童、孤独症儿童、脑瘫儿童。

游戏准备：数字1~10的图片、小木棒、双面胶。

游戏目的：提高儿童呼吸的支持能力,增加肺活量；增强呼吸与发声的协调性。

游戏方法：

1. 请儿童坐在桌旁或站在墙边,将数字1~10的图片依次排列摆成圆圈,粘贴在桌面上或墙面上。如图4-21所示。

2. 请儿童用鼻子深吸气,然后根据小木棒指数字的速度,一口气从1数到10,中间不能停。然后再将小木棒指数字的速度加快,请儿童加快速度一口气数1~10。如图4-22所示。

图 4-21 　　　　　　　图 4-22

3. 可通过小组竞赛的形式开展。

4. 增加难度，可同时拍手和增加数字的个数。

注意事项：

先深吸气，再一口气数数，中间不能停顿换气，一口气数完再换气休息。

（游戏设计者：马晶）

(十)"长长和短短"

适用对象：低年级段智障儿童、孤独症儿童、脑瘫儿童。

游戏准备：白纸、笔。

游戏目的：提高儿童呼吸的支持能力，增加肺活量；增强呼吸与发声的协调性。

游戏方法：

1. 儿童坐在桌旁，先用鼻子深吸一口气，然后让他一边画长线，同时持续地发长音"a"。

2. 请儿童用鼻子深吸一口气，然后让他一边画短线，同时快速地连续发几个短音"a,a,a"。

3. 请儿童用鼻子深吸一口气，然后交替画长线和短线，同时持续、快速地发长短交替的音"a——"和"a"。如图 4-23 所示。

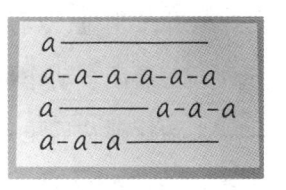

图 4-23

4. 可通过小组竞赛的形式开展。

5. 增加难度，可选择不同的音、延长发音时间，或增加发音的个数。

注意事项:

1.发音过程中不能停顿换气,一口气说完再换气休息。

2.让儿童深吸气后发音,注意建立正确的发音。

(游戏设计者:马晶)

(十一)"太阳想吃冰激凌"

详见微课V4-1"呼吸训练——太阳想吃冰激凌"(制作:马晶)。

微课V4-1

(十二)"积木整理好"

详见微课V4-2"呼吸训练——积木整理好"(制作:马晶)。

微课V4-2

二、言语与语言康复游戏——口唇、舌训练篇

口腔是人最主要的构音器官。舌在口腔内的前后、上下运动改变了声道的形状,从而发出不同的元音。舌的不同部位与齿列、齿龈、硬腭、软腭形成不同程度的阻塞与狭窄,构成不同的辅音。特殊儿童口唇的康复训练,是构音障碍康复训练的重要手段之一。

(一)"美味的酸奶"

适用对象:低年级段智障儿童、孤独症儿童、脑瘫儿童。

游戏准备:镜子、吸管、浓稠的酸奶。

游戏目的:促进儿童的唇闭合运动,提高唇肌控制能力。

游戏方法:

1.儿童坐位,双唇包住吸管,保持数秒,使其不掉落(通过治疗师指导以及镜子观察唇闭合动作是否正确)。如图4-24所示。

2.治疗师:"这里有一杯酸奶,今天我们用吸管来喝酸奶,看你能不能把酸奶喝干净,一起来试一试吧。"

3.吸食酸奶:将吸管放在下唇上,双唇包住吸管,将杯子里的酸奶吸干净。如图4-25所示。

图4-24 　　　　　　　　　　图4-25

注意事项：

1.选用粗细适中、质地较硬的吸管。

2.儿童不能用牙齿咬住吸管。

3.儿童吸食酸奶的速度不宜过快，避免呛食。

（游戏设计者：曾渝）

（二）"会飞的羽毛"

适用对象：低年级段智障儿童、孤独症儿童、脑瘫儿童。

游戏准备：带颜色的羽毛若干、圆唇图片。

游戏目的：促进儿童圆唇运动的正常化，增加唇肌运动的多样性；加强呼气运动。

游戏方法：

1.治疗师出示若干羽毛："这些羽毛飞舞起来非常漂亮，我们通过吹气让它们飞舞起来好吗？"

图4-26

2.治疗师展示圆唇图片，讲解吹羽毛时的口部动作：嘴唇左右两侧往中间收，使嘴唇形成一个圆形，对着羽毛用力一吹即可。

3.儿童模仿做圆唇运动（通过治疗师指导以及镜子观察圆唇运动是否充分）。如图4-26所示。

4.吹羽毛。治疗师把羽毛放在桌面上，儿童通过上述动作练习：双唇圆起，离羽毛一定距离，然后对着羽毛用力一吹。重复数次。

注意事项：

1.指导儿童进行圆唇运动要充分。

2.可用强化物对完成的儿童进行奖励。

（游戏设计者：曾渝）

(三)"大扫除"

适用对象：低年级段智障儿童、孤独症儿童、脑瘫儿童。

游戏准备：浓稠的酸奶。

游戏目的：提高儿童舌尖运动的灵活性，增加舌尖运动的多样性。

游戏方法：

1.治疗师把浓稠的酸奶抹在儿童的硬腭处："今天我们来玩个大扫除游戏，请你用你的舌头来打扫，把嘴巴里面的酸奶清理干净。"

2.儿童移动舌头，并用舌尖舔硬腭处的酸奶，直到把酸奶舔干净为止。如图4-27所示。

3.治疗师把浓稠的酸奶抹在儿童的齿龈以及牙齿处，随后儿童移动舌头，用舌尖舔酸奶所在的位置并舔干净。如图4-28所示。

4.使用其他物品（如果酱）替换，巩固练习。

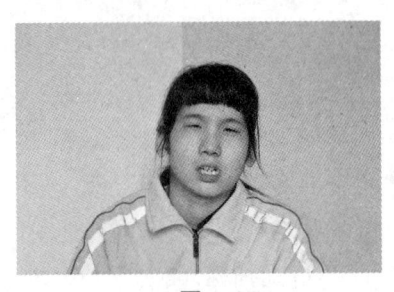

图4-27 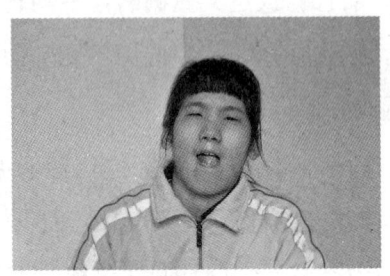　　　　图4-28

注意事项：

1.在舔酸奶的过程中，治疗师记录儿童舌尖不能够到的位置，并给予辅助。

2.可用强化物对完成的儿童进行奖励。

（游戏设计者：曾渝）

(四)"冷冷的,热热的"

适用对象:低年级段智障儿童、孤独症儿童、脑瘫儿童。

游戏准备:热水、冰冻橙汁、小勺子。

游戏目的:加强儿童舌部对冷热的感受,提高舌部感知觉。

游戏方法:

1.治疗师分别用勺子舀一点热水和冰冻橙汁,请儿童用舌尖去舔一舔,并询问儿童:"这是冷的还是热的?"如图4-29、图4-30所示。

2.分别用勺子将热水和冰冻橙汁滴在儿童的舌尖上面、舌两侧以及舌面,让儿童分别感受热水和冷水在舌各个位置的感受,并询问儿童的感觉是热还是冷。

3.可用其他物品(酸甜苦咸味道的饮品)替换热水和冰冻橙汁,巩固练习。

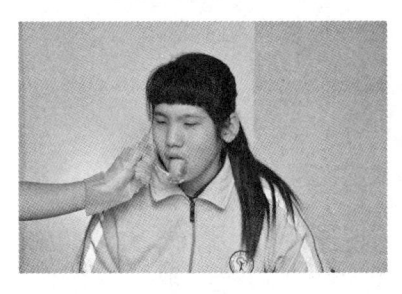

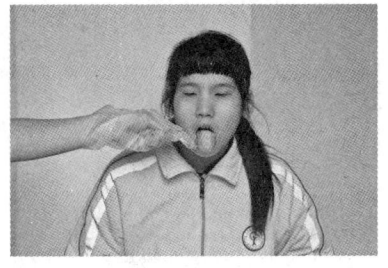

图4-29　　　　　　　　图4-30

注意事项:

1.儿童在找一找的过程中,治疗师要记录错误的次数,给予纠正以及加以巩固。

2.可用强化物对完成的儿童进行奖励。

(游戏设计者:曾渝)

(五)"手和舌的对对碰"

适用对象:低年级段智障儿童、孤独症儿童、脑瘫儿童。

游戏准备:无特别准备。

游戏目的:提高儿童舌尖运动的灵活性,增加舌尖运动的多样性。

游戏方法：

1.治疗师："今天老师和你来玩对对碰。让老师的手和你的舌来个对对碰吧，看看谁厉害！"

2.治疗师将手指放置在儿童脸颊以及口部四周的某一位置（如右侧咬肌位置），儿童在口腔内壁移动舌头，用舌尖触碰到治疗师的手指，之后再换其他位置，重复数次。如图4-31所示。

3.治疗师将手指放置在儿童脸颊以及口部四周的某一位置（如口部的右上侧），儿童的舌尖触碰到治疗师的手指后，治疗师将手指移动到相对的另外一侧，儿童的舌尖也要立刻移动再次触碰到治疗师的手指，之后再换其他位置，重复数次。如图4-32所示。

4.可以先让儿童在口腔内壁移动舌头，治疗师猜儿童的舌头在哪里，巩固练习。

图4-31 　　　　　　　图4-32

注意事项：

1.儿童在找的过程中，治疗师记录错误的位置，并给予纠正以及加以巩固。

2.可用强化物对完成的儿童进行奖励。

3.游戏前要做好治疗师手部和儿童面部的清洁。

（游戏设计者：曾渝）

（六）"印唇印"

适用对象：低年级段智障儿童、孤独症儿童、脑瘫儿童。

游戏准备：口红、棉签、白纸、镜子、唇印图片。

游戏目的：促进儿童圆唇运动的正常化。

游戏方法:

1. 治疗师出示已完成的唇印图片:"母亲节即将到来,我们一起来制作自己的亲吻唇印送给妈妈,祝她节日快乐,好吗?"

2. 讲解亲吻唇印的制作过程:用棉签在上下嘴唇涂上口红,然后做亲吻的动作——嘴唇左右两侧用力往中间收,使嘴唇形成一个圆形,再对着白纸用力地印上去即可。

3. 儿童先模仿做圆唇运动(通过治疗师指导以及镜子观察圆唇运动是否充分),随后在治疗师的帮助下制作唇印。如图4-33、图4-34所示。

4. 指导儿童做吹泡泡水等动作,巩固练习。

图4-33 　　　　　　　图4-34

注意事项:

1. 指导儿童进行圆唇运动要充分。

2. 可用强化物对完成的儿童进行奖励。

3. 游戏过程中如果儿童抗拒,则不要强制性推进。

(游戏设计者:曾渝)

(七)"捉迷藏"(1)

适用对象:低年级段智障儿童、孤独症儿童、脑瘫儿童。

游戏准备:棉签、果酱、镜子。

游戏目的:提高儿童舌部的感知觉。

游戏方法:

1. 治疗师展示沾有果酱的棉签:"我们来玩儿捉迷藏的游戏,看看你能不能找到果酱藏在哪里。"

2.将沾有果酱的棉签放在儿童舌尖上,刷一刷舌尖,刺激舌,让儿童感受痒痒的感觉,询问儿童果酱的位置。让儿童指出果酱的位置,儿童通过镜面观察,反馈自己是否找到正确位置,然后治疗师再重复一次刚才的动作。如图4-35、图4-36所示。

图 4-35

图 4-36

3.同样,使用沾有果酱的棉签置于儿童舌尖下面、舌两侧以及舌面,然后刷一刷,最后让儿童找到果酱的位置。

4.刷完所有位置后再重复数次。

5.可以使用其他物品(如按摩刷)替换棉签,巩固练习。

注意事项:

1.儿童在找一找的过程中,治疗师记录错误的位置,并给予纠正以及加以巩固。

2.可用强化物对完成的儿童进行奖励。

3.游戏过程中如果儿童抗拒,则不要强制性进行。

(八)"捉迷藏"(2)

适用对象:低年级段智障儿童、孤独症儿童、脑瘫儿童。

游戏准备:棉签、果酱、镜子。

游戏目的:促进儿童舌运动的正常化,增加舌运动的多样性。

游戏方法:

1.治疗师展示沾有果酱的棉签:"我们来玩个捉迷藏的游戏,看看你的舌头能不能找到果酱藏在哪里。"

2.用沾有果酱的棉签放在儿童的口外某一位置(如上唇、嘴角等),让儿童伸展舌头到达棉签所在的位置,儿童通过镜面观察,反馈自己是否找到正确位置。如果正确,让儿童用舌头把果酱舔干净,再换位置(根据儿童能力放置)。如图4-37、图4-38所示。

图4-37

图4-38

3.用沾有果酱的棉签放在儿童口内的某一位置(口腔内壁、上腭等),让儿童伸展舌头到达棉签所在的位置,询问儿童是否有吃到果酱。如有则位置正确,如无则没有找到正确的位置,可让儿童通过镜面观察棉签的正确位置。

4.以上动作重复数次。

5.可以使用其他物品(如压舌板)替换棉签,巩固练习。

注意事项:

1.儿童在找一找的过程中,治疗师记录错误的位置,并给予纠正以及加以巩固。

2.可用强化物对完成的儿童进行奖励。

3.游戏过程中如果儿童抗拒,则不要强制性进行。

(九)"多变的表情"

适用对象:低年级段智障儿童、孤独症儿童、脑瘫儿童。

游戏准备:卡片(微笑、噘嘴)、镜子。

游戏目的:促进儿童圆唇运动和展唇运动的正常化,提高口轮匝肌的力量和自主控制能力。

游戏方法:

1.治疗师展示微笑、噘嘴的卡片:"让我们今天一起来学做这两个表情:开心——笑,生气——噘嘴!"

2.模仿微笑的表情:双唇闭合,两侧嘴角往外展,露出牙齿,继而做出微笑的表情,坚持数秒(治疗师指导儿童用镜子观察展唇运动是否充分)。如图4-39所示。

3.模仿噘嘴的表情:嘴唇左右两侧往中间收,使嘴唇形成一个圆形,噘起嘴唇如生气的样子,坚持数秒(治疗师指导儿童用镜子观察圆唇运动是否充分)。如图4-40所示。

4.治疗师:"我们已经学会怎么做开心和生气的表情,那我们现在来玩个小游戏,请在听到老师的语言提示下做出正确的表情,看看你的表情做得对不对!请听好:微笑—噘嘴—微笑—噘嘴(开心—生气—开心—生气)。"

5.可以通过交替发 i 和 u 2个音加强对圆展唇交替运动的巩固练习。

图4-39 　　　　图4-40

注意事项:

1.指导儿童进行圆展唇运动要充分。

2.儿童在做表情的过程中,治疗师记录儿童构音错误的次数以及方式,最后给予纠正。

3.可用强化物对完成的儿童进行奖励。

4.游戏过程中如果儿童抗拒,则不要强制性进行。

(游戏设计者:曾渝)

(十)"甜甜的棒棒糖"

适用对象:低年级段智障儿童、孤独症儿童、脑瘫儿童。

游戏准备:压舌板、棒棒糖。

游戏目的：促进儿童舌运动正常化，提高舌肌的力量。

游戏方法：

1. 儿童舌头尽量向外伸出，然后回缩到正常位，重复数次。

2. 治疗师："哇！好厉害的小舌头，这里有个棒棒糖，请你尝一尝。伸出你的舌头舔一舔，告诉我是什么味道！一起来试一试吧！"

3. 治疗师手持棒棒糖放于儿童嘴唇外面（随着训练次数的增加，适当延长棒棒糖与嘴唇之间的距离，提升儿童舌外伸的运动能力），引导儿童舌头尽量外伸，重复数次。如图4-41所示。

4. 治疗师手持棒棒糖放于儿童嘴唇外上下左右4个位置（通过改变棒棒糖的位置，提升儿童舌外伸的灵活性），重复数次。如图4-42所示。

5. 可以使用其他食物或物品（如冰棒）替换棒棒糖，巩固练习。

图4-41 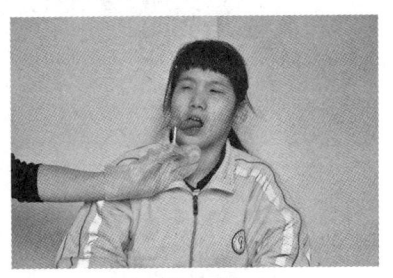　　　　　　　　　图4-42

注意事项：

1. 指导儿童舌头尽量外伸。

2. 指导儿童舌头外伸时上下左右摆动。

3. 可用强化物对完成的儿童进行奖励。

4. 游戏过程中如果儿童抗拒，则不要强制性进行。

（游戏设计者：曾渝）

(十一)"脏脏的嘴巴"

适用对象：低年级段智障儿童、孤独症儿童、脑瘫儿童。

游戏准备：紫菜、镜子。

游戏目的:促进儿童唇齿接触运动的正常化,提高f的构音清晰度。

游戏方法:

1.治疗师把紫菜粘在自己的下唇处:"老师的嘴巴好脏啊,现在我要用牙齿把紫菜清理干净。"治疗师使用上齿刮下唇的紫菜,直到把紫菜刮干净为止。

2.治疗师:"现在轮到你了,看看你能不能把你的嘴巴刮干净。"

3.治疗师把紫菜粘在儿童的下唇处,让儿童使用上齿刮下唇的紫菜,直到把紫菜刮干净为止(在儿童面前摆上镜子,方便儿童观察)。如图4-43、图4-44所示。

4.可以使用其他物品(如果酱)替换紫菜,巩固练习。

图4-43 　　　　　　　　图4-44

注意事项:

1.儿童在用牙齿刮紫菜的过程中,治疗师记录儿童牙齿不能够到的位置,给予辅助。

2.可用强化物对完成的儿童进行奖励。

3.游戏过程中如果儿童抗拒,则不要强制性进行。

(游戏设计者:曾渝)

(十二)"舌头和山楂饼对对碰"

适用对象:低年级段智障儿童、孤独症儿童、脑瘫儿童。

游戏准备:山楂饼。

游戏目的:增强儿童舌的灵活性,提高舌肌的力量。

游戏方法:

1.儿童舌头尽量向外伸出,然后回缩到正常位,重复数次。

2.治疗师："我们今天来玩个舌头和山楂饼对对碰的小游戏——老师将饼干放在你唇外的某侧,你用舌头把老师的山楂饼推开,一起来试一试吧!"

3.治疗师将山楂饼放于儿童嘴唇外的前方、上下以及左右位置(随着训练次数的增加,适当延长山楂饼与儿童嘴唇之间的距离,提升儿童舌外伸的运动能力),引导儿童舌头尽量外伸;治疗师给予相应的力量抵抗儿童舌的力量(随着训练次数的增加,适当加大阻力,提高儿童舌抵抗的力量),重复数次。如图4-45、图4-46所示。

图4-45　　　　　图4-46

4.可以使用其他食物或物品(如棒棒糖)替换山楂饼,巩固练习。

注意事项:

1.指导儿童舌头尽量外伸。

2.指导儿童舌头外伸时上下左右摆动。

3.可用强化物对完成的儿童进行奖励。

4.游戏过程中如果儿童抗拒,则不要强制性进行。

5.游戏前和进行过程中,治疗师要注意手部和儿童面部的清洁卫生。

(十三)"孙悟空和猪八戒"

详见微课V4-3"唇运动——孙悟空和猪八戒"(制作:马晶)。

微课V4-3

(十四)"赢了我吃掉它"

详见微课V4-4"下颌训练——赢了我吃掉它"(制作:马晶)。

微课V4-4

(十五)"果汁里的小宝藏"

详见微课V4-5"口肌训练——果汁里的小宝藏"(制作:马晶)。

微课V4-5

三、言语与语言康复游戏——构音训练篇

构音障碍主要表现为说话时咬字不清,可分为以下4种情形:省略音,又称减音,在语言中丢掉某一个或某几个音;替代音,又称替代、代换,即说话时把一个音用另外一个音替代;歪曲音,指说话时把一个音发成近似的,或差别较远的、在该语音系统中没有的音,有时歪曲音较多会导致整个语言发音含糊;赘加音,又称增音、添加音,指说话时增加某一个单音或音节。以上情形均影响到人们言语的交往,常使对方听不懂或不全听懂说话者要表达的内容。此类缺陷在语言障碍中占有很大比例,特别是在儿童、青少年的说话异常者中约占3/4。造成这类缺陷的原因有语言器官异常、神经系统异常或者生理功能异常。构音障碍可以通过训练进行矫正。①

(一)a的发音:"大河马学说话"

适用对象:低年级段智障儿童、孤独症儿童、脑瘫儿童。

游戏准备:卡片、手套。

游戏目的:儿童学会a的发音,学会发a的长音、短音。

游戏方法:

1.教师双手扶着儿童下巴,帮助儿童把下颌打开到最大,让儿童用自己双手的拇指贴于下巴处,其余四指放于两边脸颊,下颌打开至最大(如图4-47所示),然后闭合,重复数次。

2.教师示范张大嘴巴做"a"的发音,儿童跟着练习。如图4-48所示。

3.教师示范"a"有节奏的短发音,儿童跟着练习。

4.教师示范"a"有节奏的长发音,儿童跟着练习。

5.教师扮演大河马,与儿童比赛,看谁"a"得最大声,"a"得最久。

---

① 朴永馨.特殊教育辞典(第三版)[M].北京:华夏出版社,2014:262.

图 4-47 　　　　　　　　图 4-48

注意事项:

1. 下颌打开困难者需要先进行下颌张开训练,要循序渐进,注意观察儿童下颌的状况,不可一开始就完全打开下颌,防止脱臼。

2. 可用强化物对完成的儿童进行奖励。

（游戏设计者:马晶）

（二）o 的发音:"公鸡'o、o、o'叫"

适用对象:低年级段智障儿童、孤独症儿童、脑瘫儿童。

游戏准备:硬纸板、透明胶、手套、会叫的鸡(玩具)等。

游戏目的:儿童学会 o 的发音,学会发 o 的长音、短音。

游戏方法:

1. 教师将会叫的鸡藏于身后,捏一捏,让玩具鸡发出叫声,让儿童猜猜是什么在叫,并向儿童介绍新玩具——会叫的鸡,然后一起学一学公鸡的叫声。

2. 用硬纸板卷成适合儿童嘴巴大小的圆筒,用透明胶粘好,让儿童含着圆筒学习 o 的发音。

3. 指导儿童圆着嘴巴跟着公鸡叫"o、o、o"。如图 4-49、图 4-50 所示。

图 4-49 　　　　　　　　图 4-50

4.教师示范"o"有节奏的短发音,儿童跟着练习。

5.教师示范"o"有节奏的长发音,儿童跟着练习。

6.引导儿童变换音调跟着玩具鸡一起唱歌。

注意事项:

1.如果儿童唇部肌肉比较紧张,发音前需按摩放松,提醒儿童用声带振动发音。

2.可用强化物对完成的儿童进行奖励。

(游戏设计者:马晶)

(三)e的发音:"大白鹅"

适用对象:低年级段智障儿童、孤独症儿童、脑瘫儿童。

游戏准备:卡片、手套。

游戏目的:儿童学会e的发音,学会e的四声调。

游戏方法:

1.教师和儿童一起玩模仿大白鹅的叫声的游戏。

2.教师示范,让儿童下颌打开至小半开位,展唇的同时舌向后运动,声带振动发e音。如图4-51所示。

3.让儿童假设大白鹅不同心情的时候的叫声:生气的时候用第四声è,饿的时候用é,吃饱了打嗝用ě,吃饱要睡觉了用ē。如图4-52所示。

图4-51  图4-52

4.学习唐诗《咏鹅》,让儿童有节奏地朗读诗词:"鹅、鹅、鹅,曲项向天歌。白毛浮绿水,红掌拨清波。"

注意事项：

1.如果儿童唇部肌肉比较紧张，发音前需按摩放松，提醒儿童声带振动发音。

2.可用强化物对完成的儿童进行奖励。

（游戏设计者：马晶）

(四) i 的发音练习："神奇的压舌板"

适用对象：低年级段智障儿童、孤独症儿童、脑瘫儿童。

游戏准备：卡片、手套、压舌板。

游戏目的：儿童学会 i 的发音，学会发 i 的长音、短音。

游戏方法：

1.练习展唇，让儿童用牙齿轻轻咬住压舌板，嘴角向两边展开，露出牙齿。如图 4-53 所示。

2.让儿童咬着压舌板，学习发 i 音。

3.老师抽出压舌板，让儿童舌尖向前用力发 i 音。如图 4-54 所示。

图 4-53 　　　　　　图 4-54

4.运用重读练习，教儿童进行有声调的长发音。

5.老师和儿童一起玩歌曲接龙游戏，引用大家熟悉的麦当劳餐厅常播放的音乐，先播放两三次，让儿童熟悉音乐，然后开始游戏。

老师唱"Old MacDonald had a farm"，儿童接唱"i ɑ i ɑ o"；老师唱"And on his farm he had a cow"，儿童接唱"i ɑ i ɑ o"。

注意事项：

1.如果儿童唇部肌肉比较紧张，发音前需按摩放松，咬压舌板不可过度用力,拓展环节的音乐可根据儿童能力选取片段。

2.可用强化物对完成的儿童进行奖励。

（游戏设计者：马晶）

(五)u的发音练习:"'呜——'火车来了"

适用对象：低年级段智障儿童、孤独症儿童、脑瘫儿童。

游戏准备：手套、手指饼干、瓶子。

游戏目的：儿童学会u的发音,学会发u的长音、短音。

游戏方法：

1.播放一段火车开动的声音,模拟火车来了的情景。

2.让儿童模仿火车开动的声音"呜——"。

3.让儿童圆唇夹着手指饼干,练习u的发音。如图4-55所示。

4.让儿童对着瓶子练习u的长发音,感受瓶子的回音。

5.老师和儿童一起玩"开小火车"的游戏。儿童扮演火车司机,老师扮演乘客,火车司机开火车带着乘客出行,开火车的过程中司机模拟火车开动的声音"呜——"。如图4-56所示。

图4-55　　　　　图4-56

注意事项：

1.如果儿童唇部肌肉比较紧张,发音前需按摩放松,发音过程中要保持圆唇和送气。

2.可用强化物对完成的儿童进行奖励。

另可参见微课V4-6"韵母u的发音"（制作：曾渝）。

微课V4-6

(六) ü 的发音练习:"小猫钓鱼"

适用对象:低年级段智障儿童、孤独症儿童、脑瘫儿童。

游戏准备:小木棍、钓鱼玩具、镜子。

游戏目的:儿童学会ü的发音,学会噘唇。

游戏方法:

1.老师示范翘起嘴巴做噘唇动作,儿童对着镜子模仿。

2.让儿童做噘唇动作,老师用拇指和食指对压嘴唇两边帮助儿童完成噘唇动作,配合发ü音。

3.在儿童的上唇和鼻子间放一根小棍子,噘唇让棍子不掉下来,维持数秒。如图4-57所示。

4.让儿童对着镜子练习发ü音。如图4-58所示。

图4-57    图4-58

5.老师和儿童一起玩"钓鱼"的游戏:假设我们今天要去小猫家做客,给小猫钓些鱼作为礼物,然后给玩具鱼起个名字,如:小丑鱼、大头鱼、小黄鱼、大黄鱼……让儿童在"钓鱼"的过程中说一说鱼儿的名字。

注意事项:

1.如果儿童唇部肌肉比较紧张,发音前需按摩放松。儿童噘唇动作无法完成时,老师应给予动作辅助(拇指和食指轻轻按压),儿童出现噘唇动作即可。

2.可用强化物对完成的儿童进行奖励。

(游戏设计者:马晶)

(七)"6个元音字母学排队"

适用对象:低年级段智障儿童、孤独症儿童、脑瘫儿童。

游戏准备:元音字母卡片。

游戏目的:增强儿童6个元音字母的发音,使之能快速连续地完成元音字母的发音。

游戏方法:

1.让儿童按顺序复习读元音字母,先一个个读;接着,老师出示前3个字母,排成一排让儿童连读;然后,老师出示后3个字母,再排成一排让儿童连读;最后,老师同时出示6个字母,排成一排让儿童连读。

2.听老师读3个元音字母,儿童抽取相应的卡片按老师读的顺序排列,然后练习读3遍。如图4-59所示。

3.听老师读6个元音字母,儿童抽取相应的卡片按老师读的顺序排列,然后练习读3遍。如图4-60所示。

4.准备2套元音字母卡片,和儿童一起给字母宝宝"排长队",然后让儿童尝试按字母"排队"的顺序认读。练习2遍后,让儿童尝试快速连续地读出12个字母。

图4-59 　　　　　　　　图4-60

注意事项:

1.如果儿童唇部肌肉比较紧张,发音前需按摩放松;个别字母没有发音或发音不准确,老师要重点纠正并让其加强练习。

2.可用强化物对完成的儿童进行奖励。

(游戏设计者:马晶)

(八)b 的发音练习

适用对象:低年级段智障儿童、孤独症儿童、脑瘫儿童。

游戏准备:山楂片、手套、薯片。

游戏目的:儿童学会 b 的发音,学会咂唇。

游戏方法:

1.让儿童先进行口肌按摩操练习。

2.让儿童模仿做抿唇—亲吻的动作。如图 4-61 所示。

3.让儿童模仿做咂唇动作。

4.让儿童模仿发 b 音。

5.夹山楂片小游戏:让儿童双唇夹着山楂片,老师数 5 个数,然后用双唇把山楂片抿进嘴巴吃掉。如图 4-62 所示。

图 4-61 　　　　图 4-62

注意事项:

1.如果儿童唇部肌肉比较紧张,发音前需按摩放松。儿童咂唇动作无法完成时,老师应给予动作辅助(拇指和食指轻轻按压),儿童出现抿唇动作即可。

2.可将游戏中的山楂片或薯片作为强化物奖励给完成游戏的儿童。

(游戏设计者:文燕球)

(九)p 的发音练习

适用对象:低年级段智障儿童、孤独症儿童、脑瘫儿童。

游戏准备:纸巾、手套、图卡、蜡烛。

游戏目的:儿童学会 p 的发音,学会发送气音。

游戏方法：

1.让儿童先进行口肌按摩操练习。

2.让儿童模仿做小幅度鼓腮的口部动作。如图4-63所示。

3.让儿童模仿发p音。

4.让儿童对着纸巾练习p的发音。如图4-64所示。

5.吹蜡烛小游戏：点燃几支蜡烛，让儿童对着蜡烛读p，使蜡烛熄灭；再准备几张图卡，图卡是有关p的音节，让儿童抽取图卡，然后对着蜡烛读出来，直到蜡烛熄灭。

图4-63

图4-64

注意事项：

1.如果儿童唇部肌肉比较紧张，发音前需按摩放松。注意，本次发的音是送气音，让儿童对比感受送气与不送气的区别。

2.儿童吹蜡烛的时候要小心，不要让其靠得太近，也不要碰到蜡烛。

3.可用强化物对完成的儿童进行奖励。

另可参见微课V4-7"双唇音p的发音"（制作：曾渝）。

微课V4-7

(十)m的发音练习

适用对象：低年级段智障儿童、孤独症儿童、脑瘫儿童。

游戏准备：手套、紫菜、压舌板、玩具汽车。

游戏目的：儿童学会m的发音，学会mo的4个声调的读音。

游戏方法：

1.让儿童先进行口肌按摩操练习。

2.让儿童模仿做抿唇—亲吻动作。如图4-65所示。

3.让儿童用双唇夹住压舌板或紫菜。如图4-66所示。

图4-65　　　　　　　　图4-66

4.让儿童模仿发m音。

5.小游戏：治疗师让儿童先模仿mo的4个声调的读音，然后用手势引导儿童读出mo的不同声调，再创设一辆小汽车在平路、上坡、下坡行驶的场景，让儿童进行mo的4个声调的读音练习。

注意事项：

1.应该给儿童安排一个安静舒适的环境进行训练，训练过程中多鼓励。如果儿童唇部肌肉比较紧张，发音前需按摩放松。

2.可用强化物对完成的儿童进行奖励。

另可参见微课V4-8"双唇音m的发音"（制作：曾渝）。

微课V4-8

(十一)f的发音练习

适用对象：低年级段智障儿童、孤独症儿童、脑瘫儿童。

游戏准备：紫菜、山楂片、薯片、手套、小动物图片。

游戏目的：儿童学会f的发音，学会f的相关音节的读音。

游戏方法：

1.让儿童先进行口肌按摩操练习。

2.让儿童用下唇和上齿合作吃整片紫菜。

3.让儿童用上齿和下唇轻轻地固定好山楂片和薯片，并尝试发f音。如图4-67、图4-68所示。

4.让儿童重复练习唇齿音f的发音。

5.练习f的相关音节。

图4-67　　　　　图4-68

6.小游戏"花丛中的小动物":准备好几个会飞的小动物的图片,如蝴蝶、蜻蜓、蜜蜂。让儿童练习说相关的词组和句子,如:蝴蝶飞、蝴蝶飞来了、蝴蝶飞呀飞。

注意事项:

1.如果儿童唇部肌肉比较紧张,发音前需按摩放松。注意,本次发音是下唇和上齿轻触后的发音。

2.可用强化物对完成的儿童进行奖励。

(游戏设计者:文燕球)

(十二)d的发音练习

适用对象:低年级段智障儿童、孤独症儿童、脑瘫儿童。

游戏准备:紫菜、手套、镜子。

游戏目的:儿童学会d的发音,学会d的相关音节的读音。

游戏方法:

1.学习舌的分离运动(前后运动、左右运动、上下运动)。

2.学习舌的外伸运动:让儿童对着镜子将舌放在上下牙齿中间,水平伸出,保持5秒。

3.用紫菜诱导儿童用舌尖舔上齿龈内侧:老师将紫菜贴在儿童的上齿龈内侧,让儿童上抬舌尖去舔紫菜。如图4-69、图4-70所示。

图4-69　　　　　　　　图4-70

4.让儿童对着镜子模仿发d音。

5."点豆豆"手指小游戏：让儿童模仿老师做手指操，唱读《点豆豆》儿歌："点呀点呀点豆豆，点呀点，点豆豆，点呀点呀点豆豆，点到谁谁开花……"

注意事项：

1.如果儿童口部肌肉比较紧张，发音前需按摩放松。可以让儿童做弹舌运动放松舌体。舌尖音要求舌尖进行精准的分离运动，需要儿童打好基础，做好舌的分离运动。

2.可用强化物对完成的儿童进行奖励。

另可参见微课V4-9"舌尖音d的发音"（制作：曾渝）。

微课V4-9

（十三）"t的发音练习"

适用对象：低年级段智障儿童、孤独症儿童、脑瘫儿童。

游戏准备：果酱、手套、镜子、蜡烛。

游戏目的：儿童学会t的发音，学会t的相关音节的读音。

游戏方法：

1.学习舌的分离运动（前后运动、左右运动、上下运动）。

2.学习舌的外伸运动：让儿童对着镜子将舌放在上下牙齿中间，水平伸出，保持5秒。

3.用果酱诱导儿童用舌尖舔上齿龈内侧：老师将果酱涂在儿童的上齿龈内侧，让儿童上抬舌尖去舔果酱。如图4-71、图4-72所示。

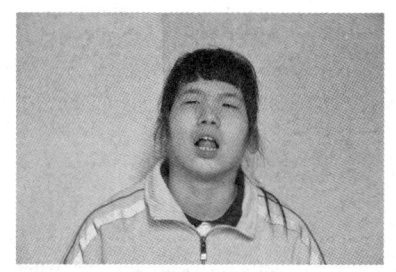

图 4-71　　　　　　　　图 4-72

4.让儿童模仿发 t 音,读 t 的时候,舌尖抵住上齿龈内侧,憋住气后突然放开,读音时送气。

5.吹蜡烛小游戏:在桌面上放一支点着的小蜡烛,让儿童对着蜡烛发 t 音,使火苗晃动起来;让儿童读字词"兔、兔子、跳、吐、兔子跳跳、兔子吐吐"。

注意事项:

1.如果儿童唇部肌肉比较紧张,发音前需按摩放松。可以让儿童做弹舌运动放松舌体。舌尖音要求舌尖进行精准的分离运动,需要儿童打好基础,做好舌的分离运动。

2.可用强化物对完成的儿童进行奖励。

(游戏设计者:文燕球)

(十四)n 的发音练习

适用对象:低年级段智障儿童、孤独症儿童、脑瘫儿童。

游戏准备:棉签、冰冻果汁、手套、镜子、农场的图片。

游戏目的:儿童学会 n 的发音,学会 n 的相关音节的读音。

游戏方法:

1.学习舌的分离运动(前后运动、左右运动、上下运动)。

2.学习舌的外伸运动:让儿童对着镜子将舌放在上下牙齿中间,水平伸出,保持 5 秒。如图 4-73 所示。

3.用棉签蘸上冰冻果汁擦拭儿童的上齿龈,让其上抬舌尖找到擦拭的位置。如图 4-74 所示。

图 4-73　　　　　　　　图 4-74

4.引导儿童用舌尖抵住上齿龈,然后发n音,发音的同时让其用手指轻轻地压住自己的鼻子,体会一下发音时鼻腔的振动。

5.小游戏:出示一个农场的图片,让儿童假设自己在参观农场,说一说看到的场景,引导儿童习得目标词"农民、农场、奶、牛奶、挤奶、奶牛、挤牛奶"等,以巩固n的发音。

注意事项:

1.如果儿童口部肌肉比较紧张,发音前需按摩放松。可以让儿童做弹舌运动放松舌体。舌尖音要求舌尖进行精准的分离运动,需要儿童打好基础,做好舌的分离运动。

2.可用强化物对完成的儿童进行奖励。

(游戏设计者:文燕球)

(十五)l的发音练习

适用对象:低年级段智障儿童、孤独症儿童、脑瘫儿童。

游戏准备:紫菜、手套、镜子、词卡、抽奖箱。

游戏目的:儿童学会l的发音,学会l的相关音节的读音。

游戏方法:

1.学习舌的分离运动(前后运动、左右运动、上下运动)。

2.学习舌的外伸运动:让儿童对着镜子将舌放在上下牙齿中间,水平伸出,保持5秒。

3.用紫菜诱导儿童用舌尖舔上齿龈内侧：老师将紫菜贴在儿童的上齿龈内侧，让儿童上抬舌尖去舔紫菜。如图4-75所示。

4.让儿童对着镜子模仿发l音。

5.抽奖小游戏：准备一个纸箱改造成抽奖箱，里面放入与l音相关的词卡，如："拉手、喇叭、喇叭花、辣椒、辣椒酱"等，让儿童从箱子中抽取词卡，能准确读出词卡就给予奖励。帮助儿童将音位/l/类化到单音节词、双音节词和三音节词中，使之稳定掌握声母l的构音。

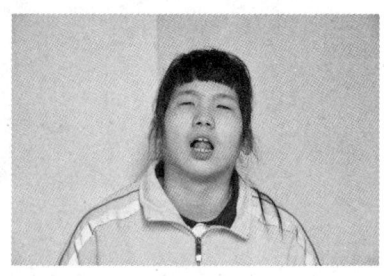

图4-75

注意事项：

1.如果儿童口部肌肉比较紧张，发音前需按摩放松。可以让儿童做弹舌运动放松舌体。舌尖音要求舌尖进行精准的分离运动，需要儿童打好基础，做好舌的分离运动。

2.可用强化物对完成的儿童进行奖励。

(十六)g的发音练习

适用对象：低年级段智障儿童、孤独症儿童、脑瘫儿童。

游戏准备：舌后位训练器、图卡。

游戏目的：儿童学会g的发音，学会g的单音节、双音节、三音节词。

游戏方法：

1.老师与儿童面对面坐着，将舌后位训练器凹面朝下，贴在儿童上腭。

2.让儿童将舌后部上抬，顶住舌后位运动训练器的凹面。老师用力向下压舌后部，儿童用力向上抵抗，产生抵抗运动。如图4-76所示。

3.发g音时，舌后部与软腭接触，气流突然爆破，极少量气流送出，声带不振动。发g音时，需要舌根上抬的力量最大，用力与软腭接触；如果舌根上抬力量不够，这时可以尝试让儿童将头后仰，由于重力作用，这个体位将把整个舌位拉向后部，并集中在口咽区，可以促进舌根和软腭的接触，诱导发g音。

4.在进行上述训练的同时，进行舌后位音g的发音练习。如图4-77所示。

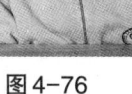

图 4-76 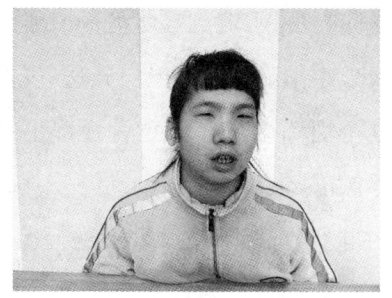　　　　　　　　图 4-77

5. 模拟参观果园的小游戏：准备印有若干棵树的图卡，在树上标出水果的名字，挑选一些 g 的相关词汇，如"哈密瓜、果树、奇异果、火龙果、西瓜"等，让儿童说一说果园里都有些什么，帮助儿童将音位/g/类化到单音节词、双音节词和三音节词中，稳定掌握声母 g 的构音。

注意事项：

1. 音位习得是在音位诱导训练的基础上，用大量包含音位/g/的词语进行音位类化训练，巩固发音。注意与其他舌根音的区别。

2. 可用强化物对完成的儿童进行奖励。

（游戏设计者：文燕球）

(十七) k 的发音练习

适用对象：低年级段智障儿童、孤独症儿童、脑瘫儿童。

游戏准备：舌后位训练器、一杯水、词卡、儿童烧烤玩具。

游戏目的：儿童学会 k 的发音，学会 k 的单音节、双音节、三音节词。

游戏方法：

1. 老师与儿童面对面坐着，将舌后位训练器凹面朝下，贴在儿童上腭。

2. 让儿童将舌后部上抬，顶住舌后位训练器的凹面。老师用力向下压舌后部，儿童用力向上抵抗，产生抵抗运动。如图 4-78 所示。

3. 让儿童喝一口水，把水含在嘴里先不要

图 4-78

咽下去,仰起头,水流到喉咙处的时候,为了不被呛到,舌根会不自觉地上抬堵住水,这时让儿童张开嘴巴向外送气(发出的声音像水烧开的声音一样),持续5秒。这个训练会促使儿童舌根部上抬触碰到软腭。如图4-79所示。

4.在进行上述训练的同时,进行舌后位音k的诱导。发k音时,舌后部与软腭短暂接触,大量气流突然爆破,声带不振动。

5.小游戏"户外烧烤":准备一套儿童烧烤的玩具,进行烧烤的扮演游戏,让儿童说一说有哪些东西可以烤,引导儿童习得目标词汇"烤、烧烤、烤鱼、烤香肠、烤鸡翅"等,帮助儿童将音位/k/类化到单音节词、双音节词和三音节词中,稳定掌握声母k的构音。

图4-79

注意事项:

1.儿童在做漱口的动作时,防止呛咳。音位习得是在音位诱导训练的基础上,用大量包含音位/k/的词语进行音位类化训练,巩固发音。

2.可用强化物对完成的儿童进行奖励。

(十八)h的发音练习

适用对象:低年级段智障儿童、孤独症儿童、脑瘫儿童。

游戏准备:镜子、小勺子、公园的图片。

游戏目的:儿童学会h的发音,学会h的相关音节的读音。

游戏方法:

1.老师先用小勺子向下轻轻地压儿童舌头中间,然后用小勺子轻轻敲打舌头中间。如图4-80所示。

2.用哈气的方法练习h的发音:拿一面小镜子放在儿童前面,让儿童对着镜子慢慢地哈气,并发h音。如图4-81所示。

图4-80   图4-81

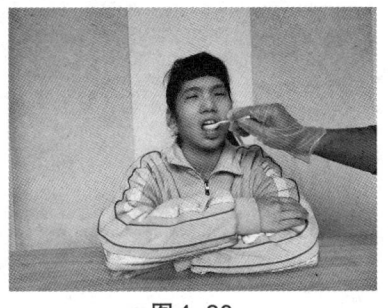

3.大声练习h的发音。

4.小游戏"逛公园":老师准备一张公园的图片,假装和儿童一起逛公园,让儿童说一说公园的景物,引导儿童习得目标词汇,如"湖、划船、荷花、花园、花朵、百合花、玫瑰花、杜鹃花"等,帮助儿童巩固h的相关音节的读音。

注意事项:

1.应该给儿童安排一个安静舒适的环境进行训练,训练过程中多给儿童一些鼓励。如果儿童唇部肌肉比较紧张,发音前需按摩放松。

2.可用强化物对完成的儿童进行奖励。

(游戏设计者:文燕球)

(十九)j的发音练习

适用对象:低年级段智障儿童、孤独症儿童、脑瘫儿童。

游戏准备:勺子、一杯冰水、词卡、骰子、印花。

游戏目的:儿童学会j的发音,学会j的单音节、双音节、三音节词。

游戏方法:

1.老师与儿童面对面坐着,带领儿童一起做舌运动操:①舌的前伸与后缩;②舌舔唇部;③舌舔左右嘴角。如图4-82所示。

2.利用勺子蘸取少量的冰水来刺激儿童舌前部和上齿龈,勺子的背面对着儿童的上齿龈,要求儿童用舌前部舔到勺子上的冰水,从

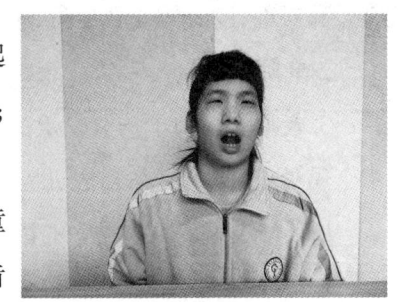

图4-82

而诱导发音部位。

3.出示一张拼音j的词卡,让儿童大声跟读j。如图4-83所示。

4.小游戏"词语大揭秘":准备若干张与j相关的词卡,在背面标上数字1~6。一次性出示6张词卡,将词卡翻到数字面,让儿童通过掷骰子来读对应数字的词卡,读音准确积一个印花,通过印花换取奖励。该游戏可以帮助儿童将音位/j/类化到单音节词、双音节词和三音节词中,稳定掌握声母j的构音。

图4-83

注意事项:

1.音位习得是在音位诱导训练的基础上,用大量包含音位/j/的词语进行音位类化训练,巩固发音。注意与z的区别。

2.可用强化物对完成的儿童进行奖励。

(游戏设计者:文燕球)

(二十)q的发音练习

适用对象:低年级段智障儿童、孤独症儿童、脑瘫儿童。

游戏准备:蜡烛、果酱、勺子(或棉签)、图片。

游戏目的:儿童学会q的发音,学会/q/与/j/的音位对比。

游戏方法:

1.老师与儿童面对面坐着,带领儿童一起做舌运动操:①舌的前伸与后缩;②舌舔唇部;③舌舔左右嘴角;④弹响舌。

2.老师把少量的果酱点涂在儿童的舌面位置,让儿童舌面向上抿果酱吃。

3.老师利用勺子挖取少量的果酱放在勺子中间,然后勺子正面朝下放在儿童上腭处,勺子的背面对着儿童的上齿龈,要求儿童用舌前部舔到勺子上的果酱,从而诱导发音部位。也可用棉签进行操作,如图4-84所示。

4.游戏"会跳舞的火苗":出示一张拼音q的图片和一支点燃的小蜡烛,让儿童对着蜡烛大声跟读q，读音时蜡烛的火苗晃动。如图4-85所示。

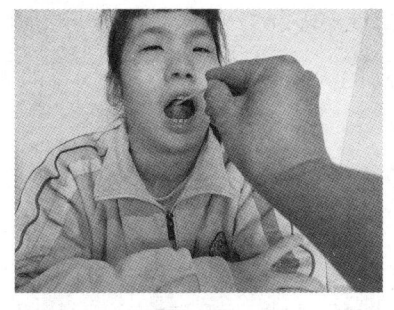

图 4-84　　　　　　　图 4-85

5.小游戏：比一比，看谁能让火苗晃动。对比"7"和"鸡"：出示一张公鸡的图片和一张数字7的图片，让儿童看着图片轮换认读，先用长音的方式读一读，再用短音的方式读一读，然后对着点燃的蜡烛练习，感受一下这两个音的区别。

注意事项：

1.音位习得是在音位诱导训练的基础上，用大量包含音位/q/的词语进行音位类化训练，巩固发音。注意与j的区别，练习过程中要用到蜡烛。

2.可用强化物对完成的儿童进行奖励。

（游戏设计者：文燕球）

(二十一)x的发音练习:"大转盘"

适用对象：低年级段智障儿童、孤独症儿童、脑瘫儿童。

游戏准备：蜡烛、果酱、勺子、转盘、图卡。

游戏目的：儿童学会x的发音，学会x的单音节、双音节、三音节词。

游戏方法：

1.老师与儿童面对面坐着，带领儿童一起做舌运动操：①舌的前伸与后缩；②舌舔唇部；③舌舔左右嘴角；④弹响舌。

2.老师把少量的果酱点涂在儿童的舌面位置，让儿童舌面向上抿果酱吃。

3.老师利用勺子挖取少量的果酱放在勺子中间，然后勺子正面朝下放在儿童上腭处，勺子的背面对着儿童的上齿龈，要求儿童用舌前部舔到勺子上的果酱,从而诱导发音部位。如图4-86所示。

4.将点燃的蜡烛放在儿童面前,让儿童深吸气后缓慢、平稳、持续地向外送气,发本音x。让儿童观察发本音时抖动的火苗,帮助儿童掌握x音的送气特征。如图4-87所示。

图4-86　　　　　　　　　图4-87

5.小游戏"大转盘":准备一个大转盘和若干与拼音x相关的图卡,在大转盘上贴上图卡,让儿童转动大转盘。当转盘停止时,让其读一读指针指向的图卡上的词汇。在音位诱导训练的基础上,帮助儿童将音位/x/类化到单音节词、双音节词和三音节词中,稳定掌握声母x的发音。

注意事项:

1./j/、/q/、/x/三个音位发音部位相同,都属于舌面音。因此,可以先对儿童的发音部位进行强化与巩固,然后结合缓慢平稳的呼气法进行发音方式和送气特征的诱导,让儿童可以准确说出声母x。练习过程中要用到蜡烛。

2.可用强化物对完成的儿童进行奖励。

(游戏设计者:文燕球)

(二十二)z的发音练习

适用对象:低年级段智障儿童、孤独症儿童、脑瘫儿童。

游戏准备:舌前位训练器、冰沙、勺子、山楂片、图片。

游戏目的:儿童学会z的发音,学会z的单音节、双音节、三音节词。

游戏方法:

1.老师与儿童面对面坐着,带领儿童一起做舌运动操:①舌的前伸与后缩;

②舌舔唇部;③舌舔左右嘴角;④弹响舌。

2.老师让儿童对着镜子模仿舌尖舔上齿龈的动作,然后用冰沙刺激舌尖和上齿龈,让儿童先对z的发音部位有一定的认识。如图4-88所示。然后将舌前位训练器凹面朝下,贴着儿童的上腭放入,将其后端正好放在上齿龈处,让儿童将舌前部上抬至舌前位训练器的凹陷中,顶住磨砂面,从而掌握舌尖前音的发音位置。如图4-89所示。

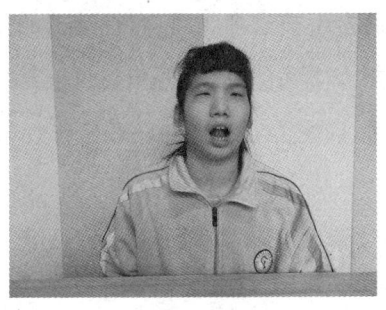

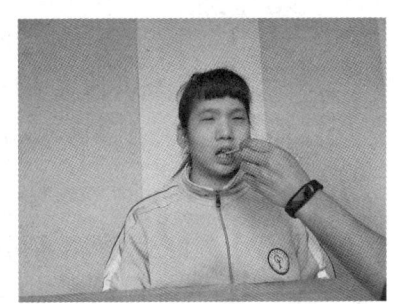

图4-88　　　　　　图4-89

3.让儿童上下齿处咬一片山楂片,同时练习发音z,注意z是不送气的塞擦音。

4.小游戏"游乐园":老师出示一张游乐园的图片,模拟带儿童去游乐园玩,引导儿童说出相关词汇,如"走、走路,早、早晨,坐、坐火车、坐摩天轮,子、帽子"等。在音位诱导训练的基础上,帮助儿童将音位/z/类化到单音节词、双音节词和三音节词中,稳定掌握声母z的发音。

注意事项:

1.选择儿童喜欢的食物,增加儿童对训练的兴趣。

2.准确的构音是由构音器官(下颌、唇、舌、软腭等)的协调运动完成的,在构音训练前可多做放松活动以促进练习。

3.构音过程中要提醒儿童,避免咬伤,特别是舌。

4."z、c、s"是比较难的构音,要考虑儿童是否能达到这个阶段的训练。

(二十三)c的发音练习

适用对象:低年级段智障儿童、孤独症儿童、脑瘫儿童。

游戏准备：舌前位训练器、冰沙、勺子、紫菜、词卡、纸筒。

游戏目的：儿童学会c的发音,学会c的单音节、双音节、三音节词。

游戏方法：

1.老师与儿童面对面坐着,带领儿童一起做舌运动操：①舌的前伸与后缩；②舌舔唇部；③舌舔左右嘴角；④弹响舌。

2.让儿童对着镜子模仿舌尖舔上齿龈,用冰沙刺激舌尖和上齿龈,让儿童先对c的发音部位有一定的认识。然后通过舌前位训练器,将训练器的凹面朝下,贴着儿童的上腭放入,将其后端正好放在上齿龈处,让儿童将舌前部上抬至舌前位训练器的凹陷中,顶住磨砂面,从而掌握舌尖前音的发音位置。如图4-90所示。

3.让儿童用门牙处的上下齿咬一小片紫菜,嘴巴发"c-c-c"的声音。如图4-91所示。

图4-90 　　　　　　　图4-91

4.小游戏"传声筒"：老师用纸筒给儿童读一个词语,让儿童把听到的词语读出来,并拿取对应的词卡。这个小游戏可以帮助儿童将音位/c/类化到单音节词、双音节词和三音节词中,稳定掌握声母c的发音。

注意事项：

1.选择儿童喜欢的食物,增加儿童对训练的兴趣。

2.准确的构音是由构音器官(下颌、唇、舌、软腭等)的协调运动完成的,在构音训练前可多做放松活动以促进练习。

3.构音过程中要提醒儿童,避免咬伤,特别是舌。

4."z、c、s"是比较难的构音,要考虑儿童是否能达到这个阶段的训练。

(二十四)s的发音练习:"蛇来了"

适用对象:低年级段智障儿童、孤独症儿童、脑瘫儿童。

游戏准备:巧克力酱、山楂片、镜子、词卡、玩具蛇。

游戏目的:儿童学会s的发音,学会s的单音节、双音节、三音节词。

游戏方法:

1.老师与儿童面对面坐着,带领儿童一起做舌运动操:①舌的前伸与后缩;②舌舔唇部;③舌舔左右嘴角;④弹响舌。

2.老师在儿童上齿龈处涂少许巧克力酱,让儿童对着镜子上抬舌尖舔上齿龈。

3.在桌子上摆一排点燃的蜡烛,让儿童站在桌边,与桌子保持两个拳头的距离,深吸一口气后对着蜡烛平稳缓慢地吹出,让火苗晃动但是不熄灭。

4.让儿童用门牙处的上下齿咬一小块山楂片,嘴巴发"嘶——嘶——"的声音。如图4-92所示。

5.让儿童对着镜子练习s的发音,要求镜面上有雾气。如图4-93所示。

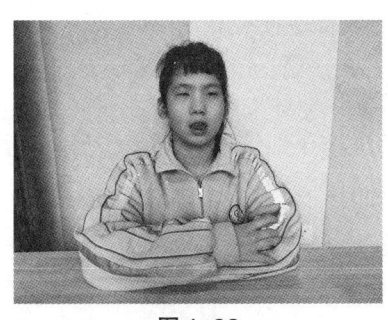

图4-92　　　　　　　　　图4-93

6.小游戏"小蛇来了":老师借助玩具蛇与儿童玩"小蛇来了"的游戏。小蛇在地上爬行,老师模拟蛇的声音,让儿童模仿发出"嘶——嘶——嘶——"的声音,以巩固s的发音。

7.在音位诱导训练的基础上,帮助儿童将音位/s/类化到单音节词、双音节词和三音节词中,稳定掌握声母s的发音。

注意事项:

1.选择儿童喜欢的食物,增加儿童对训练的兴趣。

2.准确的构音是由构音器官(下颌、唇、舌、软腭等)的协调运动完成的,在构音训练前可多做放松活动以促进练习。

3.构音过程中要提醒儿童,避免咬伤,特别是舌。

4."z、c、s"是比较难的构音,要考虑儿童是否能达到这个阶段的训练。

(二十五)r的发音练习

适用对象:低年级段智障儿童、孤独症儿童、脑瘫儿童。

游戏准备:果酱、海绵刷、词卡。

游戏目的:儿童学会r的发音,学会r的单音节、双音节、三音节词。

游戏方法:

1.老师与儿童面对面坐着,带着儿童做5分钟准备活动(伸舌和缩舌)。

2.老师用海绵刷刷一刷儿童硬腭,帮儿童找到硬腭的位置,再让儿童自己用舌头找到相应的位置。如图4-94所示。

3.老师把果酱涂在儿童的硬腭处,让其向上翘起舌头由外向内扫过硬腭去舔果酱。

4.让儿童对着镜子模仿发r音。如图4-95所示。

5.准备一些含有声母r的词卡,在音位诱导训练的基础上,帮助儿童将音位/r/类化到单音节词、双音节词和三音节词中,稳定掌握声母r的发音。

图4-94 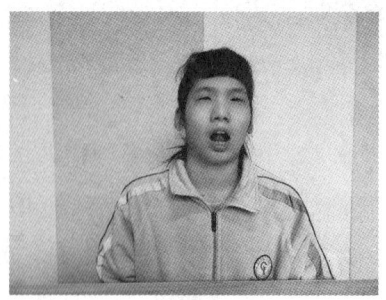   图4-95

注意事项:

1."zh、ch、sh"是比较难的构音,要考虑儿童是否能达到这个阶段的训练。

2.部分地区受到方言的限制,儿童的发音会带有明显的地域性习惯,这个不属于构音障碍,不需要进行构音干预。

(二十六)zh 的发音练习:"传声筒"

适用对象:低年级段智障儿童、孤独症儿童、脑瘫儿童。

游戏准备:冰冻的棉签、婴儿牙刷、硬纸片、词卡。

游戏目的:儿童学会 zh 的发音,学会 zh 的单音节、双音节、三音节词。

游戏方法:

1.老师与儿童面对面坐着,带领儿童一起做舌头的轮换练习:①伸舌;②缩舌;③舌尖抵齿龈。

2.老师把冰冻的棉签放在儿童的上腭处,让其翘起舌尖找到凉凉的位置,然后用力抵住。如图 4-96 所示。

3.发 zh 音时,舌两侧上抬,可以通过舌侧缘刺激法进行训练,老师用婴儿牙刷按前后方向微微用力刺激儿童的舌侧边,儿童被刺激后会将舌侧边抬起,并转向刺激侧。如图 4-97 所示。

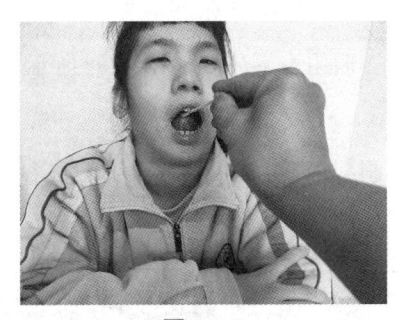

图 4-96

4.老师示范 zh 的发音,让儿童大声模仿。

5.小游戏"传声筒":用硬纸片做一个圆筒,通过圆筒给儿童读一个词语,让儿童把听到的词语读出来,并拿取对应的词卡。这个小游戏可以帮助儿童将音位/zh/类化到单音节词、双音节词和三音节词中,稳定掌握声母 zh 的发音。

图 4-97

注意事项：

1."zh、ch、sh"是比较难的构音，要考虑儿童是否能达到这个阶段的训练。

2.部分地区受到方言的限制，儿童的发音会带有明显的地域性习惯，这个不属于构音障碍，不需要进行构音干预。

(二十七)ch的发音练习："坐火车"

适用对象：低年级段智障儿童、孤独症儿童、脑瘫儿童。

游戏准备：冰冻的棉签、婴儿牙刷、词卡、玩具火车。

游戏目的：儿童学会ch的发音，学会ch的单音节、双音节、三音节词。

游戏方法：

1.老师与儿童面对面坐着，带领儿童一起做舌头的轮换练习：①伸舌；②缩舌；③舌尖抵齿龈；④舌尖抵硬腭。

2.老师把冰冻的棉签放在儿童的上腭处，让其翘起舌尖找到凉凉的位置，然后用力抵住。如图4-98所示。

3.发ch音时，舌两侧上抬，可以通过舌侧缘刺激法进行训练：老师用婴儿牙刷按前后方向微微用力刺激儿童的舌侧边，儿童被刺激后会将舌侧边抬起，并转向刺激侧。如图4-99所示。

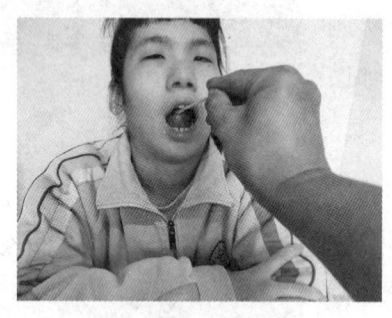

图4-98 　　　　　　　图4-99

4.在掌握发音部位的基础上，让儿童对着镜子练习ch的发音，要求发音时镜子上有雾气形成。

5.小游戏"坐火车"：老师或家长和儿童玩一个坐火车的小游戏。准备两套词卡，在小火车的每节车厢上都贴一张词卡，然后模拟小火车开过来，同时发出

"呜——咔嚓,咔嚓"的声音,有利于营造气氛,激发儿童的兴趣。发给儿童一张词卡作为火车票,让儿童大声读出火车每节车厢上贴的词卡,找一找哪节车厢的词卡与儿童手上的车票一样,一样的就是要坐的那节车厢了。这个游戏可以巩固儿童ch的发音。

注意事项:

1."zh、ch、sh"是比较难的构音,要考虑儿童是否能达到这个阶段的训练。

2.部分地区受到方言的限制,儿童的发音会带有明显的地域性习惯,这个不属于构音障碍,不需要进行构音干预。

(二十八)sh的发音练习:"顺风耳"

适用对象:低年级段智障儿童、孤独症儿童、脑瘫儿童。

游戏准备:蜡烛、冰冻的棉签、婴儿牙刷、词卡、印花。

游戏目的:儿童学会sh的发音,学会sh的单音节、双音节、三音节词。

游戏方法:

1.老师与儿童面对面坐着,带领儿童一起做舌头的轮换练习:①伸舌;②缩舌;③舌尖抵齿龈。

2.老师将点燃的蜡烛放在儿童嘴边,让儿童观察发sh音时抖动的火苗。可以采用快速用力呼气法:腹部深吸一口气,然后用力呼气,发sh音,帮助儿童掌握sh音的送气特征。

3.老师把冰冻的棉签放在儿童的上腭处,让其翘起舌尖找到凉凉的位置,然后用力抵住。如图4-100所示。

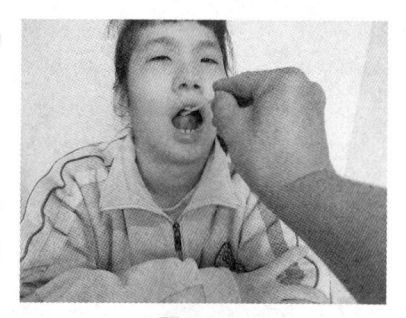

图 4-100

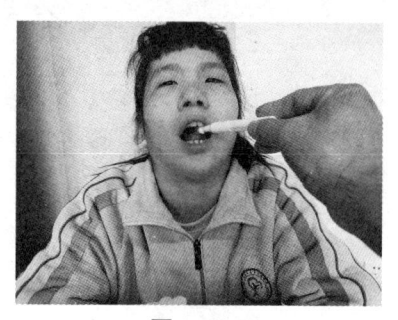

图 4-101

4.发sh音时,舌两侧上抬,可以通过舌侧缘刺激法进行训练:老师用婴儿牙刷按前后方向微微用力刺激儿童的舌侧边,儿童被刺激后会将舌侧边抬起,并转向刺激侧。如图4-101所示。

5.老师示范sh的发音,让儿童对着镜子大声模仿sh的发音,要求发音时镜子上有雾气形成。

6.小游戏"顺风耳":老师或家长和儿童玩一个"比一比谁是顺风耳"的小游戏。与儿童相距1 m的距离,老师或家长抽取一张词卡,用适当的声音读出词卡上的词,儿童听到后大声重复,复述准确的给一个小印花,集齐印花给予奖励。这个小游戏可以巩固儿童sh的发音,词卡选取应有单音节词、双音节词、三音节词,遵循由易到难的原则。

注意事项:

1."zh、ch、sh"是比较难的构音,要考虑儿童是否能达到这个阶段的训练。

2.部分地区受到方言的限制,儿童的发音会带有明显的地域性习惯,这个不属于构音障碍,不需要进行构音干预。

第五章 粗大运动康复游戏设计

人类要顺利进行衣食住行等各项活动，必须依赖正常的动作控制能力；要做出正确的动作控制，必须要有正常的中枢神经系统和肌肉骨骼系统。中枢神经系统是进行某个动作的总指挥，肌肉骨骼系统接收到指令后便开始协调运作，从而产生功能性动作。脑损伤儿童因为中枢神经系统受损，其执行动作的规划控制能力受到影响，以及管控和调节肌肉张力及肌肉力量的控制功能出现了异常，导致姿势与运动功能异常，甚至失效。[①]治疗人员运用各项物理治疗方法为脑损伤儿童进行动作康复治疗，可以有效弥补脑瘫儿童动作能力的不足，促进其各项能力的发展。

本章主要探讨脑瘫儿童运动功能障碍的表现和有关理论、运动障碍的评估方法，以及依据运动疗法的基本原理，运用游戏对脑瘫儿童实施粗大动作训练的方法。

第一节 ｜ 特殊儿童粗大动作功能障碍概述

粗大动作主要包括肢体动作的控制力和移动力，详细可分为：头部控制、坐姿控制、跪姿控制、站姿控制、走、跑、跳以及躯干的平衡等。皮亚杰认为，在儿童发展的过程中，动作是一切知识的源泉。特殊儿童粗大动作的发展对其今后的学习、认知有着重要的影响。

一、粗大动作的定义与基本理论

动作的完成包括大肌肉与小肌肉的活动。在幼儿发育的过程中，通常先出现整体性的大肌肉运动，然后才是小肌肉运动。大肌肉是控制身体对抗重力从而完成一系列活动的基础。粗大动作就是大肌肉系统通过控制身体的肘、肩、

[①] 金容.动作障碍儿童训练新指引[M].武汉：湖北科学技术出版社，2014：11.

髋、膝关节等部位产生的移动、运动和身体协调动作。[①]

本书第三章,我们曾经阐述过感官知觉与动作之间的关系。个体的动作和感知觉密不可分,人类在进行知觉学习的时候要依靠动作不断去探索和体会。同样地,当人体在进行动作学习时,必须要有稳定的感知觉作为基础。只有感知觉稳定发展,人体才能建立对自我身体的认识,才能做出正确的动作控制。一个适当的、正确的感觉输入就会有一个适当的、正确的动作输出;相反,一个不适当的感觉输入,就会有一个不适当、不稳定的动作输出。

婴儿出生后不久,头、颈、四肢便可产生自主与不自主的运动,他们通过这些肢体的运动获得有效的感觉信息,从而认识四周的环境。因此,儿童在成长的过程中,首先要充分发展粗大动作能力,通过正常的动作控制来认识环境、学习技能。如果儿童在年幼时缺少控制大肌肉的能力,无法正确把玩周围的物体,便不能产生正确的运动感觉信息,对动作的发展与知觉作用的产生不能起到积极作用,也就无法充分认识周围环境。

二、脑瘫儿童的粗大动作障碍

脑性瘫痪是一组由于发育中的胎儿或婴幼儿脑部非进行性损伤引起的运动和姿势发育持续性障碍综合征,它导致儿童活动受限。脑性瘫痪的运动障碍常伴有感觉、知觉、认知、交流及行为障碍,伴有癫痫及继发性肌肉骨骼问题。[②]

按运动障碍类型分类,脑瘫儿童可以分为痉挛型、不随意运动型、肌张力低下型、共济失调型、混合型5类,具体表现如下。

(一)痉挛型

病变部位主要为锥体系,可累及全身或身体不同部位,肌张力增高以屈肌为主,特点为速度依赖性牵张反应过度增高。

[①] 洪显利.特殊儿童游戏活动设计与指导[M].重庆:重庆大学出版社,2022:119.
[②] 任世光,等.小儿脑瘫蕾波康复法[M].北京:中国科学技术出版社,2017:30.

(二)不随意运动型

病变部位主要为锥体外系,以基底节损伤为主,一般累及全身。可表现为手足徐动、舞蹈样动作、肌张力障碍和震颤等。肌张力变化呈不稳定状态,活动或紧张时更加明显。

(三)肌张力低下型

病变部位不确定,一般累及全身。多为不随意运动型的早期表现。

(四)共济失调型

主要病变部位为小脑,一般累及全身,多表现为共济失调并伴有平衡、协调障碍或震颤等,肌张力多偏低。

(五)混合型

可存在多个病变部位,一般累及全身。临床多以一个型别的特点为主,可同时伴有一个或多个不同类别的表现。

按瘫痪部位分类,脑瘫儿童可分为单肢瘫、偏瘫、双侧瘫、三肢瘫、四肢瘫5类。具体表现略。

脑瘫儿童由于控制动作的中枢神经系统受伤或发育不全,高级神经系统对低级神经系统的调节与抑制作用减弱,中枢神经系统释放出许多原始反射动作,这些原始反射动作在脑瘫儿童身上会呈现该出现时不出现、该消失时却不消失的现象,阻碍了脑瘫儿童正常动作的发展,导致其运动发展迟滞或停滞。[①]动作控制上出现问题,致使脑瘫儿童在整个学习过程中的最基础、最重要的时期——大运动时期出现问题,所以对大动作能力的补救成为相当重要的基础工作。

---

① 金容.动作障碍儿童训练新指引[M].武汉:湖北科学技术出版社,2014:33.

第二节 | 特殊儿童粗大动作障碍评估

有效的动作训练基于正确的动作评估。一个经验丰富的康复治疗师可以在很短的时间内、在儿童不知不觉中，精准地完成对儿童的粗大动作评估。评估的方法包括观察评估和操作评估。通过评估，治疗师可以了解儿童的现有能力、动作发展训练阶段、障碍类型、障碍部位、肌力、肌张力、异常姿势等等，以及影响粗大运动发展的有利与不利的相关因素等。

一、肌力评定

肌力，广义是指肌肉收缩时产生的力量，狭义是指肌肉主动收缩时产生的力量，即静态或动态收缩的能力。

（一）肌力的基本理论

根据肌肉的功能，可分为原动肌、拮抗肌、固定肌和中和肌。按肌肉的收缩类型，可分为以下3类。[1]

1. 等长收缩

肌肉收缩时，肌力明显增加，但肌长度基本无变化，不产生关节运动的收缩，其主要作用是维持特定体位和姿势。

2. 等张收缩

肌肉收缩时，肌力基本不变，但肌长度变化，引起关节运动的收缩。根据肌肉起止部位的活动方向，可分为向心性收缩和离心性收缩。

（1）向心性收缩

肌肉收缩时，肌肉起、止点相互靠近，肌肉的长度缩短。

（2）离心性收缩

肌肉收缩时，肌肉起、止点相互远离，肌肉的长度变长。

---

[1] 李林.小儿脑性瘫痪作业治疗[M].北京:人民卫生出版社,2014:48.

3.等速收缩

这是肌肉收缩时运动速度保持不变的肌肉收缩形式。等速收缩不是肌肉的自然收缩形式,而是一种肌力评定和训练的方法。

(二)肌力的分级标准

肌力检查是测试肌肉主动收缩对抗地心引力和不同阻力的能力。一般将肌力分为6度(0~5度)[①],具体如表5-1所示。

表5-1　Lovett分级法评定标准

级别	名称	标准	与正常肌力的百分比
0	零(zero,Z)	肌肉不收缩,关节无运动,为完全瘫痪	0
1	微弱(trace,T)	有轻微肌肉收缩或肌腱活动,但不能引起关节活动,为严重瘫痪	10
2	差(poor,P)	在减重状态下能做关节全范围活动,为重度瘫痪	25
3	尚可(fair,F)	能对抗重力做关节全范围活动,但不能对抗外加的阻力,为轻度瘫痪	50
4	良好(good,G)	能对抗重力和一定阻力,做关节全范围活动,但关节不稳定,为接近正常	75
5	正常(normal,N)	能对抗重力和充分阻力,做关节全范围活动,关节稳定,为正常	100

(三)关节活动度评定

关节活动度(range of motion)是指关节运动时所通过的运动弧或转动的角度。其中,主动关节活动度指关节由肌肉主动收缩产生的关节活动度;被动关节活动度指无随意的肌肉收缩,仅由外力(如治疗师的帮助)产生的关节活动度。

关节活动度评定,指对关节运动时所通过的运动弧或转动的角度的评定,主要是对主动关节活动度的评定,它是康复评定的主要内容之一。评定工具可使用《关节活动度检查(ROM-T)和徒手肌力检查(MM-T)》(见表5-2)。

---

① 朴永馨.特殊教育辞典(第三版)[M].北京:华夏出版社,2014:436.

表5-2 《关节活动度检查(ROM-T)和徒手肌力检查(MM-T)》

姓名：　　　　性别：　　　　年龄：　　　　诊断：

右侧		部位	检查项目	参与收缩的主要肌肉	左侧	
MM-T	ROM-T				ROM-T	MM-T
	/180	肩	前屈	三角肌前部、喙肱肌	/180	
	/50		后伸	三角肌后部、背阔肌	/50	
	/180		外展	三角肌中部、冈上肌	/180	
	/90		内旋	大圆肌、肩胛下肌	/90	
	/90		外旋	小圆肌、冈下肌	/90	
	/150	肘	屈曲	肱二头肌、肱肌	/150	
	/0		伸展	肱三头肌、肘肌	/0	
	/90	前臂	旋前	旋前圆肌、旋前方肌	/90	
	/90		旋后	旋后肌、桡侧腕长伸肌	/90	
	/90	腕	掌屈	桡、尺侧腕屈肌，掌长肌	/90	
	/70		背伸	桡侧腕长、短伸肌，尺侧腕伸肌，指伸肌	/70	
	/25		桡偏	桡侧腕屈肌，桡侧腕长、短伸肌	/25	
	/30		尺偏	尺侧腕屈伸肌	/30	
	/125	髋	屈曲	髂腰肌	/125	
	/15		伸展	臀大肌、股二头肌	/15	
	/45		外展	臀中肌、缝匠肌	/45	
	/45		内收	大收肌、长收肌、短收肌	/45	
	/45		外旋	臀大肌、梨状肌、闭孔内肌、闭孔外肌	/45	
	/45		内旋	臀小肌、阔筋膜张肌	/45	
	/150	膝	屈曲	腘绳肌	/150	
	/0		伸展	股四头肌	/0	
	/20	踝	背屈	胫骨前肌、趾长伸肌、拇长伸肌	/20	
	/45		跖屈	腓肠肌	/45	
	/35		内翻	腓骨后肌	/35	
	/25		外翻	腓骨长、短肌	/25	

续表

右侧		部位	检查项目	参与收缩的主要肌肉	左侧	
MM-T	ROM-T				ROM-T	MM-T
	/60	躯干	屈曲	背屈肌群	/60	
	/20		后伸	背伸肌群	/20	
	/40		侧屈	棘旁肌群	/40	
	/30		旋转	肋间肌、腹内、外斜肌	/30	

检查日期：

评估者：

二、肌张力评定

肌张力(muscle tone)是指人体在安静休息的情况下，肌肉保持一定紧张状态的能力，实质是一种牵张反应。肌张力是维持肢体位置、支撑体重所必需的，也是保证肢体运动控制能力，进行各种复杂运动所必需的条件。①

(一)肌张力分类

1.正常肌张力分类

可分为静止性肌张力、姿势性肌张力、运动性肌张力3类。

2.异常肌张力分类

可分为肌张力降低(迟缓)、肌张力增高(痉挛)、肌张力障碍3类。

(二)痉挛(spasm)

痉挛是指肌肉或肌群突然出现的不自主收缩的状态，可分为不连续的阵挛性痉挛和持续不断的强直性痉挛2类。肢体运动异常、肌肉剧烈疼痛等症状会影响人的正常活动，严重者可危及生命。

肌张力的评定可使用《改良Ashworth量表》和《痉挛的几种徒手检查表》(见表5-3和5-4)。

---

① 李林.小儿脑性瘫痪作业治疗[M].北京:人民卫生出版社,2014:49.

表 5-3 《改良 Ashworth 量表》(0~4 级)

等级	肌张力	标准
0	肌张力不增加	被动活动患侧肢体在整个范围内均无阻力
1	肌张力稍增加	被动活动患侧肢体到终末端时有轻微的阻力
1+	肌张力稍增加	被动活动患侧肢体时在前 1/2 ROM 中有轻微的"卡住"感觉,后 1/2 ROM 中有轻微的阻力
2	肌张力轻度增加	被动活动患侧肢体在大部分 ROM 内均有阻力,但仍可以活动
3	肌张力中度增加	被动活动患侧肢体在整个 ROM 内均有阻力,活动比较困难
4	肌张力重度增加	患侧肢体僵硬,阻力很大,被动活动十分困难

表 5-4 《痉挛的几种徒手检查表》

分级	神经科分级	Ashworth 分级	Penn 分级	Clonus 分级
0	肌张力降低	无肌张力增高	无肌张力增高	无踝阵挛
1	肌张力正常	肌张力轻度增高,被动活动时有一过性停顿	肢体受刺激时出现轻度肌张力增高	踝阵挛持续 1~4 秒
2	肌张力稍高,肢体活动未受限	肌张力增高较明显,活动未受限	偶尔痉挛,<1 次/小时	持续 5~9 秒
3	肌张力高,活动受限	肌张力增高明显,被动活动困难	经常痉挛,>1 次/小时	持续 10~14 秒
4	肌肉僵硬,被动活动困难或不能被动活动	肢体僵硬,不能被动活动	频繁痉挛,>10 次/小时	持续 15 秒

三、平衡与协调功能评定

人体平衡(balance,equilibrium)是指身体重心偏离稳定位置时,通过自发的、无意识的或反射性的活动,以恢复重心稳定的能力。

支撑面,是指人体在各种体位下(卧、坐、站立、行走等)所依靠的接触面。人体站立时的支撑面为两足及两足之间的面积。

(一)人体平衡的基本理论

人体平衡的维持需要3个环节的参与,一是感觉输入,指人体站立时身体所处的位置与地球引力及周围环境的关系通过视觉、躯体感觉、前庭觉的传入而被感知;二是中枢整合,是指感觉信息在多级平衡觉神经中枢中进行整合加工,并形成运动的方案;三是运动控制,是指中枢神经系统在对多种感觉信息进行分析整合后下达运动指令,运动系统以不同的协同运动模式控制姿势变化,将身体重心调整到原来的范围内或建立新的平衡。

平衡反应,是指平衡状态改变时,人体恢复原有平衡或建立新平衡的过程,包括反应时间和运动时间。反应时间是指从平衡状态的改变到出现可见运动的时间;运动时间是指从出现可见运动到动作完成、建立新平衡的时间。

平衡反应的形成具有一定的规律,通常在出生6个月时形成俯卧位平衡反应,7~8个月形成仰卧位和坐位平衡反应,9~12个月形成蹲起平衡反应,12~21个月形成站立平衡反应。

(二)人体平衡的种类

1.静态平衡

又称一级平衡,指人体在无外力作用下,在睁眼和闭眼时维持某个姿势稳定的过程,例如坐位和站位时平衡。

2.自我动态平衡

又称二级平衡,指人体在无外力作用下从一种姿势调整到另外一种姿势的过程,且整个过程保持平衡状态,例如行走过程的平衡。

3.他人动态平衡

又称三级平衡,指人体在外力的作用下(包括加速度和减速度)身体重心发生改变时,迅速调整重心和姿势,保持身体平衡的过程。例如在行驶的列车中行走。

(三)人体平衡的评定

这是指平衡功能的一种评定方法。可使用《平衡能力评估量表》(见表5-5)进行人体平衡的评定。

表5-5 《平衡能力评估量表》

姓名：　　　　性别：　　　　年龄：　　　　诊断：

项目及评估标准	评估日期及结果		
	月　日	月　日	月　日
卧坐转移			
坐位平衡（3级）：			
静态平衡			
自我动态平衡			
他人动态平衡			
坐站转移			
站位平衡（3级）：			
静态平衡			
自我动态平衡			
他人动态平衡			
双足并拢站立			
闭目双足并拢站立			
转身360度			
坐下			

评估日期：
评估者：

四、步态分析

步态分析（gait analysis）是指利用力学的概念和已经掌握的人体解剖学、生理学知识对人体的行走功能状态进行对比分析的一种生物力学研究方法。步态分析主要围绕以下9个方面进行。

（一）步长

行走时，一侧足跟着地到紧接着的对侧足跟着地所行进的距离称为步长，又称单步长,单位通常用"cm"表示。健全人平地行走时,步长一般为50~80cm。个体步长的差异主要与腿长有关,腿长的人步长也长。

(二)步幅

行走时,由一侧足跟着地到该侧足跟再次着地所行进的距离称为步幅,又称复跨步长,单位用"cm"表示,通常是步长的2倍。

(三)步宽

在行走中,左、右两足间的距离称为步宽,通常以足跟中点为测量参考点,单位用"cm"表示。健全人的步宽为8±3.5cm。

(四)足角

在行走中,前进的方向与足的长轴所形成的夹角称为足角(如图5-1所示),单位通常用"°"表示。健全人的足角约为6.75°。

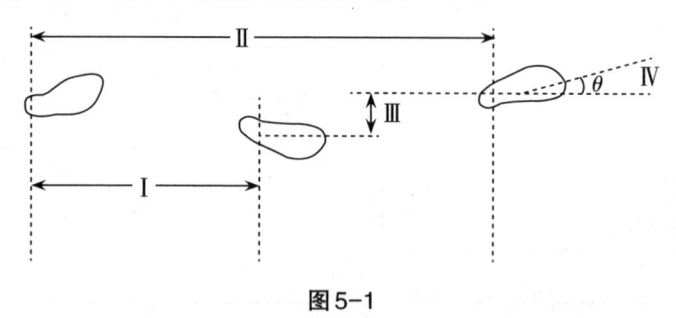

图5-1

(五)步频

行走中,每分钟迈出的步数称为步频,又称步调,单位通常用"steps/min"表示。健全人的步频通常是95~125 steps/min,东方男性的平均步频为112.2±8.9 steps/min,女性的平均步频为123.4±8.0 steps/min。双人并肩行走时,一般是短腿者步频大于长腿者。

(六)步速

行走时,单位时间内在行进的方向上整体移动的直线距离称为步速,即行走速度,单位通常用"m/min"表示。健全人行走的速度通常为65~95m/min。也可以用步行10m所需的时间来计算。

(七)步行周期

在行走时,一侧足跟着地到该侧足跟再次着地的过程称为一个步行周期,单位通常用时间"秒(s)"表示。一般成人的步行周期为1~1.32 s。

(八)步行时相

行走中,每个步态周期都包含着一系列典型姿位的转移。人们通常把这种典型姿位变化划分出一系列时段,称之为步态时相,一个步行周期可分为支撑相和摆动相。一般用该时相所占步态周期的百分数作为单位来表达,有时也用"秒(s)"表示。

1. 支撑相

是指在步行中,足与地面始终有接触的阶段。支撑相包括单支撑相和双支撑相,占步行周期的60%。

2. 摆动相

是指在步行中,下肢在空中向前摆动的阶段,占步行周期的40%。

(九)参与的主要肌肉活动

步行的动力主要来源于下肢及躯干的肌肉作用,在一个步行周期中,肌肉活动具有保持平衡、吸收震荡、加速、减速和推动肢体运动的功能。

1. 竖脊肌

竖脊肌为背部深层肌,纵列于脊柱两侧,下起骶骨、髂骨,上止椎骨、肋骨、枕骨,作用为使脊柱后伸、头后仰和维持人体于直立姿势。在支撑相初期和末期,竖脊肌活动达到高峰,以确保行走时躯干正直。

2. 臀大肌

臀大肌为髋关节伸肌,收缩活动始于摆动相末期,止于支撑相,即足底全面与地面接触时达到高峰。在摆动相后期臀大肌收缩,其目的在于使向前摆动的大腿减速,约在步行周期85%,大腿的运动方向改变为向后,为下一个步行周期做准备。在支撑相,臀大肌起稳定骨盆、控制躯干向前维持髋关节于伸展位的作用。

3. 髂腰肌

髂腰肌为髋关节屈肌,髋关节于足跟离地至足趾离地期间伸展角度达到峰值(10°~15°)。为对抗髋关节伸展,从支撑相中期开始至足趾离地前,髂腰肌呈离心性收缩,最终使髋关节从支撑相末期由伸展转为屈曲。髂腰肌第二次收缩活动始于摆动相初期,使髋关节屈曲,以保证下肢向前摆动。

4. 股四头肌

股四头肌为全身最大的肌肉,其中股直肌起于髂前下棘,股内侧肌、外侧肌分别起自股骨粗线内、外侧唇,股中间肌起自股骨体的前面;4个头向下形成一腱,包绕髌骨的前面和两侧,往下续为髌韧带,止于胫骨粗隆。作为膝关节强有力的伸肌,股直肌还可屈髋关节。股四头肌的收缩活动始于摆动相末期,至支撑相负重期达最大值。此时作为膝关节伸肌,产生离心性收缩以控制膝关节屈曲度,从而使支撑中期免于出现因膝关节过度屈曲而跪倒的情况。步行周期中,股四头肌的第二个较小的收缩活动见于足跟离地后,足趾离地后达峰值。此时具有双重作用:其一,作为髋关节屈肌,提拉起下肢进入摆动相;其二,作为膝关节伸肌,通过离心性收缩来限制和控制小腿在摆动相初、中期向后的摆动,从而使下肢向前摆动成为可能。

5. 缝匠肌

缝匠肌是全身最长的肌,起于髂前上棘,经大腿的前面,斜向下内,止于胫骨上端的内侧面,作用为屈髋和屈膝关节,并使已屈的膝关节旋内。在支撑相末期和摆动相初期,作用为屈膝、屈髋,在摆动相末期和支撑相初期,使膝关节旋内。

6. 腘绳肌

腘绳肌包括股二头肌、半腱肌、半膜肌,均起于坐骨结节,跨越髋、膝2个关节,分别止于腓骨头、胫骨粗隆内下方及胫骨内侧髁,作用为伸髋屈膝。主要收缩活动始于摆动相末期,足跟着地时达到活动高峰并持续到支撑相。在摆动相末期,作为屈膝肌,腘绳肌离心性收缩使小腿向前的摆动减速,以配合臀大肌收缩活动(使大腿向前摆动减速),为足跟着地做准备。足跟着地时及着地后,腘绳肌又作为伸髋肌,协助臀大肌伸髋,同时通过稳定骨盆,防止躯干前倾。

7.胫前肌

胫前肌起自胫骨外侧面,止于内侧楔骨内侧面和第1跖骨底,作用为伸踝关节(背屈)、使足内翻。足跟着地时,胫前肌离心性收缩以控制踝关节跖屈度,防止在足放平时出现足前部拍击地面的情况。足趾离地时,胫前肌收缩,再次控制或减少此时踝关节的跖屈度,保证足趾在摆动相能够离开地面,使足离地的动作顺利完成。

8.小腿三头肌

小腿三头肌包括腓肠肌和比目鱼肌,起于股骨的内、外侧髁,以跟腱止于跟结节,作用为屈踝关节和屈膝关节。腓肠肌在行走、跑、跳中提供推动力,而比目鱼肌富含慢性、抗疲劳的红肌纤维,主要与站立时小腿与足之间的稳定有关。在支撑相,能固定踝关节和膝关节,以防止身体向前倾斜。

表5-6 Holden步行功能分类

级别	特征	表现
0	无功能	患者不能独立行走,需要轮椅或2人协助才能行走
Ⅰ	需大量持续的帮助	需使用双拐或需要1个人连续不断地搀扶才能行走及保持平衡
Ⅱ	需少量帮助	能行走但平衡不佳,不安全,需1人在旁给予持续的或间断的、接触身体的帮助,或使用矫形器以保持平衡和保证安全
Ⅲ	需监护或言语指导	能行走,但不正常或不够安全,需1人监护或用言语指导,但不接触身体
Ⅳ	平地独立	在平地上能独立行走,但在上下斜坡、在不平的地面上行走,或上下楼梯时仍有困难,需他人帮助或监护
Ⅴ	完全独立	在任何地方都能独立行走

五、粗大动作评测

在进行特殊儿童粗大动作评测时,我们开发了《东莞市康复实验学校粗大动作姿势与运动评测表》,具体见表5-7。

表5-7 《东莞市康复实验学校粗大动作姿势与运动评测表》

项目		反 应			项目		反 应			
仰卧位	追视(度)	无	<90°	>90°	180°	四点支持位	维持状态	可	不可	不稳	稳定
	寻找声源	无	迟钝	缓慢	迅速		姿势状态	不对称		对称	
	蒙脸试验	无	有	拉下毛巾			上肢伸展	左:可 不可		右:可 不可	
	姿势情况	对称		非对称			膝屈曲90°	左:可 不可		右:可 不可	
	角弓反张	有		无			三点支持	不可		可	
	头的位置	居中		扭向一侧			两点支持	不可		可	
	双手抓脚	左:可 不可		右:可 不可			体轴回旋	不可		可	
	自动运动	无	稍有	活跃	对称		兔跳样爬	有		无	
	手到中线	左:可 不可		右:可 不可			交替四爬	不可		可	
							转换至坐位	左:可 不可		右:可 不可	
	翻身至俯卧	左:可 不可		右:可 不可			转换至膝立位	左:可 不可		右:可 不可	
	不随意运动	有		无			维持姿势	不可	不稳	可	稳定
俯卧位	抬头(度)	<45°	>45°	<90°	>90°	膝立位	髋关节伸展	不充分		充分	
	抗重力伸展	可		不可			膝立行走	不可	不稳	可	稳定
	肘支撑	左:可 不可		右:可 不可			转换至单膝	左:可 不可		右:可 不可	
	双手支撑	左:可 不可		右:可 不可			转换至立位	左:可 不可		右:可 不可	
	单手支撑	左:可 不可		右:可 不可			骨盆回旋	左:可 不可		右:可 不可	
	翻身至仰卧位	向左	整体 分离	向右	整体 分离	立位与步行	短暂支持	不可	可	左足	右足
	在床上旋转	左:可 不可		右:可 不可			足尖支持	无	有	左足	右足
	肩胛带情况	正常	内收	外展			立位跳跃	不可	可	左足	右足
	肘爬	左:可 不可		右:可 不可			扶物站立	不可		可	
	腹爬	不可	可	下肢强伸			扶物站起	不可		可	
							独站	不可		可	
	向坐位转换	左:可 不可		右:可 不可			髋关节伸展	不充分		充分	

续表

项目		反应				项目	反应			
坐位	竖颈	不可	可	左倾	右倾	髋关节内收	有	无	左侧	右侧
	坐位姿势	拱背	直腰	自由	W坐	膝关节屈曲	有	无	左侧	右侧
	负荷体重点	坐骨结节		骶髂关节		膝关节伸展	有	无	左侧	右侧
	向俯卧转换	左:可 不可		右:可 不可		立位与步行 单足立	左:可 不可		右:可 不可	
	向四点支持位转移	左:可 不可		右:可 不可		剪刀步态	有	无	左足	右足
	脊柱伸屈	圆背		脊柱后凸	充分	蹒跚步态	有		无	
	脊柱伸屈	无	有	向左	向右	拖曳步态	有	无	左足	右足
	骨盆后倾	有		无		偏瘫步态	有	无	左足	右足
	体轴回旋	不可		可		体重移动	可	不可	左足	右足
	侧坐位	左:可 不可		右:可 不可		足内翻	有	无	左足	右足
	伸腿坐位	不可		可		足外翻	有	无	左足	右足
						扁平足	有	无	左足	右足

(本节撰稿:宣继先)

第三节 | 运动疗法的理论基础与方法概述

在第一章第五节,我们介绍了物理治疗的有关疗法,其中运动疗法(PT)是物理治疗的方法之一,又称为治疗性运动。它是以预防残疾和提高功能障碍者日常生活活动的能力为目的,根据治疗对象的功能状况,利用力学和人体力学原理,应用各种治疗器械和(或)治疗师的手法操作,以及治疗对象自身的参与,通过主动和(或)被动运动的方式,最大限度地提高或改善治疗对象的局部或整体功能,使之满足日常生活需求,回归家庭和社会的一种治疗方法。运动疗法是康复医学的基本治疗方法之一。

一、运动疗法的分类

运动疗法的内容很丰富,分类方法较多,例如,根据动力来源分为主动运动和被动运动;根据能源消耗分为放松性运动、力量性运动和耐力性运动;根据作用部位分为局部运动和整体运动;根据治疗时是否使用器械分为徒手运动疗法和器械运动疗法;根据组织形式分为个人运动治疗和小组运动治疗;根据肌肉收缩的形式分为等张运动、等长运动和等速运动;针对功能障碍的治疗分为关节运动疗法、肌肉运动疗法、平衡运动疗法等。

二、运动疗法的治疗作用

运动疗法的治疗作用主要有以下5个方面。

1. 维持和改善运动器官的形态和功能。运动疗法可以促进血液循环,维持和改善关节活动范围,提高和增强肌肉的力量和耐力。

2. 促进代偿功能的形成和发展,以补偿丧失的功能。

3. 促进器官的新陈代谢,增强心肺功能。

4. 提高神经系统的调节能力,通过运动训练可保持和改善神经系统的兴奋性、灵活性和协调性。

5. 增强内分泌系统的代谢功能,如促进糖代谢,增加骨组织对矿物质的吸收。

三、运动疗法的临床应用

运动疗法的适应范围较广,临床疗效比较满意的有神经系统疾病,如脑血管意外、脑外伤、脑性瘫痪、周围神经损伤等;运动器官疾病,如四肢骨折、脱位、脊柱骨折、关节手术后、颈肩腰腿痛、关节炎、烧伤后瘢痕形成、骨质疏松等;内脏器官疾病,如冠心病、高血压、慢性支气管炎、肺气肿、内脏下垂、消化性溃疡等;代谢障碍性疾病,如糖尿病、高血脂等。

运动疗法应争取在疾病的早期介入,即在生命体征稳定后48小时即可实施,即使是昏迷的病人也可以做些小范围的局部的肢体被动运动,但要掌握好治疗的项目和强度。

四、常用的运动疗法

(一)关节活动技术

该技术主要用于改善和维持关节的活动范围,以利于治疗对象完成功能性活动。常用的方法有:根据是否借助外力分为主动运动、主动助力运动和被动运动3种;根据是否使用器械分为徒手运动和器械运动。

1. 主动运动

常用的主动运动是各种徒手体操。根据治疗对象关节活动受限的方向和程度,可以设计一些有针对性的动作,如:可促进血液循环,具有温和的牵拉作用,能松解舒缓粘连的组织、牵拉挛缩不严重的组织,有助于保持和增强关节活动度的动作。

2. 主动助力运动

主动助力运动亦称辅助主动运动,主要应用于不能自主关节活动或活动范围达不到正常值的治疗对象。常用的有器械练习和悬吊练习。

3. 被动运动

被动运动是以维持正常或现存关节活动范围和防止挛缩、变形为目的,无须肌肉主动收缩参与运动,而借助他人、器械或自我肢体辅助来完成的训练方法。通常用于全身或局部肌肉麻痹,或肌肉无力的病人,如截瘫、偏瘫病人等。根据力量来源分为两种,一种是由治疗师完成的被动运动,如关节松动术;一种是借助外力由治疗对象自己完成的被动运动,如关节牵引等。持续的被动活动是利用机械或电动活动装置,使肢体进行持续的、无疼痛的被动活动。它可以缓解疼痛,改善关节活动范围,防止组织粘连和关节僵硬,消除手术和制动带来的并发症。常用的有各关节专用的持续被动活动器。

被动关节活动的训练应注意,一般每次只针对一个关节,在该关节现存的最大活动范围内进行缓慢、平滑的活动,并在末端做一短暂停留。每个运动方向一般做3~5次,每日早晚各1次,但对那些活动范围有受限趋势的关节应增加次数。

(二)关节松动技术

该技术是指治疗者在关节活动允许的范围内完成的一种针对性很强的手法操作技术,它利用关节的生理运动和附属运动活动治疗对象的关节,维持或改善关节活动范围、缓解疼痛,类似于我国传统医学的手法治疗,但在理论体系、手法操作及临床应用中均有较大的区别,常用的手法包括关节的牵引、滑动、滚动、挤压、旋转等。

1.手法等级

关节松动技术将操作时的手法分为4级。

Ⅰ级:治疗者在关节活动的起始端,小范围、节律性地来回推动关节。

Ⅱ级:治疗者在关节活动允许的范围内,大范围、节律性地来回推动关节,但不接触到关节活动的起始端和终末端。

Ⅲ级:治疗者在关节活动允许的范围内,大范围、节律性地来回推动关节,每次均接触到关节活动的起始端和终末端。

Ⅳ级:治疗者在关节活动的终末端,小范围、节律性地来回推动关节,并能感觉到关节周围软组织的紧张。

2.治疗作用

主要表现在3个方面,即缓解疼痛、改善关节活动度、增强本体反馈。

(三)软组织牵伸技术

牵伸或称牵张,是指拉长挛缩或短缩软组织的治疗方法,其目的主要为改善或重新获得关节周围软组织的伸展性,降低肌张力,增强或恢复关节的活动范围,防止发生不可逆的组织挛缩,预防或降低躯体在活动或从事某项运动时出现的肌肉、肌腱损伤。

(四)肌力训练技术

肌力是肌肉在收缩时所表现出来的能力,以肌肉能够承受的重量来表示。肌肉做最大收缩时产生的最大张力,称为肌肉的绝对肌力。影响肌力大小的因素有肌肉的横截面、肌纤维的走向与肌腱长轴的关系,肌肉收缩的初长度,支配肌肉的神经元的募集,肌肉收缩时产生的杠杆作用等。

肌力训练是根据超量负荷的原理,通过肌肉的主动收缩来改善或增强肌肉的力量。增强肌力的方法很多,根据肌肉的收缩方式可以分为等张运动和等长运动;根据是否施加阻力分为非抗阻力运动和抗阻力运动,非抗阻力运动包括主动运动和主动助力运动,抗阻力运动包括等张性(向心性、离心性)、等长性和等速性抗阻力运动。

1. 非抗阻力运动

当肌力为1、2级时,多用主动助力运动,由治疗师帮助治疗对象运动,或利用简单装置将患肢悬吊后在水平面上进行运动训练,助力来自治疗师徒手施加或其他重物施加。而当肌力为3级或以上时,可让治疗对象将需训练的肢体放在抗重力的位置上,进行主动运动。

2. 抗阻力运动

抗阻力运动是克服外加阻力的主动训练方法,多用于3级及以上肌力的治疗对象。根据收缩的类型又分为抗等张阻力运动、抗渐进阻力运动、抗等长阻力运动和等速运动。

(1)抗等张阻力运动

又称动力性运动。肌肉在抵抗阻力收缩时,长度缩短或被拉长,关节发生运动。该项运动常以自身体重作为负荷徒手进行,如俯卧撑、下蹲起立、仰卧起坐等运动;或用器械,如沙袋、哑铃、墙壁拉力器或专用肌力练习器。这些方法常用于4级或4级以上肌力训练。其训练重量大、重复次数少,有利于发展肌力;而重量中等,重复次数多则有利于发展肌肉耐力。

(2)抗渐进阻力运动

也称渐进抗阻力运动。该运动方式是先测出待训练肌肉连续10次紧张收缩所能承受的最大负荷,然后施以适合频次和负荷量的运动,从而达到修正实际负荷量,使其随肌力的增长而增加的目标。

(3)抗等长阻力运动

也称静力性运动。该运动的原理是肌肉在对抗过大的阻力进行无关节运动的收缩时,肌肉没有明显的缩短,但其内部张力很大,由此能产生力量。

(4)等速运动

又称为可调节抗阻力运动、恒定速度运动,它是利用器械提供的可变的顺应性阻力,对拮抗肌进行往返运动训练,使其平衡发展。

肌肉运动训练是训练肌群,所以要选择适当的训练方法,掌握好运动量,注意根据治疗对象的全身状况(尤其是心血管系统状况)和局部状况,及时调整阻力。

(五)神经生理治疗技术

常用的有神经发育疗法和运动再学习技术。

神经发育疗法是20世纪40年代开始出现的治疗脑损伤后肢体运动障碍的方法,其典型代表为Bobath技术、Brumstrom技术、Rood技术、PNF技术,这些技术具有以下共同特点。

1.治疗原则

以神经系统作为治疗的重要对象,将神经发育学、神经生理学的基本原理和法则应用到脑损伤后运动障碍的康复治疗之中。

2.治疗目的

把治疗与功能活动特别是ADL结合起来,让患者在治疗环境中学习动作,在实际环境中使用已经掌控的动作并进一步发展技巧性动作。

3.治疗顺序

按照从头到尾,从近端到远端的顺序治疗,将治疗变成学习和控制动作的过程。在治疗中强调先做等长练习,后做等张练习;先练习离心性控制,再练习向心性控制;先掌握对称性运动模式,后掌握不对称性运动模式。

4.治疗方法

应用多种感觉刺激,包括躯体、语音、视觉等,并认为重复强化训练对动作的掌握、运动的控制及协调具有十分重要的作用。

(六)恢复平衡能力的训练技术

恢复平衡能力的训练技术是通过在各种体位姿势训练静态、动态平衡能力,使治疗对象能自动调整维持姿势。

1.基本原则

平衡训练的基本原则是从最稳定的体位通过训练逐步过渡到最不稳定的体位;从静态平衡过渡到动态平衡,逐步加大难度。也就是说,逐步缩减人体支撑面积,逐步提高身体重心,并从睁眼训练提高到闭眼训练。静态平衡是基础,主要依赖于肌肉的等长收缩和关节两侧肌肉的协同收缩完成。

2.训练方法

(1)坐位平衡训练

主要是提高头和躯干的平衡控制能力,包括横向式和纵向式。横向式:儿童坐位,治疗师坐于儿童一侧,诱导其躯干向一侧倾斜;纵向式:儿童坐位,治疗师坐于其前方,诱导其重心逐步前后移动,消除其身体前移怕摔倒的恐惧心理。

(2)跪位平衡训练

要求儿童双膝跪位,治疗师站于其后侧,双手置于骨盆两侧,训练儿童维持平衡,或诱导儿童身体重心横向移动。跪位平衡训练较坐位平衡重心提高,支撑面积也减小,增加躯干与骨盆的平衡控制能力。若儿童双膝跪位平衡维持稳定后,可开展单膝跪位动态平衡训练,即另一侧下肢上下抬起。

(3)立位平衡训练

可分为立位静态和动态平衡训练、双足或单足的平衡训练等。要求儿童双足于站立位,治疗师保护并引导其持重反应的出现,训练其身体重心横向或纵向转移。也可让儿童立于平衡板或平衡训练测试仪上,训练其身体重心向各个方向的转移,并逐渐过渡到单足立位平衡训练。

(七)恢复步行能力的训练技术

步行是一个立位动态平衡姿势的维持过程,它需要全身各个部位协调运动,从而达到由失去平衡到重获平衡的目的。

1.平行杠内的训练

首先利用平行杠进行站立训练,然后练习重心转移,逐渐过渡到进行杠内步行训练。杠内步行训练主要有四点步行、二点步行、拖步训练、摆至步、摆过步等方法。

2.拐杖辅助步行训练

常用的拐杖有腋拐、肘拐、手杖(如四脚手杖、三脚手杖)等。利用拐杖进行步行训练时,要具有较好的平衡能力和上肢支撑能力,一般要经过平行杠内基本动作训练后方可进行。常见的拐杖辅助步行训练有拄拐迈过步训练、拄拐三点步行训练等。

(八)牵引疗法

该疗法是运用力学中作用力与反作用力的原理,通过外力对身体某一部位或关节施加牵引力,使其发生一定的分离,周围软组织得到适当的牵伸,从而达到治疗的目的。

(九)游戏活动

采用上述相关方法理论,通过主题游戏模式促使治疗对象能够主动参与,从而达到主动运动模式,提高教育康复的目的。

五、运动疗法常用设备与治疗处方

(一)运动疗法常用设备

运动疗法除徒手治疗外,大部分治疗离不开器械,且种类颇多。有单一功能的简单器械,也有多功能的综合性的器械。近年来,随着计算机技术的普及,许多多功能的、计算机控制的运动治疗设备在康复医学领域得到应用。运动疗法常用的简单器械有肩关节练习器、肩梯、滑轮吊环、肋木、墙壁拉力器、前臂旋转屈伸练习器、悬吊牵引架、电动站立床、站立架、股四头肌练习器、三项楼梯、平衡杠、坐式踏步器等；常用的多功能电脑控制的运动疗法设备有平衡功能训练检测系统、带电脑跑台的减重步态训练器、多功能运动训练组合系统等。

(二)运动疗法治疗处方

康复医师(治疗师)对接受运动治疗的儿童进行功能评定后，为其选择治疗项目、设定运动量和运动时间等称之为运动治疗处方。运动治疗处方应包括运动治疗项目、运动治疗量和运动治疗的注意事项。

1.运动治疗项目

根据运动疗法的目的可分为耐力性项目、力量性项目、放松性项目、矫正性项目等；具体针对儿童可分为关节活动度运动训练、恢复步行能力训练等治疗项目；再进一步细化，如关节活动度运动训练，可详细至肩、肘、腕、手、髋、膝、踝等关节的被动或主动运动训练等小项目上。另外还可按是否应用器械设备等分类。

2.运动治疗量

运动治疗量与运动治疗的强度、时间、频度有关。在运动治疗处方中，这3个方面的内容都应标明。运动强度最为重要，确定的指标有心率、机体耗氧量、代谢当量和主观感觉，心率应标明允许达到的最高心率和适宜心率。治疗时间是指一次运动治疗的总时间，可分为准备、练习和结束3个部分。频度是指每周、每日进行运动治疗的次数。

3.运动治疗的注意事项

首先要掌握好适应证，为不同儿童选择不同的运动治疗方法才能保证疗效；其次是注意循序渐进，内容由少到多，程度从易到难，运动量由小到大；再次是持之以恒，运动疗法大部分项目需要经过一段时间后才能显效，只有坚持治疗才能积累治疗效果；最后是在运动治疗的实施过程中要定时评定，及时调整治疗方案，然后继续实施，再评定、再实施，直至方案结束，达到预定目标为止。

第四节 | 特殊儿童粗大运动康复游戏活动设计

游戏活动是基于生活和能力发展需要而产生的有意识的模拟活动，可有效激发特殊儿童进行粗大运动训练的积极性，并有针对性地训练特殊儿童的肌力、耐力、关节活动度、平衡、协调性等，促进特殊儿童翻身、坐、爬、站、走、跑、跳等粗大运动的发展。

一、头部控制训练游戏

(一)"对对碰"

适用对象：低年级段脑瘫儿童。

游戏准备：会发声和发光的小玩具或小球、手扎、斜垫。

游戏目的：训练儿童抬头的高度与保持的能力。

游戏方法：

1. 治疗师拿出小玩具玩耍，用比较夸张的动作与表情吸引儿童的注意，提高其主动参与活动的兴趣。

2. 根据儿童的能力，治疗师请助手(或家长)在儿童双肘支撑或双臂支撑的姿势下抬头碰撞小玩具，让玩具发声、发光。

3. 治疗师协助儿童保持双肘支撑或双臂支撑的姿势，然后在儿童前面用玩具引导儿童抬头。每保持一定时间给予儿童奖励。

4. 以2名儿童(或儿童与治疗师)竞赛的形式开展，治疗师根据儿童抬头的高度与保持时间的长短进行相应的奖励。

注意事项：

1. 根据儿童的能力情况选择双肘支撑或双臂支撑(手扎、斜垫辅助)。

2. 让儿童的双手掌打开避免拇指内收。

3. 支撑时尽量骨盆紧贴垫子，头与躯干处于同一中线上。

4.做支撑动作时要注意力的重心,肩要在肘或手掌的前方。

5.当儿童完成任务时及时强化鼓励。

(游戏设计者:李福恒)

(二)"钓鱼游戏"

适用对象:低年级段脑瘫儿童。

游戏准备:钓鱼玩具1套、奖励物若干、运动软垫。

游戏目的:儿童仰卧位时能左右摆动头部;儿童头部能主动前屈并能左右转动。

游戏方法:

1.游戏前,治疗师被动活动儿童相关关节,如头部被动地左右转动、前屈;四肢关节的被动屈伸与放松。

2.儿童仰卧位,治疗师双手辅助其主动左右转头;或一手托儿童头部辅助儿童抬头,一手拿玩具并左右移动玩具让儿童主动转动头部。

3.儿童仰卧位,治疗师手拿玩具在儿童眼前晃动,要求其眼睛跟随玩具的移动进行左右转动头部的训练,必要时可以给予辅助。

4.儿童仰卧位,治疗师把玩具鱼贴在儿童额头上,一手拿磁铁钓竿与儿童玩钓鱼游戏。治疗师一手引导儿童抬头,一手控制儿童头部上、下、左、右移动;治疗师摆动钓竿让儿童转动头部,不让小鱼被钓到。

5.游戏结束后,治疗师简单地按摩放松儿童头部、颈部等部位的肌肉。

注意事项:

1.游戏前要摆正儿童身体,确保儿童的头与躯干在同一中线上。

2.游戏前做好肢体放松活动。

3.在辅助儿童进行头部运动时力量要柔和、时间要恰当。

4.当儿童完成任务时及时强化鼓励。

(游戏设计者:宣继先)

二、翻身训练游戏

(一)"柿饼游戏"

适用对象：低年级段脑瘫儿童。

游戏准备：放大的柿饼图片、双面胶、奖励物(柿饼)、运动软垫。

游戏目的：儿童能从仰卧位翻身为俯卧位；儿童能从俯卧位翻身为仰卧位。

游戏方法：

1. 儿童在运动软垫上模仿治疗师的动作做简单的热身活动；家长配合儿童完成头部、肩部、腰部和腿部的模仿动作。

2. 出示图片，导出活动：

治疗师："小朋友，你知道这是什么吗？"儿童："柿饼。"

治疗师："你们爱吃不？我们今天就一起来玩柿饼游戏。"

3. "柿饼游戏"：治疗师动作示范——仰卧位，图片用双面胶贴到胸前衣服上，动作分解从仰卧位翻身为俯卧位；然后将图片贴到背部，动作分解从俯卧位翻身到仰卧位。儿童动作训练——指导家长正确辅助儿童完成。

4. 活动结束后，指导家长用揉、滚法按摩儿童后背，放松儿童的肢体。

注意事项：

1. 游戏前和游戏后要做好肢体热身与放松的活动。

2. 游戏过程中，一般左右各翻身3~5次为一组，每次完成5~8组。

3. 视儿童的表现，及时强化鼓励。

另可参考微课V5-1"压柿饼"(制作：李福恒)。

微课V5-1

(游戏设计者：李福恒)

(二)"翻滚比赛"

适用对象：低年级段脑瘫儿童。

游戏准备：强化物、运动软垫。

游戏目的：儿童能左、右连续翻身。

游戏方法：

1.活动全身各关节，做好训练的热身准备。

2.治疗师："小朋友，今天我们玩个游戏，看看哪个小朋友翻身最快。"治疗师讲解并示范：仰卧位，先向左侧翻滚，翻滚时，左手伸直举高过头顶，右脚搭在左脚上，右手及身体用力向左侧翻滚。右侧翻滚的方法相反。儿童在家长的辅助下进行练习，治疗师给予指导。

3.分组比赛：组织儿童2人一组进行比赛，从运动软垫的一端连续翻身到另一端，到终点后再反方向连续翻滚回来，奖励翻得快的儿童。

4.活动结束后，指导家长放松儿童的肢体。

注意事项：

1.家长根据儿童的能力可以适当给予辅助。

2.注意保护儿童脊椎，动作不宜太快太用力。

（游戏设计者：李福恒）

三、坐位平衡训练游戏

（一）"抛接球"

适用对象：低、中年级段脑瘫儿童。

游戏准备：足球、凳子、椅子。

游戏目的：增强儿童坐位平衡和手眼协调能力。

游戏方法：

1.儿童保持稳定的坐姿：双脚踏实，躯干挺直。

2.儿童保持坐稳，向前伸直双手接住抛来的足球，调整坐姿，再把球抛给前面的老师或家长（可以改变距离和方向），最后慢慢伸直腰坐好，准备下回同样的动作。

3.每组训练8~10个动作，每次可以训练3~5组。

4.2个儿童一组进行面对面的游戏训练。

注意事项:

1.儿童保持坐位时双脚一定要踏实固定。

2.能力较差者,家长可以在后面固定其骨盆。

3.当儿童完成任务时及时强化鼓励。

(游戏设计者:宣继先)

(二)"时钟游戏"

适用对象:低年级段脑瘫儿童。

游戏准备:数字贴片(3,6,9,12)、自制时钟玩具1个、奖励的物品(强化物)、运动软垫。

游戏目的:儿童能在运动软垫上保持坐位时向左或向右转动身体。

游戏方法:

1.儿童做好准备活动,主要是四肢关节的屈伸活动和躯干的旋转训练。

2.出示时钟玩具,导入活动。

治疗师:"小朋友,你知道这是什么吗?"儿童:"时钟。"

治疗师:"对了,这个时钟比较特别,有一个小动物坐在时针上,它会随着时针的转动指向不同的数字,接下来我们也玩玩这样的游戏,好吗?"

儿童:"好。"

3.开始游戏:治疗师进行动作讲解并示范,然后指导家长辅助儿童练习动作(顺时针、逆时针各1次)。治疗师将数字贴片围绕儿童贴在运动软垫上,然后拿着时钟转动时针,要求儿童按照时针的指向转动身体,儿童转到相应的数字贴片处时,治疗师给予奖励。

4.拓展游戏:治疗师/家长坐在儿童前面,儿童双手搭在治疗师/家长的肩部,儿童随治疗师/家长转动身体而转动身体。

5.活动结束后,指导家长放松儿童的肢体。

注意事项:

1.儿童保持坐位时双脚一定要踏实固定。

2.能力较差者,家长可以在后面固定骨盆。

(游戏设计者:宣继先)

(三)"不倒翁"

适用对象:低年级段脑瘫儿童。

游戏准备:直径30 cm的巴氏球、奖励的物品、运动软垫。

游戏目的:儿童能通过双手支撑坐稳;能通过单手支撑坐稳。

游戏方法:

1.儿童做好准备活动,主要是活动髋、膝关节;进行手掌、手腕的灵活度和力量的练习,如手掌的张开和挤压。

2.儿童坐在运动软垫上,双腿尽量伸直打开,家长辅助儿童坐好。儿童的双手根据治疗师的指令变换位置:双手伸直撑在两腿之间、大腿两侧或后方的垫子上,儿童坐稳后,家长尝试撤开辅助,让其维持的时间尽量长些。

3.开始游戏:当儿童双手放在前面支撑坐时,治疗师从儿童背后用球往前推;当儿童双手放在后面支撑时,治疗师从前面用球推儿童的胸腹部。比一比,看看谁坐得最稳,不被推倒。

4.拓展游戏:治疗师或家长与儿童两人靠近坐好,治疗师或家长从不同方向碰撞儿童,看看谁能坚持撞不倒。治疗师或家长可以刻意失败让儿童产生一定的成就感。

5.活动结束后,指导家长放松儿童的肢体。

注意事项:

1.儿童双手从身后支撑时,双臂打开的间隔要比肩稍宽,身体后仰的幅度不宜太大,一般手臂和身体的角度在30°较合适。

2.视儿童的表现,及时强化鼓励。

(游戏设计者:宣继先)

四、坐立训练游戏

(一)"我是投球小能手"

适用对象:低年级段脑瘫儿童。

游戏准备:筐子(篮子)、波波球、凳子。

游戏目的:增强儿童站立平衡能力,提高坐与站之间的转换能力。

游戏方法:

1. 训练前的准备活动和用具摆放:儿童安稳地坐在凳子上,腰挺直,治疗师在儿童旁边及前方分别放置1个装有波波球的筐子和1个空筐子。如图5-2所示。

图5-2

2. 儿童手拿一个波波球,独自从凳上站起,调整好站姿,然后把球投入前方的空筐里,循环开展该动作训练。如图5-3所示。

3. 每投5个球为一组,每次可以训练5~8组。

4. 2人一组进行游戏竞赛,同时间内看谁投进筐子里的球最多。

注意事项:

1. 儿童的屁股要坐在凳子的适当位置,一般为凳子的前1/3处(保持身体重心前移,做好姿势转移的前期准备)。

图5-3

2. 根据儿童的能力可以调整筐子的距离。

3. 坐与站的转换时,要注意按步骤进行。

4. 视儿童的表现,及时用强化物予以鼓励。

(游戏设计者:李福恒)

(二)"风火球"

适用对象:低年级段脑瘫儿童。

游戏准备:篮球、高脚凳子。

游戏目的:增强儿童的坐位平衡能力,提高下肢活动能力。

游戏方法:

1.训练前的放松和准备活动:首先进行"头发肩膀膝盖脚"身体音阶操练习,然后左右各完成一次团团转。

2.治疗师示范动作并指导:儿童双手抓住凳边,腰挺直,双脚踩在篮球上,向右绕圈滚动篮球。滚动时脚不能踏地,左右交替进行,完成左右各1圈为1组,可以训练5~8组。如图5-4、图5-5所示。

图5-4   图5-5

3.2名儿童一组进行游戏竞赛,看谁转1圈的用时最短。

4.训练后进行放松活动:跺脚、拍拍腿。

注意事项:

1.训练时保持腰挺直,对于能力弱的儿童,家长可以在背后辅助其进行。

2.视儿童的表现,及时强化鼓励。

另可参考微课V5-2"风火轮"(制作:李福恒)。

(游戏设计者:李福恒)

(三)"踩球射门"

适用对象：低、中年级段脑瘫儿童。

游戏准备：排球(软的)、小龙门、凳子。

游戏目的：增强儿童的坐位平衡能力，提高下肢活动能力。

游戏方法：

1.训练前的放松和准备活动：首先进行"头发肩膀膝盖脚"身体音阶操练习，然后左右脚交替搓地。

2.治疗师示范动作并指导儿童：儿童双手抓住凳边，腰挺直，左脚踏实地，屈曲右脚轻踩球，然后用力伸直右脚把球推进前面的龙门。右脚完成后，同样的动作用左脚进行训练。左右各完成5个为一组，可以训练5~8组。如图5-6、图5-7所示。

图5-6　　　　图5-7

3.2人一组进行游戏竞赛，看谁同一时间内进球最多。

4.训练后进行放松活动：踩脚、拍拍腿。

注意事项：

1.儿童在进行一侧下肢训练时，另一侧要屈曲踏实地，避免连带动作的发生。能力较弱者家长可以在背后辅助其完成。

2.视儿童的表现，及时强化鼓励。

(游戏设计者：李福恒)

(四)"萝卜蹲"

适用对象:低、中年级段脑瘫儿童。

游戏准备:不同颜色的萝卜头饰、凳子、椅子。

游戏目的:增强儿童蹲与站立之间的转换能力。

游戏方法:

1.3个或3个以上的儿童为一组训练,保持稳定的站立位(不能独站的可以扶站);头上戴着不同颜色的萝卜头饰。

2.老师发出指令"红萝卜蹲,红萝卜蹲"时,戴着红萝卜头饰的儿童就要深蹲,保持3~5秒后站起,同时老师检查并指正儿童动作,然后再发出下一个指令。

3.每组训练8~10个动作,每次可以训练3~5组。

注意事项:

1.儿童深蹲时两膝盖要保持分开,避免踝关节内、外翻。

2.视儿童的表现,及时强化鼓励。

(游戏设计者:李福恒)

(五)"我是一个钟"

适用对象:低、中年级段脑瘫儿童。

游戏准备:筐子、波波球、凳子。

游戏目的:增强儿童坐位和肢体活动的能力。

游戏方法:

1.训练前的放松准备和用具摆放:儿童安稳地坐在凳子上,腰挺直,以儿童为圆心,在1~12点方向各放置一个筐子。

图5-8

2.儿童从1点开始,在维持坐位的前提下把波波球投到1点筐里,投中才能转动身体继续投下一个筐。如图5-8所示。

3. 每完成 1 圈为一组，每次可以训练 3~5 组。

4. 2 人一组进行游戏竞赛，看谁投完 1 圈用时最少。

注意事项：

1. 儿童的屁股要坐在凳子的适当位置，一般为凳子的前 1/3 处。

2. 根据儿童能力，可以调整筐子的距离。

3. 儿童转动身体时避免连带动作的发生。

4. 视儿童的表现，及时强化鼓励。

（游戏设计者：李福恒）

五、跪立位训练游戏

（一）"送小球回家"

适用对象：低、中年级段脑瘫儿童。

游戏准备：地垫、脚印垫、置球架、小球、橡胶圈。

游戏目的：儿童进行单腿跪位训练，促进下肢动作分离，提高下肢动作的协调稳定性和骨盆的控制能力，增强儿童的姿位转换能力。

游戏方法：

1. 准备活动：单抬腿、抬手练习。

2. 儿童在地垫上呈跪姿，前面并排放置 2 个脚印垫，脚印垫距离儿童膝盖 0.3 m 左右，两个脚印垫之间距离 0.4 m 左右，保证儿童单脚抬起时脚底可平放在脚印垫上。

3. 儿童保持单腿跪姿，左右两脚交替平放在脚印垫上后收回。每交替一次算 1 组，每次可做 5~8 组。

4. 儿童跪姿，治疗师在其前方脚提起可触碰的位置放 1 个小球，小球前方放 1 个立起来的橡胶圈。儿童在左腿跪姿的情况下，用右腿将小球踢入橡胶圈。每成功将小球踢入橡胶圈 1 次算 1 组，每次可做 5~8 组。

5.儿童左腿跪姿,用右腿多次踢球,把小球踢至指定位置后,把小球捡起放在球架上。可训练将5~8个小球用同样的方式放回球架上。

注意事项:

1.游戏时,儿童全程保持躯干挺直。

2.视儿童的表现,及时强化鼓励。

另可参考微课V5-3"摘小球"(制作:李福恒)。

微课V5-3

(游戏设计者:李福恒)

(二)"跪行推物"

适用对象:低、中年级段脑瘫儿童。

游戏准备:滚筒、地垫、大龙球。

游戏目的:增强儿童的骨盆控制能力,提高跪行和肢体协调的能力。

游戏方法:

1.训练前的放松和准备活动:仰卧位做"头发肩膀膝盖脚"身体音阶操练习。

2.儿童直跪位(根据其能力,较弱的用滚筒,较强的用大龙球),双手按住滚筒或大龙球跪行向前推,到垫子终点折路返回。往返为一组,可以训练5~8组。如图5-9、图5-10所示。

图5-9 　　　　图5-10

3.训练后进行放松活动:拍拍腿,做后仰牵伸练习。

4.2人一组进行游戏竞赛,看谁完成1组训练的用时较短。

注意事项:

1.儿童跪行时,保持躯干挺直,避免骨盆屈曲,双手始终按着滚筒/大龙球,双腿交替前行。

2.视儿童的表现,及时强化鼓励。

(游戏设计者:李福恒)

(三)"开火车"

适用对象:低、中年级段脑瘫儿童。

游戏准备:运动软垫、塑胶圆圈、强化物。

游戏目的:儿童能独自向前和倒退跪行5~10 m。

游戏方法:

1.准备活动:儿童在运动软垫上仰卧位下主动或被动活动四肢关节,做好跪行练习的准备。

2.游戏活动:

活动一"小火车前进":儿童双手握圆圈向前跪行。治疗师示范动作要领,然后指导儿童握圈跪行练习,引导儿童双膝交替前进。能力较弱者,由辅助者一起握着圆圈跪行前进,并帮助儿童双膝交替跪行。如图5-11所示。

活动二"倒车请注意":治疗师示范动作要领,然后指导儿童利用上肢摆动协助下肢交替往后退行。能力较弱者,可由家长辅助其完成动作训练。

图5-11

活动三"小火车比赛":2人一组,从运动软垫的一端手握圆圈跪行到软垫的另一端,然后放下圆圈,后退跪行回来。最快到达终点的,治疗师给予奖励。

3.活动结束后,指导家长放松儿童的肢体。

注意事项:

1.跪行时,儿童的躯干要挺直,避免骨盆屈曲、前倾。

2.跪行时,注意身体重心的有效转移,确保双膝要交替前进。

(游戏设计者:李福恒)

(四)"我会螃蟹走"

适用对象:低、中年级段脑瘫儿童。

游戏准备:运动软垫、PT床、小彩旗、强化物。

游戏目的:儿童能独自扶物向左、右侧跪行5~10 m。

游戏方法:

1.准备活动:儿童在治疗师的带领和指导下进行肢体活动,做好热身的准备。

2.游戏活动:

活动一:"学习左右跪行"。治疗师示范双手扶PT床向左、右跪行,然后指导儿童双手扶床练习跪行,引导儿童正确进行躯干重心的转移。能力较弱者,由辅助者提示或接触身体辅助其进行训练,并帮助儿童摆动躯干进行左右跪行。

图5-12

活动二:"抢彩旗比赛"。2人一组,开始时,在PT床两端各插一根旗子,2名儿童从中间分别向左、右侧跪行去拿。最快拿到旗子的,给予适当奖励。然后,在一排PT床的中央插一根旗子,让儿童从两端向中心跪行,拿到旗子的儿童都给予奖励。如图5-12、图5-13所示。

图5-13

3.活动结束后,指导家长放松儿童的肢体。

注意事项:

1.跪行时,儿童的躯干要挺直,尽量避免躯干代偿。

2.跪行时,注意身体重心的有效转移,确保双膝要尽量分开。

(游戏设计者:李福恒)

六、拉伸肌肉训练游戏

(一)"我会像小鸟飞"

适用对象:低年级段脑瘫儿童。

游戏准备:凳子、坐姿椅。

游戏目的:引导儿童放松胸部肌肉张力,增强躯干的挺直能力。

游戏方法:

1.儿童坐到椅子前2/3的位置,挺胸收腹(图5-14所示),双手放在背后,与治疗师十指紧扣,肩胛骨尽量往中间挤压,挺直胸膛,保持15秒。如图5-15所示。

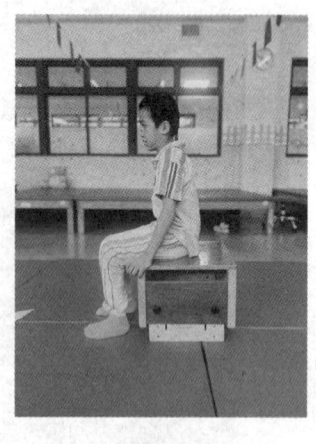

图5-14    图5-15

2.保持第一项动作的姿势,身体稍微向前倾,双手尽量向上抬高,保持10秒。然后,慢慢地恢复到原来的姿势。

3.分小组进行比赛,比一比维持时间的长短,提高儿童训练的积极性。

注意事项：

1.儿童保持姿势时要注意两脚踏实,屁股不移动。

2.尽量收腹,腰部后仰。

3.视儿童的表现,及时强化鼓励。

(二)"我的身体也能往前屈"

适用对象：低年级段脑瘫儿童。

游戏准备：木箱凳、大龙球。

游戏目的：缓解儿童背部肌肉张力,抑制"身体弓张反射"。

游戏方法：

1.儿童坐在木箱凳上,双手十指紧扣放在胸前,慢慢地调整呼吸；头部向下,收紧下巴,闭上双目,手腕尽量向前伸,拉伸头部、肩膀、背部、腰部的肌肉。

2.儿童保持第一项动作的姿势,进行深呼吸；然后一边把紧合的手掌向外翻转,一边慢慢地呼气,尽量把身体向前伸展；最后慢慢放松身体,再重复。

3.动作保持时双手尽量向前触到前面的大龙球。

4.分小组进行比赛,比一比维持时间的长短,提高儿童训练的积极性。

注意事项：

1.儿童保持姿势时要注意两脚踏实,屁股不移动。

2.可以让儿童闭上眼睛,更好地放松。

3.视儿童的表现,及时强化鼓励。

七、体能训练游戏

(一)"开火车"

适用对象：低、中年级段脑瘫儿童。

游戏准备：地垫、塑胶圆圈、《开火车》儿歌。

游戏目的：增强儿童跪行和跨越障碍物的能力。

游戏方法：

1. 训练前的热身和准备活动：儿童仰卧位做"头发肩膀膝盖脚"身体音阶操练习。

2. 2个儿童一组，并排直跪位，双手伸直抓住圆圈，随着儿歌《开火车》一步步向前跪行，到地垫终点后折路返回。1个来回为1组，可以训练5~8组。

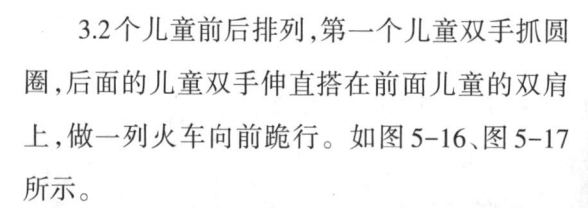

3. 2个儿童前后排列，第一个儿童双手抓圆圈，后面的儿童双手伸直搭在前面儿童的双肩上，做一列火车向前跪行。如图5-16、图5-17所示。

4. 训练后放松活动：拍拍腿，做后仰牵伸练习。

图5-16

图5-17

注意事项：

1. 跪行时，儿童保持躯干挺直，避免骨盆屈曲，双手始终伸直抓住圆圈，双腿交替前行。

2. 视儿童的表现，及时强化鼓励。

（二）"小马驮米"

适用对象：低、中年级段脑瘫儿童。

游戏准备：沙袋、训练垫、楔形垫、滚筒、置物架。

游戏目的：增强儿童跪行和跨越障碍物的能力。

游戏方法：

1. 热身活动：肢体协调操。

2. "四爬"动作要领：儿童手膝跪位，向前"四爬"时，左手、右脚向前，摆动胯部，右手、左脚固定支撑；右手、左脚向前，摆动胯部，左手、右脚固定支撑。轮流交替动作。

3. "小马驮米"游戏：儿童身上绑上沙袋，从训练垫的一端，按照"四爬"的动作,越过楔形垫、滚筒等障碍,把沙袋运送到置物架上。

注意事项:

1.爬行和跨越时避免儿童出现兔跳等连带动作。

2.视儿童的表现,及时强化鼓励。

另可参考微课V5-4"小马驮米"(制作:李福恒)。

微课V5-4

(三)"翻山越岭"

适用对象:低、中年级段脑瘫儿童。

游戏准备:地垫、楔形垫、滚筒、小红旗。

游戏目的:增强儿童的骨盆控制能力,提高独自跪行的能力。

游戏方法:

1.训练前的热身和准备活动:儿童仰卧位做"头发肩膀膝盖脚"身体音阶操练习。

2.治疗师在地垫上用楔形垫、滚筒等设置障碍物,并在地垫的另一端插上小红旗。2个儿童一组,通过四点爬行、跨越等动作穿过所有障碍物,看谁最快到达终点拿到小红旗。可以组织5~8次的训练。如图5-18、图5-19所示。

图5-18    图5-19

3.训练后进行放松活动:拍拍腿,做后仰牵伸练习。

注意事项:

1.爬行和跨越时避免儿童出现兔跳等连带动作。

2.视儿童的表现,及时强化鼓励。

第六章

精细动作康复游戏设计

儿童的动作发展顺序经历了从整体到分化、从大肌肉到小肌肉的过程。小肌肉的动作一般是指手部的活动,包括手眼协调、指尖动作和手指伸展等局部运动,即精细动作。精细动作能力的发展与儿童大脑发育有着密切的关系,它是儿童智力发展和认知发展的前提条件,在儿童生活技能和学习技能的发展中起着至关重要的作用。

本章将在简要阐述精细动作基本理论、特殊儿童精细动作障碍的基础上,介绍运用游戏对特殊儿童开展精细动作训练的方法。

第一节 | 特殊儿童精细动作功能障碍概述

儿童精细动作的发展程度反映了其神经系统发育的成熟度,它也是评价儿童智能发展的重要指标之一。儿童良好的抓、握、拍、打、写、画等动作,均为精细动作发展的结果。与普通儿童相比,特殊儿童在精细动作发展方面有较大差异,直接影响其生活自理能力、社会适应能力和学习的质量。

一、精细动作的定义与基本理论

心理学、特殊教育学等领域的学者普遍认为精细动作是指手部的活动,但也均有具体的表述。例如:北京师范大学心理学院李蓓蕾教授等人,以及北京市崇文区妇幼保健院孔亚楠等人均借鉴国外学者佩恩(Gregory Payne)等人的观点,认为精细动作能力指个体主要凭借手以及手指等部位的小肌肉或小肌肉群的运动,在感知觉、注意等多方面心理活动的配合下完成特定任务的能力,它不仅是个体早期发展的重要方面,而且是个体其他方面发展的重要基础。[1][2]

---

[1] 李蓓蕾,等.儿童精细动作能力的发展及与其学业成绩的关系[J].心理学报,2002,34(5):494.
[2] 孔亚楠,等.1~3岁儿童精细动作发育调查及影响因素分析[J].中国儿童保健杂志,2009(2):145.

南京特殊教育师范学院的欧阳新梅教授的观点是,幼儿精细动作的发展主要体现在手部动作的发展上。欧阳新梅认为,在手部动作的发展以及在此基础上形成的抓握动作和手眼协调地画画儿、写字以及生活自理动作是儿童精细动作发展能力的总体表现。①

因此,关于精细动作的定义,主要围绕两个方面来理解:一是精细动作主要指手部的动作;二是精细动作指的是手眼协调,是记忆、知觉等认知领域参与的一种协调性的动作。

(一)精细动作与认知发展

动作与认知之间存在密切的关系,认知的发展依赖于动作的发展。就精细动作技能而言,来自行为学、神经解剖、神经电生理、分子生物学等多领域的研究结果表明,精细动作技能发育可能与脑认知发育的过程在时间和空间上重合,早期精细运动技能的正常发育和有效发展有利于脑结构及功能的成熟,并能促进个体认知系统的发展。

行为学的研究始于20世纪80年代,神经行为学者在对脑瘫、癫痫、中风、脑外伤等颅脑疾病患者进行精细运动训练时,发现患者的学习、言语等认知水平都有不同程度的提高,这表明精细动作能力的发展促进了脑功能的恢复。②

北京师范大学心理学院李蓓蕾教授等人研究了不同类型精细动作能力的发展与儿童学业成绩的关系,结果发现不同学业成绩的儿童在各类精细动作能力上都存在显著差异,如线条填画能力、图形临摹能力和筷子使用技能等。具体而言,学业成绩好的儿童在上述几方面的精细动作技能上的稳定性都较高。研究结果表明,在小学低年级学段,儿童的精细动作能力与其学业活动之间存在密切联系。③

---

① 欧阳新梅.儿童动作发展之三——精细动作的发展[J].启蒙(0~3岁),2007(12):32.
② 李斐,颜崇淮,沈晓明.早期精细动作技能发育促进脑认知发展的研究进展[J].中华医学杂志,2005(30):2157.
③ 李蓓蕾,等.儿童筷子使用技能特性的发展及其与学业成绩的关系[J].心理科学,2003(1):87-89.

(二)精细动作与生活适应

儿童精细动作的发展开始于先天性条件反射。0~3岁的婴幼儿时期，随着自我意识的不断提高，儿童穿衣服、穿鞋、系鞋带、扣纽扣、用筷子、用勺子、端杯子喝水等能力逐步形成；3~6岁的儿童，双手技能、手的灵活性、手眼协调能力、物品操作能力等迅速提高。这些动作能力是儿童适应生活所必需的。

特殊儿童的教育与康复以适应生活和融入社会为导向。针对特殊儿童的精细动作训练，可以有效增强其生活适应的能力。例如：姚兰芳等人针对80例智力障碍儿童的不同特点进行有目的性的精细动作训练，发现精细动作技能训练能明显促进智力障碍儿童的智商发展，提高他们的生活质量、社会交往能力和认知功能发展。①

二、特殊儿童的精细动作障碍

精细动作与认知、社会适应等方面存在密切的关系，特殊儿童由于不同类型、不同程度的身心发展障碍影响，精细动作也均存在不同程度的特殊性。

(一)智力障碍儿童的精细动作发展特点

智力障碍儿童由于大脑的器质性损害，在智力、认知、语言和动作等方面都有明显的缺陷，其精细动作水平更普遍落后于同龄普通儿童。多数研究表明，智力障碍儿童伴有手眼协调障碍、小肌肉群运动困难、灵活性不强等问题，具体表现在手部的肌力、耐力、肌张力、协调等方面，手部力量小且手指不灵活等。②

精细动作发展的落后，不仅影响了智力障碍儿童社会交往的质量和手部探索学习的机会，而且直接影响了其生活技能的学习，如吃饭、穿衣、上厕所、刷牙、洗手、握笔、翻书、写字等。因此，在早期应该重视对智力障碍儿童手部精细动作能力的康复训练。

---

① 姚兰芳,朱翠琼,周倩欣.介入精细动作技能训练有助于智力落后儿童的认知发展[J].延安大学学报(医学科学版),2020,18(4):48-50.
② 王亚梅,王芬萍,张晨琛.智障儿童手部精细动作训练方法研究[J].陕西教育(教学版),2022(10):74.

(二)孤独症儿童的精细动作发展特点

大量研究表明,孤独症谱系障碍儿童的精细动作发展存在着不同程度的不足并对其日常学习生活有着负面的影响。例如,Green等研究者通过纵向研究发现,孤独症谱系障碍儿童的精细动作发展不足会直接影响其智商的发展并导致学业的失败;Gernsbacher通过观察研究发现,孤独症谱系障碍儿童精细动作发展的不足主要表现在伸手取物、拍手、指点、搭建积木与转门把手等方面,而这些发育缺陷也桎梏了其语言理解与表达能力的发展;Jasmin等研究者则通过对比研究发现,儿童的精细动作技能与其独立生活能力显著相关,因而相较于普通儿童,孤独症谱系障碍儿童往往会由于精细动作发展不足而难以适应社会生活。由此,特殊教育学校教师应全面了解每名孤独症谱系障碍儿童的精细动作发展状况并对有需要的儿童积极开展精细动作的康复训练。[①]

(三)脑瘫儿童的精细动作发展特点

前文多个章节中,都提到脑瘫儿童运动障碍的问题。脑瘫儿童按瘫痪部位分类,可分为单肢瘫、偏瘫、双侧瘫、三肢瘫、四肢瘫。我们通过瘫痪部位可以看出,大部分中重度脑瘫儿童均有不同程度的上肢功能障碍,这些障碍受损主要表现为肌力、肌张力、关节活动等异常,如肩关节内旋、肘关节屈曲、前臂旋前、腕关节屈曲、拇指内收等;双上肢出现不随意运动,受紧张性颈反射和紧张性迷路反射影响呈非对称性姿势,双手操作时不能过中线;可伴有舞蹈症及手部震颤;"W"状上肢等。上述异常姿势会导致其手部的抓握、工具的操作、手眼协调以及进食、穿衣、如厕、书写等能力下降,对其日常生活自理能力也有一定的影响,需在康复训练中加强儿童精细动作的训练。

---

① 沙鹏.孤独症谱系障碍儿童精细动作康复训练个案研究——基于《鼠标的操作》[J].绥化学院学报,2021,41(1):86.

第二节 │ 特殊儿童精细动作功能评估

评估是掌握特殊儿童障碍水平和现有能力,制订发展目标的重要依据。精细动作功能评估在特殊儿童的教育和康复训练工作中占有非常重要的地位。通过评估,治疗师不仅可以掌握特殊儿童的障碍水平,还可以对他们的精细动作能力进行量化,为制订康复训练计划提供依据。

一、特殊儿童精细动作功能评估的程序

(一)确定评估的对象

评估工作的第一步,是先要明确对谁评估、对他的哪些方面进行评估。一般由家长或老师提出评估的要求,然后经老师、治疗师和家长共同商定后,再确定是否要评估、评估哪些方面。

(二)明确评估的目的

评估目的与评估的内容、方法和范围密切相关,而且针对不同障碍类型的儿童,评估的目的也存在较大的不同。

(三)设计评估的方案

评估的方案应由家长、治疗师和教师共同制订,具体的内容包括:评估的对象、评估的目的、需要收集的资料和整理分析这些资料的方法、评估的工具(表格)、评估的人员和时间安排、评估需要准备的辅具、评估的预期效果等。

(四)评估方案的实施

按照评估方案,实施评估工作。

(五)评估结果的复查

评估是非常严谨和科学的工作,受到评估对象主观情绪、状态等影响,以及测试环境、时间等客观因素的影响均较大。因此,要经过一次甚至几次复查,通过更改评估的时间、环境等,进行再次评估,然后将复查的结果与初次评估的结

果进行对照,最终分析评估对象的精细动作功能情况。

二、特殊儿童精细动作功能评估的原则

(一)客观性原则

客观性是指评估一定要从特殊儿童的实际出发,正确、真实、客观反映特殊儿童精细动作发展的实际情况,评估人员切忌"先入为主",以主观的评价去干扰评估过程。

(二)科学性原则

科学性是指选用的评估工具要科学合理。目前,关于精细动作功能的评估工具名目繁多,特别是"舶来品"较多,所以选用的评估工具一定要符合我国国情、特殊儿童的生活与发展实际,尽量选用经过实践检验、信效度较高的评估工具。

(三)动态性原则

特殊儿童是不断发展变化的,特别是经过有针对性的教育和康复,其精细动作能力和生活适应能力会不断得到提升。因此,评估要坚持动态性原则,不能把某时、某地、某次所做的评估结果作为评判特殊儿童精细动作发展能力的定论,要根据新变化、新发展和新表现,随时观察和调整评估方法。

(四)全面性原则

每一个特殊儿童都是复杂的个体,都有其发展的优势和劣势。因此,对特殊儿童精细动作的评估,应结合学习、生活和发展的需要,坚持全面性的原则,从缺陷补偿到潜能开发,全面地了解评价对象的表现、基础与不足。

三、特殊儿童精细动作功能评估的方法

特殊儿童精细动作的发展与认知密切相关,同时与生活、学习联系紧密。因此,特殊儿童精细动作功能评估要注重与日常生活相结合,注重观察、访谈与

评估工具相结合，对其进行全面详细的检查和评定，包括运动、感觉、知觉、认知、心理、日常生活活动、社会交往、功能独立性等诸多方面。评估时还应详细了解儿童的性格、习惯、兴趣、爱好以及使用助行器、矫形器等康复辅助用具的情况。

(一)肌力、肌张力及手功能评估

特殊儿童精细动作功能的肌力评估，主要针对其上肢的肌力、肌收缩和关节活动度进行评估；肌张力评估，主要针对其上肢的肌张力、痉挛等情况进行评估。这两项评估内容的基本理论、分级标准等参见本书第五章第二节，此处不再赘述。

在进行特殊儿童精细动作评测时，我们修订了《东莞市康复实验学校精细动作评测表》，该评测表包括肌张力、主动关节活动度等86项。具体见表6-1。

表6-1 《东莞市康复实验学校精细动作评测表》

□评估一 □评估二 □评估三

姓名：_____   性别：_____   出生日期：_____
障碍类别：_____   评估日期：_____   评估者：_____

1.肌张力：□现阶段不适用或不需要评估

肩部：左

屈曲 □正常3	增高(□稍高2□较高1□高0)	□减弱	□不稳定
伸展 □正常3	增高(□稍高2□较高1□高0)	□减弱	□不稳定
外展 □正常3	增高(□稍高2□较高1□高0)	□减弱	□不稳定
内收 □正常3	增高(□稍高2□较高1□高0)	□减弱	□不稳定
内旋 □正常3	增高(□稍高2□较高1□高0)	□减弱	□不稳定
外旋 □正常3	增高(□稍高2□较高1□高0)	□减弱	□不稳定

右

屈曲 □正常3	增高(□稍高2□较高1□高0)	□减弱	□不稳定
伸展 □正常3	增高(□稍高2□较高1□高0)	□减弱	□不稳定
外展 □正常3	增高(□稍高2□较高1□高0)	□减弱	□不稳定
内收 □正常3	增高(□稍高2□较高1□高0)	□减弱	□不稳定
内旋 □正常3	增高(□稍高2□较高1□高0)	□减弱	□不稳定

　　　　　　外旋 □正常3　　增高(□稍高2□较高1□高0)　　□减弱　　□不稳定

肘部：左

　　　　　　屈曲 □正常3　　增高(□稍高2□较高1□高0)　　□减弱　　□不稳定

　　　　　　伸展 □正常3　　增高(□稍高2□较高1□高0)　　□减弱　　□不稳定

　　　　右

　　　　　　屈曲 □正常3　　增高(□稍高2□较高1□高0)　　□减弱　　□不稳定

　　　　　　伸展 □正常3　　增高(□稍高2□较高1□高0)　　□减弱　　□不稳定

前臂：左

　　　　　　旋前 □正常3　　增高(□稍高2□较高1□高0)　　□减弱　　□不稳定

　　　　　　旋后 □正常3　　增高(□稍高2□较高1□高0)　　□减弱　　□不稳定

　　　　右

　　　　　　旋前 □正常3　　增高(□稍高2□较高1□高0)　　□减弱　　□不稳定

腕部：左

　　　　　　掌屈 □正常3　　增高(□稍高2□较高1□高0)　　□减弱　　□不稳定

　　　　　　背伸 □正常3　　增高(□稍高2□较高1□高0)　　□减弱　　□不稳定

　　　　右

　　　　　　掌屈 □正常3　　增高(□稍高2□较高1□高0)　　□减弱　　□不稳定

　　　　　　背伸 □正常3　　增高(□稍高2□较高1□高0)　　□减弱　　□不稳定

挛缩的关节：□颈　□肩　□肘　□腕　□掌指　□指间

说明：肌张力的评分标准参照《改良Ashworth量表》(0~4级)。

正常：0级，得3分。

增高：分为稍高：1级、1+级，得2分；较高：2级、3级，得1分；高：4级，0分。

减弱：肌张力低于正常，不计分。

不稳定：不随意运动型肌张力出现变化，不计分。

2. 主动关节活动度：□现阶段不适用或不需要评估

肩部：左

　　　　　　屈曲 □正常3　　　　□良好2　　　　□尚可1　　　　□微弱0

　　　　　　伸展 □正常3　　　　□良好2　　　　□尚可1　　　　□微弱0

　　　　　　外展 □正常3　　　　□良好2　　　　□尚可1　　　　□微弱0

　　　　　　内收 □正常3　　　　□良好2　　　　□尚可1　　　　□微弱0

　　　　　　内旋 □正常3　　　　□良好2　　　　□尚可1　　　　□微弱0

　　　　　　外旋 □正常3　　　　□良好2　　　　□尚可1　　　　□微弱0

　　　　右

　　　　　　屈曲 □正常3　　　　□良好2　　　　□尚可1　　　　□微弱0

伸展 □正常3	□良好2	□尚可1	□微弱0	
外展 □正常3	□良好2	□尚可1	□微弱0	
内收 □正常3	□良好2	□尚可1	□微弱0	
内旋 □正常3	□良好2	□尚可1	□微弱0	
外旋 □正常3	□良好2	□尚可1	□微弱0	

肘部:左

屈曲 □正常3	□良好2	□尚可1	□微弱0
伸展 □正常3	□良好2	□尚可1	□微弱0

右

屈曲 □正常3	□良好2	□尚可1	□微弱0
伸展 □正常3	□良好2	□尚可1	□微弱0

前臂:左

旋前 □正常3	□良好2	□尚可1	□微弱0
旋后 □正常3	□良好2	□尚可1	□微弱0

右

旋前 □正常3	□良好2	□尚可1	□微弱0
旋后 □正常3	□良好2	□尚可1	□微弱0

腕部:左

掌屈 □正常3	□良好2	□尚可1	□微弱0
背伸 □正常3	□良好2	□尚可1	□微弱0

右

掌屈 □正常3	□良好2	□尚可1	□微弱0
背伸 □正常3	□良好2	□尚可1	□微弱0

评分标准:

正常3:76%~100%;

良好2:51%~75%;

尚可1:26%~50%;

微弱0:0~25%。

3. 手功能:□现阶段不适用或不需要评估

惯用手:□左手　　　□右手　　　□尚未建立

抓握:

1cm粗木棍	□正常3	□良好2	□尚可1	□微弱0
2cm粗木棍	□正常3	□良好2	□尚可1	□微弱0
网球	□正常3	□良好2	□尚可1	□微弱0

扭：

  用钥匙开门 □正常3 □良好2 □尚可1 □微弱0

  关瓶盖   □正常3 □良好2 □尚可1 □微弱0

  扭开瓶盖   □正常3 □良好2 □尚可1 □微弱0

按：

  拨打电话   □正常3 □良好2 □尚可1 □微弱0

  使用计算器 □正常3 □良好2 □尚可1 □微弱0

  按电梯按钮 □正常3 □良好2 □尚可1 □微弱0

撕：

  边长5cm的正方形纸片 □正常3 □良好2 □尚可1 □微弱0

  边长5cm的等边三角形纸片 □正常3 □良好2 □尚可1 □微弱0

  5cm长纸条 □正常3 □良好2 □尚可1 □微弱0

推、拉：

  门   □正常3 □良好2 □尚可1 □微弱0

  窗   □正常3 □良好2 □尚可1 □微弱0

  抽屉   □正常3 □良好2 □尚可1 □微弱0

捏、夹：

  镊子夹绿豆   □正常3 □良好2 □尚可1 □微弱0

  镊子夹芸豆   □正常3 □良好2 □尚可1 □微弱0

  拇食指捏玻璃珠 □正常3 □良好2 □尚可1 □微弱0

手眼协调：

  叠积木(边长3cm)

  10块以上   □正常3 □良好2 □尚可1 □微弱0

  3~10块   □正常3 □良好2 □尚可1 □微弱0

  3块以内   □正常3 □良好2 □尚可1 □微弱0

  串珠（直径1cm)

  10个以上   □正常3 □良好2 □尚可1 □微弱0

  3~10个   □正常3 □良好2 □尚可1 □微弱0

  3个以内   □正常3 □良好2 □尚可1 □微弱0

  剪纸(A4纸)

  10cm以上   □正常3 □良好2 □尚可1 □微弱0

  3~10cm   □正常3 □良好2 □尚可1 □微弱0

  3cm以内   □正常3 □良好2 □尚可1 □微弱0

执笔能力:
(惯用手:□左手　□右手;执笔方法:□掌握　□前三指)

蜡笔涂鸦　　　□正常3　　　□良好2　　　□尚可1　　　□微弱0

画:丨一十　　　□正常3　　　□良好2　　　□尚可1　　　□微弱0

画:○△□　　　□正常3　　　□良好2　　　□尚可1　　　□微弱0

画:撇、捺、折、弯、钩　□正常3　□良好2　□尚可1　□微弱0

田字格内写简单的汉字(大、小、多、少、人、口、手)

□正常3　　　□良好2　　　□尚可1　　　□微弱0

田字格内写数字1~10

□正常3　　　□良好2　　　□尚可1　　　□微弱0

异常姿势及辅具运用情况:

说明:
□正常3　全面独立,无须任何协助。
□良好2　能在监督下或口头指示下完成。
□尚可1　主动做,需少量协助。
□微弱0　有些主动,需许多体能上的协助。

4. ADL(详见《Barthel指数评定量表》)

5. 评测结果

计分方法:

项目	得分(百分比)	评估时间/分数		
肌张力	100×项目总分/69=　%			
主动关节活动度	100×项目总分/72=　%			
手功能	100×项目总分/99=　%			
ADL	100×项目总分/100=　%			

6. 评估建议
□无须干预　　□集体课干预　　□小组训　　□个训

7. 精细动作训练处方
□降低肌张力训练

☐主动关节活动度训练

☐手功能训练

☐ADL训练

(二)日常生活活动能力评定

日常生活活动(activities of daily living, ADL)是指人们为了维持生存以及适应生存环境而每天反复进行的、最基本的、最具有共同性的活动。广义的ADL是指个体在家庭、工作机构及社区里自己管理自己的能力。除了最基本的生活能力之外,还包括与他人交往的能力,以及在经济上、社会上和职业上合理安排自己的生活方式的能力。

1. 日常生活活动分类

包括躯体的或基本的ADL和复杂性或工具性ADL两类。

2. 常用的评定量表

基本的ADL标准化量表主要有:①《PULSES评定量表》;②《Barthel指数评定量表》;③《Katz指数评定量表》;④修订的《Kenny自理评定量表》;⑤《功能独立性评定量表》;⑥《功能综合评定量表》。以下列举《Barthel指数评定量表》和《功能独立性评定量表》供读者参考。

(1)《Barthel指数评定量表》

该量表产生于20世纪50年代中期,是由美国的Florence Mahoney和Dorothy Baarthel设计并应用于临床。

评定内容包括：大便控制、小便控制、修饰、如厕、进食、转移、步行、穿脱衣物、上下楼梯、洗澡，共10项。根据特殊儿童是否需要帮助及其帮助程度分为0分、5分、10分、15分4个等级，总分100分，得分越高，独立性越强，依赖性越小。具体内容见表6-2。

表6-2 《Barthel指数评定量表》

项目	分数	内容	初期评定	中期评定	末期评定
进食	10	□自己在合理的时间内可用筷子取食眼前的食物（约10秒钟吃一口）。若需辅具,应会自行拿取			
	5	□需要部分帮助(切面包、抹黄油、夹菜、盛饭等)			
	0	□依赖			
转移	15	□自理			
	10	□需要少量帮助(1人)或语言指导			
	5	□需要2人或1个强壮、动作娴熟的人帮助			
	0	□完全依赖别人			
修饰	5	□可独立完成洗脸、洗手、刷牙及梳头			
	0	□需要别人帮忙			
如厕	10	□可自行进出厕所,不会弄脏衣物,并能穿好衣服。使用便盆者,可自行清理便盆			
	5	□需要他人帮忙才能保持姿势的平衡、整理衣物或使用卫生纸。使用便盆者,可自行取放便盆,但需仰赖他人清理			
	0	□需要他人帮忙			
洗澡	5	□可独立完成(不论是盆浴或淋浴)			
	0	□需要别人帮忙			
步行	15	□使用或不使用辅具皆可独立行走50m以上			
	10	□需要稍微的扶持或口头指导方可行走50m以上			
	5	□虽无法行走,但可独立操纵轮椅(包括转弯、进门及靠近桌子、床沿)并可推行轮椅50m以上			
	0	□需要别人帮忙			

续表

项目	分数	内容	初期评定	中期评定	末期评定
上下楼梯	10	□可自行上下楼梯（允许抓扶手、用拐杖）			
	5	□需要稍微帮忙或口头指导			
	0	□无法上下楼梯			
穿脱衣物	10	□可自行穿脱衣服、鞋子及辅具			
	5	□在别人的帮助下，可自行完成一半以上的动作			
	0	□需要别人帮忙			
大便控制	10	□能控制			
	5	□偶尔失禁（每周<1次）			
	0	□失禁或昏迷			
小便控制	10	□能控制			
	5	□偶尔失禁（每周<1次）或尿急（无法等待便盆或无法及时赶到厕所），或需要别人帮忙处理			
	0	□失禁、昏迷或需要他人导尿			
总分					

评分标准：最高分100分。>60分：良，生活基本自理；41~60分：中度残疾，日常生活需要帮助；21~40分：重度残疾，日常生活明显依赖；≤20分：完全残疾，日常生活完全依赖。

（2）《功能独立性评定量表》

功能独立性评定（functional independence measure，FIM）是近年来提出的一种能更为全面、客观地反映儿童ADL能力的评定方法。

FIM的内容包括6个方面共18项功能，即自理能力6项、括约肌控制2项、转移3项、行走2项、交流2项和社会认知3项。每项分7级，最高得7分，最低得1分，总积分最高126分，最低18分。得分越高，独立水平越好，反之越差。具体内容见表6-3。

表6-3 《功能独立性评定量表》

姓名：_____ 性别：_____ 年龄：_____ 障碍类别：_____

项目			评分		
			第1次	第2次	第3次
运动功能	自理能力	1 进食			
		2 梳洗修饰			
		3 洗澡			
		4 穿裤子			
		5 穿上衣			
		6 上厕所			
	括约肌控制	7 膀胱管理			
		8 直肠管理			
	转移	9 床、椅、轮椅			
		10 如厕			
		11 盆浴或淋浴			
	行走	12 步行/轮椅			
		13 上下楼梯			
	运动功能评分				
认知功能	交流	14 理解			
		15 表达			
	社会认知	16 社会交往			
		17 解决问题			
		18 记忆			
	认知功能评分				
FIM总分					

评估人：_____ 家长签名：_____

功能水平和评分标准：

①独立：活动中不需他人帮助。

<1>完全独立(7分)

构成活动的所有作业均能规范、完全地完成，不需修改和辅助设备或用品，并在合理的时间内完成。

<2>有条件的独立(6分)

具有下列一项或几项：活动中需要辅助设备；活动所需时间比正常人长；有安全方面的考虑。

②依赖：为了进行活动，特殊儿童需要另一个人予以监护或身体的接触性帮助，或者不进行活动。

<1>有条件的依赖——特殊儿童付出50%或更多的努力，其所需的辅助水平如下。

A.监护和准备(5分)

特殊儿童所需的帮助只限于备用、提示或劝告，帮助者和特殊儿童之间没有身体的接触或帮助者仅需要帮助其准备必需用品；或帮助特殊儿童戴上矫形器。

B.少量身体接触的帮助(4分)

特殊儿童所需的帮助只限于轻轻接触，自己能付出75%或以上的努力。

C.中度身体接触的帮助(3分)

特殊儿童需要中度的帮助，自己能付出50%~75%的努力。

<2>完全依赖——特殊儿童需要一半以上的帮助或完全依赖他人，否则活动就不能进行。

A.大量身体接触的帮助(2分)

特殊儿童付出的努力小于50%，但大于25%。

B.完全依赖(1分)

特殊儿童付出的努力小于25%。

FIM的最高分为126分(运动功能评分91分，认知功能评分35分)，最低分18分。

126分=完全独立；108~125分=基本独立；90~107分=有条件的独立或极轻度依赖；72~89分=轻度依赖；54~71分=中度依赖；36~53分=重度依赖；19~35分=极重度依赖；18分=完全依赖。

第三节 | 作业治疗的基本理论与方法概述

在第一章第五节，我们介绍了作业治疗的有关理论和方法。作业治疗（occupational therapy，OT）是应用作业活动进行治疗和康复的一种方法。通过选择后的作业活动，有目的地对在身体上、精神上、发育上有功能障碍或残疾，以致不同程度丧失生活自理和职业劳动能力的康复对象进行治疗和训练，[①]在帮助康复对象改善身心功能、提高生活自理能力和工作学习能力、重新融入社会生活等方面起着不可或缺的作用。

一、作业治疗的分类

(一)日常生活需求的个人活动

如训练儿童穿衣、饮食、行走、个人清洁卫生等基本生活技能。

(二)生产和职业性的活动

训练儿童从事生产和职业性的活动所需的技能，有助于儿童毕业后通过生产和劳动获取报酬，实现自食其力。

(三)认知和教育性的活动

训练儿童的记忆力、理解力、判断力、组织能力等方面的技能。

(四)表现性和创造性的活动

训练儿童的心理素质，改善儿童的情绪和行为状态，增强其适应性心理承受能力。

---

① 朴永馨.特殊教育辞典(第三版)[M].北京:华夏出版社,2014:457.

(五)文娱和消遣性的活动

培养儿童多元化的个人兴趣和生活方式,使其保持积极、健康、向上的生活态度,保持平衡的、劳逸结合的生活方式,例如艺体活动、消遣娱乐活动等。

二、作业治疗的范围和流程

第三届中国康复医学会综合学术年会讨论并经会后审议通过的《作业治疗实践框架》(2019版),提出作业治疗的范围和流程如下。[①]

(一)作业治疗的范围

1. 作业活动干预

作业活动是指人们想要做、需要做或被期望做的、有目的的、为生命带来意义和价值的活动。作业活动干预包括自理活动、家务活动、休息与睡眠、学习、工作、娱乐休闲、社会参与等方面。

2. 作业技能训练

如训练运动技能、感觉技能、认知及知觉技能、情绪心理技能、社会技能等。

3. 作业情境干预

包括物理环境、非物理环境、辅助器具等方面的干预。

4. 个人因素干预

包括个人角色、兴趣爱好、文化背景、价值观等个人因素的干预。

(二)作业治疗的流程

作业治疗的流程包括总体原则和出发点、作业评定、作业治疗、结局管理4个部分共9个步骤,以及7个注意事项。如图6-1所示:

---

① 中国康复医学会作业治疗专业委员会.《作业治疗实践框架》(2019版)及解读[J].中华物理医学与康复杂志,2021,43(2):178-179.

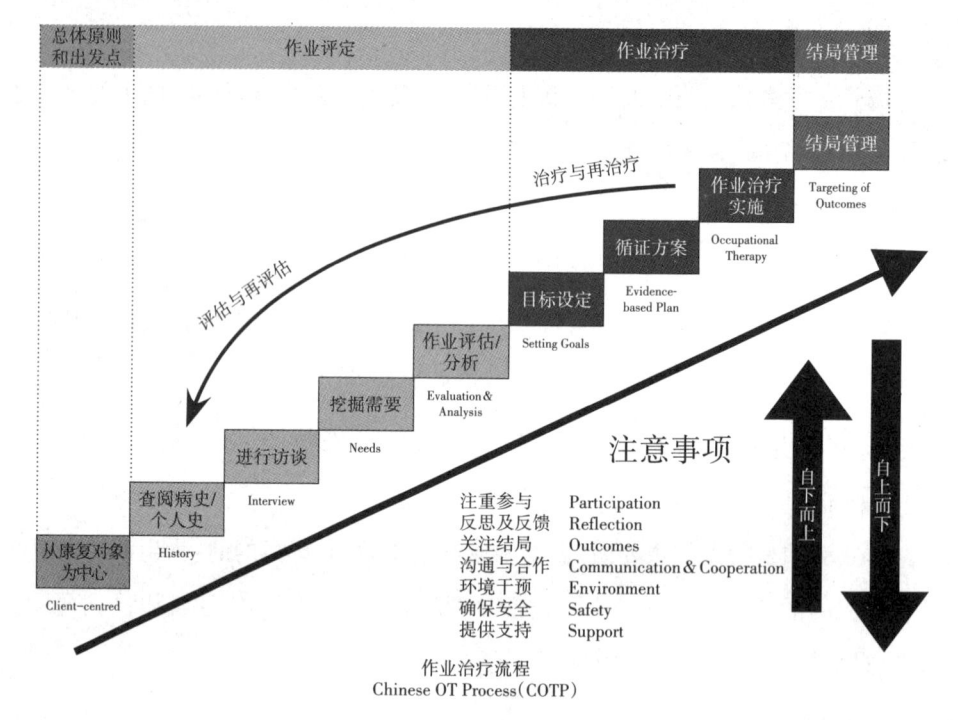

图6-1 作业治疗流程图

1. 总体原则和出发点

将以康复对象为中心作为作业治疗的总体原则及一切活动的出发点。

2. 作业评定

（1）查阅病史

治疗师进行正式评估前应首先了解康复对象的疾病史、个人史等基本情况。

（2）进行访谈

通过访谈可了解康复对象的语言交流能力、认知状况、心理状况等基本情况，了解康复对象的作业史及康复需求等。

（3）挖掘需要

挖掘康复对象潜在、长远、深层次的需求。

(4)作业评估与分析

进行作业评估和作业分析,通过系统评估明确康复对象存在的问题,对受限活动进行"自上而下、自下而上"的分析,为确定治疗目标及方案奠定基础,治疗过程中需反复进行再评估。

3.作业治疗

(1)目标设定

设定符合SMART原则的目标。SMART原则指"具体的(specific)、可衡量的(measurable)、基于活动的(activity-based)、不断回顾的(review)、有时间表的(time-frame)"等要求。

(2)确定基于循证的治疗方案

基于循证证据、康复对象的需要以及治疗人员的知识、经验、治疗环境等具体情况,制订可提供的最佳作业治疗方案。

(3)实施作业治疗

实施具体的作业治疗。

4.结局管理

结果导向的结局管理,指以目标为导向进行结局管理。

5.注意事项

(1)注重参与

以促进社会参与作为作业治疗的基本目标,治疗过程中也强调康复对象主动参与。

(2)反馈及反思

作业治疗过程需及时给予反馈,治疗师要善于对治疗情况进行总结反思。

(3)关注结局

治疗全过程始终要关注未来功能结局,所有治疗围绕功能结局目标展开和进行。

(4)沟通与合作

治疗师需与康复对象及其家长、社区、机构(如工作单位、学校等)、康复团队等保持良好的沟通与合作。

（5）环境干预

环境干预是作业治疗师的基本技能，应给予重视并灵活运用。

（6）确保安全

康复对象、治疗师及其他人员的安全永远是进行康复治疗的前提，作业治疗过程中需首先确保康复对象的安全，同时也应保障治疗师自身的安全及周边人员的安全。

（7）提供支持

为康复对象提供包括作业调整、环境调适、资源利用、辅助器具指导及心理辅导等支持。

三、特殊儿童作业治疗的目的

精细动作功能障碍会影响特殊儿童的学习、生活和社会适应能力。因此，运用作业治疗对特殊儿童实施康复，旨在提高其精细动作能力、增强感知觉水平、改善精神状态、提升生活技能。

（一）增大儿童关节活动范围，训练相关肌群，掌握实用性动作[1]

1. 肩关节屈伸训练

利用拉锯、推刨具、磨刀、投篮与传球等动作进行训练。

2. 肩关节内收、外展训练

利用书法、绘画、舞蹈的手势等动作进行训练。

3. 腕部活动训练

利用打乒乓球、刷墙、打锤等动作进行训练。

4. 手指精细动作训练

利用玩游戏机、打字、打算盘、弹琴、编织毛衣、镶嵌板块、捏橡皮泥等动作进行训练。

---

[1] 李林.小儿脑性瘫痪作业治疗[M].北京:人民卫生出版社,2014:31.

5.髋、膝屈伸训练

利用蹬自行车、上下楼梯、爬行等动作进行训练。

6.踝关节活动与下肢协调作业训练

利用脚踏风琴、蹬缝纫机踏板等动作进行训练。

7.增强上肢肌力的作业训练

如：拉锯、刨木、磨砂、调和黏土、推重物等。

8.增强手部肌力的作业训练

如：捏黏土或橡皮泥、和面包饺子、木刻等。

9.增强下肢肌力的作业训练

如：踏功率自行车等。

10.手眼上肢协调作业训练

利用砂磨板、拉锯、编织、缝纫、嵌插、剪贴、木刻等动作进行训练。

11.上下肢协调作业训练

如：用脚踏缝纫机做缝纫、打保龄球等。

12.平衡作业训练

如：套圈、推小车等。

(二)提升感知觉和认知能力

1.保护觉的作业训练

以视觉代替触觉识别物品，避免手指接触过热、过冷、尖锐、沉重的物品。

2.位置觉的作业训练

先后在直视和闭眼时以笔或橡皮头刺激手指，判断刺激的位置。

3.动静态触觉的作业训练

先后在直视和闭眼时以木杆、笔或橡皮头在手指上滑动与按压，判断感觉。

4.振动觉的作业训练

以 30 Hz 与 256 Hz 的音叉反复刺激手指，判断振动觉。

5.两点辨别觉的作业训练

区别一点还是两点刺激的感觉称为两点辨别觉。可在直视与闭眼时用手触摸布袋内或盒内不同形状、大小、质地的物品,如小球、硬币、钥匙、木块、塑料块、布料、棉团等,加以描述、比较和识别。

6.知觉功能的作业训练

包括失认症和失用症的作业训练。

7.认知功能的作业训练

包括注意力、记忆力、定向力、表达力、理解力、判断力、计算力、自知力的作业训练。

(三)提高儿童生活自理能力及职业技能

1.吞咽动作训练

针对脑瘫儿童吞咽困难,以个别指导的方式训练他们的吞咽功能。

2.摄食动作训练

训练脑瘫儿童独立或在辅助下的进食功能。

3.梳洗训练

用健手进行,或使用自助用具或辅助装置进行,如拧毛巾时可将毛巾绕在水龙头上拧干,使用长柄的梳子、刷子或带有吸盘的刷子,训练儿童的梳洗能力。

4.更衣训练

即针对脑瘫儿童更衣技能的训练。

5.使用家用电器训练

训练儿童正确使用各类家用电器。

6.增强社会交往的作业训练

包括集体劳动、集体文娱活动、集体体育活动等。

7.木工和木刻作业训练

适用于上肢肌力较弱、上肢关节活动受限、手部肌力较弱、手指精细动作协调性差的儿童,不能用于坐位平衡困难和认知及感觉障碍的儿童。

8.编织、刺绣作业训练

适用于手眼协调性差、关节活动受限、双手协调性差、手指精细动作差的儿童。认知功能障碍、严重视力障碍、共济失调的儿童不适用。

9.黏土作业训练

可用硅胶土、橡皮泥等代替黏土,适用于手部肌力差、手部关节活动受限、手指精细动作差、双手协调性差的儿童。

10.缝纫作业训练

手摇缝纫可加大肩肘腕活动范围,增强上肢肌力和手眼协调性;脚踏缝纫可增加髋膝踝关节活动范围,增强下肢肌力及眼、手、上下肢协调性。

11.镶嵌作业训练

适用于手部肌力差、手指精细动作差、双手协调性差的儿童。

12.办公室作业训练

如书写、珠算、打字、操作计算机、资料管理、电话通信等方面的训练,有增加上肢关节活动范围,增强各种协调性,提高注意力、记忆力,以及促进社会交往等作用。

(四)改善儿童的精神状态[①]

1.转移注意力

可通过做游戏、玩玩具、看画册、看鸟、养鱼等转移儿童注意力。

2.稳定儿童情绪,防止过度兴奋

如对不随意运动型特殊儿童,可选用节奏较慢的音乐转移注意力,避免其高声喊叫;避免接触强烈光线与大红大绿等刺激性色彩;选择有节奏感的作业,如弹琴、织毛衣等重复性作业。

3.创造性的作业治疗

通过艺术性作业及手工艺作业,如绘画、刺绣、编织、陶土工艺、插花等作业

---

① 李林.小儿脑性瘫痪作业治疗[M].北京:人民卫生出版社,2014:31.

创造出成果,增强儿童的自信心与生活的乐趣。

4.刺激性作业治疗

如除草、剪枝、木刻、裁剪等训练活动,或通过比赛,如下棋、打球,增强儿童的竞争意识,完成作业动作。

5.改善心理状态的作业训练

包括转移注意力、镇静情绪、增强兴奋、宣泄情绪、减轻负罪感、增加自信的作业训练。

四、作业治疗的实施

(一)作业活动环境的评定

生活、工作环境和设施的情况直接影响特殊儿童的功能恢复和生活质量。特别是脑瘫儿童的特点,使其对作业治疗环境有特别的要求。

1.出入口应为斜坡以方便轮椅的进出,门宽80 cm以上,门外应有1.5 ㎡平台部分与斜坡相接,其作用是可使病人出门后转身来关门或锁门。

2.通道宽度需120~140cm作为轮椅通道;拄拐步行通道需70~90 cm宽;步行障碍者的通道侧壁应有离地面65~85 cm高的扶手。

3.楼梯每阶高度低于15 cm,深度大于30 cm,宽度大于120cm;梯面防滑,两侧均需有离地面65~85 cm高的扶手。

4.厕所坐便器高度为40~45 cm,两侧扶手相距80 cm左右。

5.洗手池池底最低处距地面应大于68 cm,以使轮椅靠近池边;水龙头为长柄式。

6.浴室浴盆盆沿高度应与轮椅座的高度相当,盆底与地面应有防滑装置,盆周墙壁有扶手,淋浴喷头应使坐在轮椅上的病人能拿到。

7.室内地面防滑,通道足够宽。床侧、柜前、桌前应有足够的活动空间,餐桌和书桌下应允许轮椅推进,以方便桌面操作;经常使用的衣物、水龙头、电源开关、插座等应在病人伸臂或使用辅助器具可及的高度。

8.作业环境应光线充足、空气新鲜。

(二)作业治疗的活动分析

在选择适合的作业治疗活动之前,治疗师需对各种活动进行分析,目的在于通过分析活动的内在特性,即活动的基本成分以及从事这项活动所要求达到的功能水平,针对特殊儿童的具体情况及康复治疗目标,判断这项活动是否符合治疗活动的要求,以便通过训练达到治疗目的。作业活动分析的方法和步骤如下。

1. 列出该项活动的每一个步骤。
2. 分析完成该项活动需要具备的功能和能力。
3. 分析完成该项活动的外部因素(如使用何种工具或器械、在何处进行、是否有社会意义)。
4. 将每一步骤分解成动作进行分析。
5. 分析儿童进行活动必须稳定哪些关节,用什么方法进行稳定。
6. 分析该项活动适用于哪个年龄组。
7. 分析该项活动需要的代谢当量(MET)水平为多少。
8. 分析进行该项活动时的注意事项。
9. 分析该项活动可达到什么短期目标。
10. 对该项活动进行难度递增分级,包括肌力、主动ROM、协调性、灵巧性、耐力等。

(三)作业治疗处方

作业治疗处方应包括治疗的目标、项目、治疗(训练)量、治疗时间和频度,以及注意事项等内容。目标与项目应根据儿童的综合情况选定,如改善手部的精细功能、增强上肢肌力、床与轮椅间转移的训练等。作业强度、体位和姿势、材料和用具、是否使用辅助用具等应在处方中明确。治疗时间多为每天一次,每次30分钟左右,儿童出现疲劳等不良反应时应减少频度或缩短时间。

处方内容还应根据治疗情况及时调整。同时注意作业治疗需与运动疗法、心理治疗、言语疗法、康复工程、药物治疗、中医传统疗法密切配合,以提高疗效。

(四)治疗过程重视家长的参与

作为父母,总是对自己的孩子充满期待,希望他们有一个美好幸福的未来。但是家中的特殊儿童都会给家庭带来沉重负担,包括精神、经济等方面。而这些负面影响,若不能很好地减轻乃至消除,反过来又会对特殊儿童的成长产生消极影响。没有家庭的参与,特殊儿童的康复与教育是难以达到较好的效果的。

1.治疗过程中家长的参与非常重要

在作业治疗过程中,父母起着最为直接和重要的作用,具有不可替代性。原因如下。

(1)父母在满足孩子的爱以及衣、食、住、行等基本需求方面,起着不可替代的作用。

(2)父母与孩子接触的时间最长,是儿童最亲近、最信赖的人,父母对孩子的了解甚于其他任何人,他们可向康复工作者提供有用的信息,以便从各方面对孩子开展有针对性的治疗。

(3)即使儿童在学校接受康复教育,在校期间的教育与康复治疗所占的比重相对较小,而其在家庭中的生活却占了相当大的部分。父母可不受时间和空间的限制对孩子开展一对一的辅导,起到强化治疗的作用。

(4)父母的辅助不必另付费用,可减轻家庭经济负担。

2.治疗师要注重发挥家长的作用

(1)治疗师应与儿童的家庭建立良好的关系,充分理解儿童家长所处的现状,将儿童的家长作为治疗小组的一员予以接纳,把他们作为同事对待,与家长分享有关信息,尊重他们的意见。

(2)让家长参与治疗计划的制订,确保康复计划中包括了家长最为关心的问题。

(3)帮助家长了解训练的方法,提供安排家庭活动和管理儿童行为的建议;为家长定期举行专题讲座或短期培训,使家长获取实际应用的知识,同时使他们能彼此交流,互相帮助,互相支持,从而增强其信心及技能。

(4) 安排家长参观儿童的教育及康复治疗环境,观察儿童的治疗情况及过程,同时也让家长学习如何指导儿童训练。

(5) 向家长介绍社区中可利用的服务与资源,使其能善于利用资源,为儿童争取更多的学习机会。

五、作业治疗与运动疗法的区别

第五章我们探讨了运动疗法的相关理论和方法。同为动作训练的方法,作业治疗主要针对精细动作进行训练,运动疗法主要针对粗大动作进行训练。现简要梳理这两种康复训练方法的区别(如表6-4所示)。

表6-4　作业治疗与运动疗法的区别

	作业治疗	运动疗法
目的	以恢复各种精细协调动作为主,并解决生活、工作和社交中的问题	以恢复各关节活动度和肌力为主
方法	利用材料、工具、器械等(木板、锯、刨、玩具等)	徒手操作或应用医疗器械
训练特点	精细动作、认知和感觉训练比重大; 与生活自理和生产技能的关系密切; 注重操作能力和认知能力	粗大运动比重大; 与生活自理和生产技能的关系不密切; 注重活动能力
训练器具	生活用品、生产性工具; 文娱工具、认知训练用具; 自行设计制作的矫形器	徒手;增强肌力、耐力、关节活动度的器械,增强平衡能力的器械,增强心肺功能的器械
介入时间	恢复到一定程度后,易于实施、熟练后实施	发病初期、瘫痪严重的情况下,首选
负责者	作业治疗师(OT)	物理治疗师(PT)

第四节 ｜ 特殊儿童精细动作康复游戏设计

儿童精细动作康复与生活、学习息息相关。将游戏的方法充分融入作业治疗中,能促进特殊儿童在情景式、游戏化的氛围中训练精细动作,激发儿童参与训练的积极性,提高训练效果。

一、手部功能(撕纸、粘贴)训练游戏

(一)"可爱的小狗"

适用对象:低年级段脑瘫儿童、孤独症儿童、智障儿童。
游戏准备:小狗照片及简笔画图片、彩色皱纹纸、胶水。
游戏目的:儿童能把纸揉成纸团;能将物品粘贴到指定位置。
游戏方法:
1.治疗师出示小狗照片,让儿童认识小狗。
2.治疗师再拿出小狗简笔画图片,引导儿童对比彩色的小狗和简笔画小狗。
3.示范装饰简笔画。
(1)将皱纹纸撕成小块。
(2)将皱纹纸放在手心,用两只手把纸揉成小团。如图6-2所示。
(3)拿出胶水涂在简笔画上,然后把小纸团粘在小狗上。如图6-3所示。

图6-2 　　　　　图6-3

4.将材料分发给儿童,请儿童来操作。

5.让儿童展示自己的作品。

注意事项：

1.粘贴的时候提醒儿童粘贴的位置。

2.当儿童完成任务时及时用强化物予以鼓励。

（游戏设计者：杨子函）

(二)"美丽的玫瑰花"

适用对象：低年级段脑瘫儿童、孤独症儿童、智障儿童。

游戏准备：玫瑰花照片及简笔画图片、彩色皱纹纸、胶水。

游戏目的：儿童能把纸揉成纸团；能将物品粘贴到指定位置。

游戏方法：

1.治疗师出示玫瑰花照片，让儿童认识玫瑰花。

2.治疗师再拿出玫瑰花简笔画图片，引导儿童对比彩色的玫瑰花和简笔画玫瑰花。如图6-4所示。

图6-4

3.示范装饰简笔画。

(1)将皱纹纸撕成小块。

(2)将皱纹纸放在手心，用两只手把纸揉成小纸团。

(3)拿出胶水涂在简笔画上，然后把小纸团粘在玫瑰花上。如图6-5所示。

4.将材料分发给儿童，请儿童来操作。

5.让儿童展示自己的作品。

注意事项：

1.适时提醒儿童粘贴的位置。

2.当儿童完成任务时及时用强化物予以鼓励。

图6-5

（游戏设计者：杨子函）

(三)"我会做面条"

可参考微课V6-1"我会做面条"(制作:刘车玲)。

微课V6-1

二、手部肌能(手眼协调)训练游戏

(一)"好吃的糖葫芦"

适用对象:低年级段脑瘫儿童、孤独症儿童、智障儿童。

游戏准备:糖葫芦、红色颜料、调色盘、废报纸、糖葫芦简笔画。

游戏目的:提高儿童手指指尖的灵活性,增强手眼协调能力。

图6-6

游戏方法:

1.治疗师出示糖葫芦,问儿童知不知道这是什么,告诉儿童糖葫芦甜甜的很好吃,引出制作糖葫芦的活动。

2.治疗师:"制作糖葫芦需要用到什么呢?我们一起来制作吧。"

3.每人拿一张废报纸,双手将报纸揉成一个小球。如图6-6所示。

4.用一只手拿起小球的一角蘸取红色的颜料(强调动作要轻)。

5.将蘸有颜料的小纸球按压在简笔画上,按照竹签上糖葫芦的大小依次印完。如图6-7所示。

6.作品展示。

注意事项:

1.将糖葫芦作为强化物,训练过程中及时奖励儿童。

图6-7

2.操作过程中注意不要弄脏衣服。

(二)"小花猫的胡子"

适用对象:低年级段脑瘫儿童、孤独症儿童、智障儿童。

游戏准备:小花猫简笔画、没有胡子的小花猫简笔画、回形针。

游戏目的:提高儿童手指指尖的灵活性,增强手眼协调能力。

图 6-8

游戏方法:

1. 治疗师出示 2 张小花猫简笔画,让儿童看看有什么不一样。如图 6-8 所示。

2. 儿童:"一个有胡子,一个没有胡子。"引导儿童用回形针给小花猫装上胡子。

3. 儿童一手拿简笔画,一手拿回形针。

4. 引导儿童将回形针别在小花猫脸上,两边各别 3 个。注意胡子要两边对称,如图 6-9 所示。

5. 分小组进行比赛,激发儿童的兴趣。

6. 作品展示。

图 6-9

注意事项:

1. 训练过程中及时奖励儿童。

2. 使用回形针时注意安全。

(三)"柔软的绳子"

适用对象:低年级段脑瘫儿童、孤独症儿童、智障儿童。

游戏准备:绳子(长 1m 左右)、小瓶口的瓶子。

游戏目的:提高儿童手眼协调能力;儿童能一手固定一手操作。

游戏方法：

1. 治疗师出示教具（如图6-10所示）："老师想请你们帮忙整理一下这些绳子，把它们都放进这个瓶子里。我们先看看怎么操作吧。"

2. 治疗师示范操作过程：站立位，一只手固定瓶子，一只手拿绳子将绳子对准瓶口慢慢放入瓶中。如图6-11所示。

3. 请儿童进行操作，并适时指导。

4. 根据绳子的粗细或瓶口的大小调整难度。

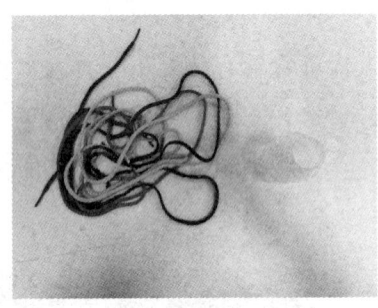

图6-10　　　　　　　图6-11

注意事项：

1. 能力较弱的儿童，治疗师可辅助将瓶子固定，让儿童两只手拿绳子。

2. 训练过程中及时奖励儿童。

（游戏设计者：杨子函）

(四)"漂亮的链子"

适用对象：低年级段脑瘫儿童、孤独症儿童、智障儿童。

游戏准备：线、小串珠若干（红、黄两个颜色）。

游戏目的：提高儿童手眼协调能力；儿童能有规律地串珠。

游戏方法：

1. 治疗师出示已经串好的链子，激发儿童的兴趣。

2. 治疗师示范操作过程：按红—黄—红—黄的规律将珠子串好。

3. 治疗师请儿童进行操作，并适时指导。如图6-12、图6-13所示。

图6-12 　　　　　　　　图6-13

4.儿童展示自己的作品。

5.可增加珠子颜色的种类进行强化训练。

6.可选择不同材质的珠子或线,以及调整串珠颜色的间隔数量增加难度。

注意事项:

1.注意儿童不要误食珠子。

2.训练过程中及时奖励儿童。

（游戏设计者:杨子函）

(五)"钓鱼小能手"

适用对象:低年级段脑瘫儿童、孤独症儿童、智障儿童。

游戏准备:筷子、各种颜色的橡皮筋、装满水的盒子、空饮料瓶、杯子。

游戏目的:提高儿童手部稳定性、腕关节活动度,增强手眼协调能力。

图6-14

游戏方法:

1.治疗师拿出装满水的盒子,问儿童:"你们知不知道什么动物生活在水里?"儿童进行回答后,再追问:"鱼生活在水里,那你们有没有钓过鱼呀?"

2.治疗师将橡皮筋放进水里,然后引导儿童:"今天老师带来了不一样的鱼,我们把它们钓上来。"如图6-14所示。

3.治疗师拿出筷子:"这是我们的钓鱼竿。"

4.治疗师展示钓鱼过程:前三指拿筷子的一头,用筷子挑起一个橡皮筋放到杯子里,完成钓鱼。如图6-15所示。

5.请儿童操作,老师适时指导。

6.分小组进行比赛,激发儿童的兴趣。

7.让儿童按照指定的颜色"钓鱼",增加难度。

注意事项:

1.训练过程中及时奖励儿童。

2.注意儿童不要打翻盒子将水洒出来。

可参考微课V6-2"我是钓鱼小能手"(制作:杨子函)。

图6-15

微课V6-2

(六)"快乐存钱罐"

可参考微课V6-3"快乐存钱罐"(制作:刘车玲)。

微课V6-3

三、手部功能("捧"的动作)训练游戏

(一)"我是搬运工"

适用对象:低年级段脑瘫儿童、孤独症儿童、智障儿童。

游戏准备:米(或豆子等)、大碗2个。

游戏目的:提高儿童的双手配合能力;儿童能完成"捧"的动作;提高儿童手部触觉的辨识能力。

图6-16

游戏方法:

1.治疗师出示教具(如图6-16所示):"老师这里有2个碗(1个装米,1个空的),现在要把米运到另一个碗里面,可是我们没有勺子,要怎么办呢?"

2.治疗师示范用双手运米。

(1)将手置于米内,手心朝上往中间合拢,手掌尺侧边完全贴合。

(2)将米捧起,放入另一个碗中。如图6-17所示。

3.治疗师:"下面你们来做搬运工,将米运完吧。"

4.请儿童进行操作,治疗师适时指导。

注意事项:

1.训练过程中及时奖励儿童。

2.操作时注意安全,别让儿童误食生米。

图6-17

(二)"漂浮的小球"

适用对象:低年级段脑瘫儿童、孤独症儿童、智障儿童。

游戏准备:水若干(冷、温感)、2个盛水的容器、乒乓球1个。

游戏目的:提高儿童双手配合的能力;儿童能完成"捧"的动作;提高儿童手部温度觉的辨识能力。

游戏方法:

1.治疗师:"老师今天给你们带来了一个小魔术,要不要看啊?"

2.治疗师出示装有乒乓球的容器。

3.治疗师:"你们知道怎么让乒乓球漂起来吗?注意看哦!"

4.治疗师示范捧水到放有乒乓球的容器中,直至球漂浮起来。如图6-18、图6-19所示。

5.请儿童试一试,治疗师适时指导。

图6-18    图6-19

注意事项：

1.训练过程中及时奖励儿童。

2.操作时注意提醒儿童别弄湿衣服。

(三)"百变蘑菇钉"

可参考微课V6-4"百变蘑菇钉"(制作：刘车玲)。

(四)"飞屋色彩环游记"

可参考微课V6-5"飞屋色彩环游记"(制作：刘车玲)。

(五)"螺丝扭扭乐"

可参考微课V6-6"螺丝扭扭乐"(制作：刘车玲)。

(六)"彩色的森林"

可参考微课V6-7"彩色的森林"(制作：刘车玲)。

四、手部肌能(拇、食指的灵活性)训练游戏

(一)"奔跑的纸团"

适用对象：低年级段脑瘫儿童、孤独症儿童、智障儿童。

游戏准备：纸团若干、有色胶布。

游戏目的：提高儿童手指灵活性以及控制能力；儿童能用拇指、食指弹纸团。

游戏方法：

1.治疗师和儿童一起在空地(或桌面)上，用有色胶布贴出"跑道"。如图6-20所示。

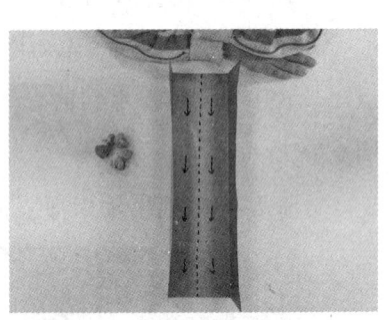

图6-20

2.治疗师："看看老师准备了什么？有纸团还有跑道，今天我们用纸团来一场赛跑。"

3.治疗师示范操作过程。

(1)拿一个纸团放在跑道的起点。

(2)用食指和大拇指弹纸团直至终点。如图6-21所示。

4.请儿童试一试,治疗师适时指导。

注意事项:

1.训练过程中及时奖励儿童。

2.手指分离不好的儿童可以佩戴辅具。

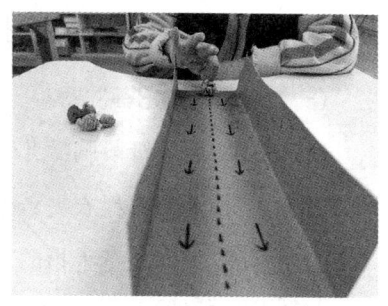

图6-21

(游戏设计者:杨子函)

(二)"手指保龄球"

适用对象:低年级段脑瘫儿童、孤独症儿童、智障儿童。

游戏准备:彩色珠子、一次性塑料杯子。

游戏目的:提高儿童手指灵活性以及控制能力;提高儿童手眼协调能力。

游戏方法:

1.治疗师:"老师身后有一排杯子,这里还有很多的弹珠,等一下我们要用拇指和食指弹弹珠将杯子击倒。接下来让我们开始手指保龄球的游戏吧!"

2.治疗师示范操作。

(1)将杯子依次排开。

(2)定一条起点线,将珠子放在指定地方。

(3)用大拇指、食指击珠子,将珠子对准杯子弹并将它击倒。如图6-22所示。

3.请儿童试一试,治疗师在一旁指导。

4.分小组进行比赛。

5.可以通过调整距离来调整游戏难度。

注意事项:

1.训练过程中及时奖励儿童。

2.注意不要让儿童误食弹珠。

图6-22

(游戏设计者:杨子函)

五、手部肌能(前三指)训练游戏

(一)"美丽的向日葵"

适用对象:低年级段脑瘫儿童、孤独症儿童、智障儿童。

游戏准备:黄色塑料衣夹若干、圆形一次性碟子若干、向日葵图片。

游戏目的:提高儿童手指的灵活性;提高儿童前三指的肌力。

游戏方法:

1. 治疗师出示向日葵图片,让儿童认识向日葵。

2. 治疗师拿出做好的"向日葵"成品,引出活动主题。

3. 治疗师示范操作。

(1)一只手拿住碟子。

(2)另一只手的前三指拿夹子夹在碟子的边缘。如图6-23所示。

(3)依次夹好一圈,完成。

4. 请儿童试一试,治疗师适时指导。

5. 可以分小组进行比赛。

图6-23

6. 可以通过更换不同材质和大小的夹子以及不同厚度的纸盘调整难度。

注意事项:

1. 训练过程中及时奖励儿童。

2. 做好安全防范,注意不要让儿童夹到自己。

(游戏设计者:杨子函)

(二)"漂亮的皇冠"

适用对象:低年级段脑瘫儿童、孤独症儿童、智障儿童。

游戏准备:塑料衣夹若干、圆柱形纸圈。(如图6-24所示)

游戏目的:提高儿童手指的灵活性;提高儿童前三指的肌力。

游戏方法:

1. 治疗师拿出做好的皇冠成品,引出活动主题。

2.示范操作。

(1)一只手拿纸圈,另一只手的前三指拿夹子夹在纸圈的边缘。

(2)依次夹好一圈,完成。

3.请儿童试一试,治疗师适时指导。

4.展示作品。

5.可以分小组进行比赛,调动儿童的游戏兴趣。

6.可以通过更换不同材质和大小的夹子来调整难度。

注意事项:

1.训练过程中及时奖励儿童。

2.做好安全防范,注意不要让儿童夹到自己。

图6-24

(游戏设计者:杨子函)

(三)"插蜡烛"

适用对象:低年级段脑瘫儿童、孤独症儿童、智障儿童。

游戏准备:插棍若干、插棍板、生日蛋糕图片、生日歌音乐。如图6-25所示。

游戏目的:儿童能用前三指(拇指、食指、中指)拿捏物品;儿童能将木条放入对应的孔洞。

游戏方法:

1.治疗师出示生日蛋糕图片(上面插了蜡烛)。

2.治疗师拿出插棍板,插上"蜡烛":"你们看看这个是不是也像刚刚的生日蛋糕呀?这个板子上面有很多洞洞,每个洞对应一根蜡烛(小木棒),现在我们一起完成这个生日蛋糕吧!"

3.插木棒:治疗师示范,张开前三指拿起木棒插入对应的孔洞。如图6-26所示。

图6-25 　　　　　　　　图6-26

4. 治疗师指导儿童进行操作(播放音乐)。

5. 可以分小组进行比赛,调动儿童主动参与游戏的积极性。

6. 可以将木棒换成不锈钢材质或者换成直径更小的木条,增加难度。

注意事项:

1. 训练过程中及时奖励儿童。

2. 做好安全防范,注意不要让儿童用木棒伤到自己或周边的人。

(游戏设计者:杨子函)

(四)"我们一起拿豆子"

适用对象:低年级段脑瘫儿童、孤独症儿童、智障儿童。

游戏准备:糖果盒1个、各类豆子若干、碗若干。

游戏目的:儿童能用前三指(拇指、食指、中指)拿捏物品;儿童能完成物品匹配。

游戏方法:

1. 治疗师拿出装了各种豆子的糖果盒。

2. 治疗师:"今天老师带来了1盒豆子,有大的小的,红的黄的白的。老师需要你们帮忙分分类,将豆子都分开放到不同的碗里面,黄豆放在1号碗,红豆放在2号碗,白芸豆放在3号碗。"如图6-27所示。

3. 分豆子:治疗师示范分豆子,张开前三

图6-27

指拿起豆子分别放到对应的碗里面。

4.治疗师指导儿童进行操作。如图6-28所示。

5.可以分小组进行比赛,调动儿童参与游戏的兴趣。

6.将豆子置换为绿豆、米等更小的物品,增加难度。

注意事项:

1.训练过程中及时奖励儿童。

2.做好安全防范,注意不要让儿童将豆子放入口中。

图6-28

(游戏设计者:杨子函)

六、手部肌能(前二指)训练游戏

(一)"玩转小陀螺"

适用对象:低年级段脑瘫儿童、孤独症儿童、智障儿童。

游戏准备:不同颜色、大小的陀螺各1个,托盘1个。

游戏目的:提高儿童手指指尖的灵活性;儿童能完成拇指和食指对捏。

游戏方法:

1.治疗师出示陀螺,让儿童认识陀螺。

2.治疗师展示陀螺怎么玩。

(1)将陀螺放在盘子里,拇指和食指拿着陀螺。

(2)转动陀螺,使其旋转。

(3)重复前面的步骤再转动其他的陀螺。

(4)当全部陀螺都停下来,游戏结束。

3.分发物品让儿童操作,治疗师适时指导。

4.比赛看谁的陀螺转得久。

5.可以分小组进行比赛,激发儿童参与游戏的兴趣。

注意事项:

1.训练过程中及时奖励儿童。

2.做好安全防范,注意不要让儿童误食教具。

(二)"宝宝做饼"

适用对象:低年级段脑瘫儿童、孤独症儿童、智障儿童。

游戏准备:饼干、彩色珠子、轻黏土。

游戏目的:提高儿童手指的灵活性;儿童能完成拇指和食指对捏拿珠子。

游戏方法:

1.治疗师:"你们喜不喜欢吃饼干?(出示饼干)哇!好香哦,这个上面还有很多巧克力豆。"引出做饼干的游戏。

图6-29

2.治疗师展示制作过程。

(1)将饼干底(轻黏土)放在桌子上。

(2)右手拇指、食指对捏到碗里拿珠子。如图6-29所示。

(3)将彩珠按压在饼干底上,自由发挥装饰。如图6-30所示。

3.分发物品让儿童操作,治疗师适时指导。

4.制作完成,作品展示。治疗师奖励儿童吃饼干。

5.可以分小组进行比赛,激发儿童参与游戏的兴趣。

图6-30

6.可以通过更换不同大小的珠子调整游戏难度。

注意事项：

1. 训练过程中及时奖励儿童。

2. 做好安全防范，注意不要让儿童误食教具。

七、手部肌能（抓握能力/放开能力）训练游戏

（一）"我会收拾玩具啦"

适用对象：低年级段脑瘫儿童、孤独症儿童、智障儿童。

游戏准备：各种形状的积木、收纳筐。

游戏目的：儿童能全掌抓握捡起物品；能将手上的物品放到指定区域。

游戏方法：

1. 播放视频儿歌《我会收拾玩具》。

2. 治疗师："你们家里是不是都有很多玩具呀？平时要爱护玩具，不玩的时候应该收拾好。今天老师也拿了些玩具请你们玩。"如图6-31所示。

图6-31

3. 治疗师伸手去拿装着积木的收纳筐，一不小心碰倒了收纳筐，积木都掉到地上了。

4. 治疗师："哎呀，这可怎么办？请你们帮老师先把积木捡起来吧！"

5. 治疗师示范捡积木：打开手，用全掌抓握的方式将积木捡起来放在指定的筐里。然后指导儿童一起完成。如图6-32所示。

6. 可以将积木替换成其他玩具（雪花片、串珠等）巩固练习，或指定让儿童捡某个形状的积木或某种颜色的积木等，增加难度。

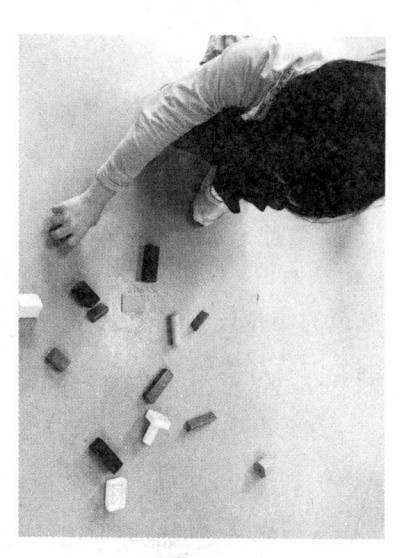

图6-32

注意事项：

1.训练过程中及时奖励。

2.注意不要让儿童在捡物品时将其直接放入口中。

(二)"送小鱼回家"

适用对象：低年级段脑瘫儿童、孤独症儿童、智障儿童。

游戏准备：圆木棒若干（在上端分别贴上红色和绿色的小鱼图片）；红色和绿色的小房子各1个；收纳筐。

游戏目的：儿童能任意释放手中的物体；能将手上的物品放到指定区域。

游戏方法：

1.治疗师出示"池塘"（收纳筐），里面是有小鱼图片的木棒。如图6-33所示。

2.治疗师："今天老师在来的路上遇到了一件事情，有一群小鱼出来春游，迷路了找不到回家的路，想请我们帮帮它们。现在我们一起来帮帮它们，送它们回家吧！"

图6-33

3.治疗师："小鱼说它们房子的颜色和自己的颜色是一样的。"

4.治疗师示范拿小棒（全掌或前三指），然后放入对应颜色的房子，成功送小鱼回家。如图6-34所示。

5.治疗师指导儿童进行操作，帮小鱼找到家。

6.若房子不标注颜色，则口头提示儿童将红色的小鱼放到左边的房子，绿色的小鱼放到右边的房子等。

图6-34

注意事项：

1.训练过程中及时奖励。

2.根据儿童的能力规定不同的抓握方式。

八、手部肌能(腕关节)训练游戏

(一)"快乐锤子"

适用对象:低年级段脑瘫儿童、孤独症儿童、智障儿童。

游戏准备:小木槌、小狗图片、小兔子图片。如图6-35所示。

游戏目的:儿童能认识并使用锤子敲击桌子上的图片(文字)。

游戏方法:

1.治疗师:"我们看看今天的桌子上有什么不同?是不是多了一只小狗和一只小兔子?今天我们来玩一个新游戏,名字叫作'快乐锤子'。"

2.治疗师出示小木槌:"游戏是这样的,当我说小狗的时候,你们就拿起小锤子敲一下小狗的图片,说兔子的时候就敲一下兔子的图片。"

3.治疗师示范操作。

4.治疗师指导儿童进行操作(注意儿童拿锤子的姿势)。如图6-36所示。

5.可以分2组进行比赛,听见指令敲击最快的儿童胜出。

6.可以将动物图片换成图形或者文字,增加难度。

图6-35 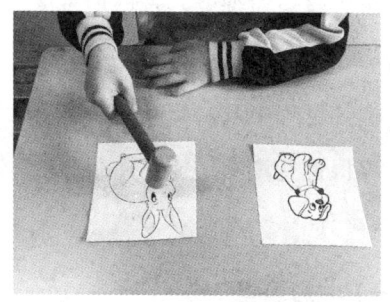　　　　图6-36

注意事项:

1.训练过程中及时奖励。

2.敲击过程中注意安全,不要让儿童伤及自己或身边的人。

另可参考微课V6-8"敲敲乐"(制作:杨子函)。

微课V6-8

(游戏设计者:杨子函)

(二)"神奇的瓶子"

适用对象:低年级段脑瘫儿童、孤独症儿童、智障儿童。

游戏准备:瓶口大小不等的瓶子各一个、巧克力豆若干、不同口味的糖果若干、小饼干若干。

游戏目的:儿童能拧开瓶盖;儿童能拧紧瓶盖。

游戏方法:

1. 治疗师出示大中小3种瓶口的瓶子(经过处理不能看到里面装了什么),同时晃动瓶子:"让我们听听这是什么声音?"

2. 治疗师示范打开其中一个瓶子,取出其中的物品,让儿童看一看、尝一尝。

3. 治疗师将瓶盖拧紧,将瓶子交给儿童,让儿童自己打开瓶盖,看看里面还有什么。取出物品后,要盖好盖子,放回原处。

4. 治疗师指导儿童进行操作。

5. 能力强的儿童可以利用螺母和螺丝进行训练。

6. 可以将瓶盖拧紧一点增加难度。

注意事项:

1. 训练过程中及时奖励。

2. 可根据儿童的兴趣更换瓶内的物品。

(游戏设计者:杨子函)

(三)"七彩泡泡"

适用对象:低年级段脑瘫儿童、孤独症儿童、智障儿童。

游戏准备:吹泡泡的图片、泡泡水玩具、愉快的儿歌。

游戏目的:儿童能拧开瓶盖;儿童能盖上并拧紧瓶盖。

游戏方法:

1. 出示春游吹泡泡的图片,引起儿童的兴趣。

2. 给儿童一个拧得很紧的泡泡瓶,让儿童打开,但是儿童没办法独立完成。

3.指导儿童练习腕部转动的动作。

（1）治疗师示范。先空手练习，双手腕关节转动。

（2）请儿童一起跟着儿歌的节奏练习。

4.分发泡泡水瓶给儿童，请儿童自行打开吹一次泡泡，再重新盖上盖子。重复练习。如图6-37、图6-38所示。

5.可以用螺丝钉代替，请儿童比赛拧螺丝，根据儿童的能力更换不同大小和材质的螺丝。

注意事项：

1.训练过程中及时奖励。

2.注意不要让儿童误食泡泡水。

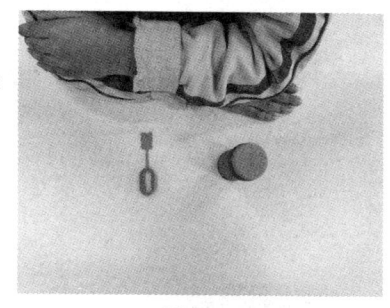

图6-37

图6-38

（游戏设计者：杨子函）

九、手部功能（书写能力）训练游戏

（一）"送汤圆宝宝回家"

适用对象：低年级段脑瘫儿童、孤独症儿童、智障儿童。

游戏准备：卡片、小纸团、大头笔。

游戏目的：提高儿童手部稳定性，增强运笔控制能力。

游戏方法：

1.治疗师："小朋友们，刚刚老师在路上碰到了很多'汤圆宝宝'，它们告诉我它们迷路了，想请我送它们回家。你们愿意一起帮助它们吗？"

2.将卡片对折立起呈三角形放在桌子上（"汤圆宝宝"的家）。

3.拿出大头笔，以正确的握笔姿势将"汤圆宝宝"（小纸团）沿着指定路线慢慢送回家。如图6-39所示。

4.请儿童操作,治疗师适时指导。

5.可以分小组进行比赛,调动儿童参与游戏的积极性。

6.可以将纸团换成玻璃球,或改变"汤圆宝宝"回家的路线以增加难度。

注意事项:

1.训练过程中及时奖励。

2.教会儿童正确使用大头笔,不要因玩耍大头笔而弄脏自己或他人衣物,以及造成危险。

图6-39

(二)"小猫吃鱼"

适用对象:低年级段脑瘫儿童、孤独症儿童、智障儿童。

游戏准备:小猫吃鱼图、小猫画像、没有涂颜色的鱼、胶水、彩笔。

游戏目的:儿童能拿笔在纸上涂鸦;能将物品粘贴到指定位置。

游戏方法:

1.治疗师出示小猫吃鱼的图片,请儿童指一指小猫和鱼。

2.治疗师再拿小猫的画像,告诉儿童这只小猫也想吃鱼,想请大家帮忙。

3.治疗师拿出1条没有涂色的小鱼,示范用彩笔给小鱼涂色,并把小鱼贴在图画纸上。如图6-40、图6-41所示。

4.将材料分发给儿童,请儿童来操作。

5.可以将胶水换成双面胶以增加难度。

6.对能力强的儿童,可以使用复杂的小鱼简笔画以增加难度。

7.儿童展示自己的作品。

图6-40

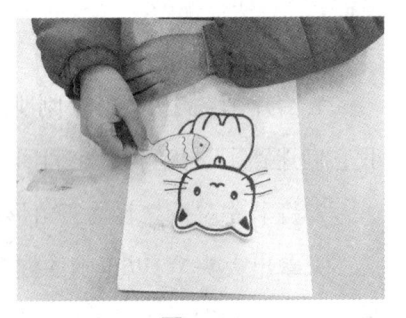

图6-41

注意事项：

1.训练过程中及时奖励。

2.粘贴小鱼的位置可以提前做好标记。

(三)"草地里的小花"

适用对象：低年级段脑瘫儿童、孤独症儿童、智障儿童。

游戏准备：有小花的草地图片、各种小花的简笔画、白色A4纸、胶水、彩笔。

游戏目的：儿童能在轮廓内涂色；能使用胶水粘贴。

游戏方法：

1.治疗师出示草地图片，请儿童认一认图上的小花。

2.治疗师出示简笔画，示范给小花填色，并把它们粘贴在白色A4纸上。

3.治疗师请儿童选择小花，涂色并用胶水粘贴。

4.将材料分发给儿童，请儿童来操作。

5.可以将胶水换成双面胶以增加难度。

6.能力强的儿童，可以变换颜色来练习涂色。

7.儿童展示自己的作品。

注意事项：

1.训练过程中及时奖励。

2.粘贴花的位置可以提前做好标记。

十、手部肌能（双手协调/配合）训练游戏

(一)"笔帽对对碰"

适用对象：低年级段脑瘫儿童、孤独症儿童、智障儿童。

游戏准备：各种不同类型的带笔帽的笔若干、碗若干。

游戏目的：提高儿童双手配合的能力；增强手指捏的能力；能够完成颜色配对。

游戏方法：

1. 出示各种笔，让儿童感知不同的笔。

2. 将所有的笔帽取下来，一一对应放在桌面上。

3. 请儿童将笔帽盖在相应的笔头上。

4. 请儿童取下所有的笔帽。

5. 治疗师打乱所有的笔帽和笔，分别装在不同的碗里。如图6-42所示。

6. 请儿童完成配对。如图6-43所示。

7. 可以将笔换成同类型的水彩笔，盖笔帽的同时做颜色的配对。

图6-42　　　　　图6-43

注意事项：

1. 训练过程中及时奖励。

2. 教会儿童正确游戏，不要因玩耍各类笔而弄脏自己或他人衣物，以及造成危险。

(二)"圣诞老人发礼物啦"

适用对象：低年级段脑瘫儿童、孤独症儿童、智障儿童。

游戏准备：各种带包装的食物（饼干、糖果、小面包、巧克力等）、篮子、圣诞帽。

游戏目的：儿童能拆开糖果包装袋（纸），提高双手配合能力。

游戏方法：

1. 创设情境：圣诞节到了，圣诞老人来派发礼物啦，圣诞老人带了很多好吃的东西给大家。

2."圣诞老人"(治疗师)将每种食品拿出来给儿童认识(如图6-44所示),并示范将包装袋(纸)打开的方法。

3."圣诞老人"(治疗师)给儿童分礼物,儿童拿到后自己打开包装袋(纸)品尝,然后说一说是什么味道。如图6-45所示。

4.儿童互相交换拆开礼物包装。

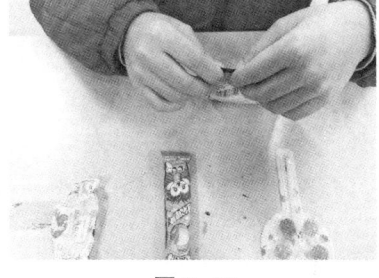

图6-44　　　　　　　　图6-45

注意事项:

1.训练过程中及时奖励。

2.训练前一定要让儿童把手洗干净。

第七章 情绪行为问题干预游戏设计

大多数儿童的童年是在玩耍、学习和交友的美好时光中度过的,对于他们来说,每天的生活都充满阳光和希望。但是,有些特殊儿童却生活在持续的情绪紊乱和行为不当的状态中,例如:自伤或攻击他人,让人无法接纳的不当的刻板性行为等。他们往往用这些行为来表达自己的情绪或需求,造成与正常社会交往的进一步割裂。因此,对特殊儿童不当行为的干预,成为教师、家长和社会普遍关注的重点问题,也是难点问题。

本章将在理论上简要介绍特殊儿童情绪行为问题的表现、原因、评估和干预策略,并提出运用游戏的方法干预特殊儿童情绪行为问题的做法。

第一节 ｜ 特殊儿童情绪行为问题概述

从20世纪60年代开始,特殊教育界开始采用不同的名称和术语描述有情绪与行为障碍的儿童,有的称他们为社会适应不良儿童、行为失调儿童,有的则将他们称为严重的情绪困扰儿童。这些儿童的共同特点是,其情绪与行为表现显著地异于常态,违背社会要求及社会评价,妨碍个人对正常社会生活的适应。[1]

一、情绪行为问题的定义

情绪是个体需要是否获得满足而产生的强烈的、具有情境性的情感反应。[2]情绪是对客观事物态度的体验,我们每个人每天都会有不同的情绪体验,有开心、伤心、恐惧、害怕、害羞、不满、焦虑等,情绪会一直伴随着我们。情绪会深深地影响儿童的整体适应,如亲子互动、同伴交往、课业学习、社会生活等。如果儿童情绪体验不佳,就会影响到儿童与外界的正常交往,即情绪会影

---

[1] 李闻戈.情绪与行为障碍儿童的发展与教育[M].北京:北京大学出版社,2012:1.
[2] 胡晓毅,刘艳虹.学龄孤独症儿童教育评估指南[M].北京:北京师范大学出版社,2017:58.

响到儿童的社会沟通行为。如果儿童的情绪体验良好，一个温暖的微笑，一次友好的握手，一个真诚的眼神都会起到心灵沟通、增进友谊的效果；反之，冷漠、焦虑、暴躁等不良的情绪就会影响儿童与人的沟通交流。情绪还会影响到儿童的认知发展，良好的情绪能激发和促进儿童的认知发展，不良的情绪就会抑制儿童的认知发展。

特殊儿童由于自身在认知、智力、语言沟通、社会交往等方面发展不足，所以常常会表现出旁人难以理解和难以接受的行为，即这类儿童在社交沟通中常表现出情绪理解能力缺陷，具体表现为面部表情识别困难、心智解读能力弱、共情能力弱，信息整合方面如听觉、视觉、图片、文字线索等多重信息理解困难，这些都容易让他们产生尖叫、哭闹、易怒、容易兴奋、自我伤害、攻击他人等情绪行为问题。

情绪问题不仅严重影响特殊儿童的康复教育训练效果，也会对儿童的日常生活以及社会沟通交往能力产生很大的阻碍，还会对儿童生活技能的习得造成很大的影响，甚至影响特殊儿童的家庭生活质量。因此，正确认识和处理特殊儿童的情绪问题是一切教育活动的基础，是特殊儿童各方面得到良好发展的保障。

二、情绪行为的表现方式

特殊儿童在思维、人际关系、语言沟通、智力等方面发展严重不足，而情绪是他们表达的一种方式，当他们的要求被拒绝或被要求做某事时，他们会大哭大闹，乱扔东西，甚至躺在地上，以示抗议。有时即使未遭遇挫折和不愉快事件，如在街上行走，他们也会用力地拍手、捶打自己的胸口、发出亢奋的吼声，甚至无端地发脾气，尖叫或者在地上打滚，往往表现为过度兴奋、无故哭闹、让自己突然摔倒在地、跺脚、冲动、尖叫、傻笑、跑跳、不受约束、自伤或攻击他人等行为。

三、情绪行为的原因分析

(一)需求得不到满足

特殊儿童在语言和沟通方面存在障碍,老师或家长不了解他们的很多生理和心理上的需求,他们的需求得不到满足而又无法用语言表达时,就会使用哭闹、自伤等不正确的方式来表达自己的情绪。如某个学生的语言沟通能力很差,说话特别小声,语速较快,且非常不清晰,因为老师不明白他要什么,结果其情绪就很不稳定,大哭大闹,来回跑动,用手拍打自己的头部,这时另外的老师拿着面包来了,他第一个冲了上去,原来他是饿了。

(二)引起注意和关注

特殊儿童的语言表达能力不足,若老师和家长在活动中没有及时关注到儿童的一些需求,他们常常用不良情绪或行为表达自己的不满,即会出现哭闹、发脾气、跑跳等情绪行为。当特殊儿童表达不良情绪时,往往会引起老师或家长的注意而立刻去关注他们的需求,这样特殊儿童想要关注的需求就获得了满足。如班级的一个学生在上课时老师提问没有请他回答问题,他就会出现大哭、拍打自己的头、咬自己的手等行为引起老师的注意。

(三)逃避任务

特殊儿童克服困难的意志力较弱,导致他们在完成不了老师或家长布置的有难度的任务,或不想参与到一些常规性的活动时,就会通过一些不恰当的行为方式来逃避任务或者活动。如老师在课堂中布置学生完成串珠的练习,有一个学生因为手指灵活性较差导致穿不进去就会发脾气,出现拍打自己的头部等不良的情绪行为。

(四)自我刺激行为

特殊儿童由于欠缺服从、自我管理和约束的能力,所以不能很好地管理自己的行为。例如,因没有安排合理的任务和活动,儿童无聊的时间较多时,就会出现一些不断重复的摇晃、转动、拍打自己身体的某些部位,如敲击头部、摇头、玩手、旋转身体、挤眼、扯头发等不恰当的行为,来满足自身感官刺激和心理的需要。如某个学生在课堂上一直反复摇晃自己的身体,以此寻求感官的刺激。

(五)刻板行为受到限制或改变

特殊儿童对新的事物和新的变化较难接受,适应能力弱,喜欢遵循既有的或固定的程序,活动大多单一,行为多固执、刻板。一旦环境或者活动发生变化就会引起特殊儿童的强烈情绪。比如他们搭积木会按自己的规则、顺序重复多次,而对其他顺序毫无兴趣。在生活中亦是如此。如有的特殊儿童每天走固定的路线上学放学,然后某一天因为修路而必须改变上学的路线时,他会立刻大发脾气,以至于大哭大闹,有时还会出现抓伤自己和打自己的脸等情绪行为问题……他们往往对情境有特殊的需求,任何细小的变化都会引起他们强烈的反应,直到恢复原来的情境为止。

(六)其他原因

特殊儿童对环境中的物理刺激和事件常常表现出过度敏感或迟钝。如有的儿童听觉异常,在他听到某些声音时就觉得非常刺耳,因本身不会正确地表达出来而导致哭闹、打自己的头、咬手等情绪行为问题。天气变化也会影响特殊儿童的情绪状态,特别是在春、秋这些季节转换的时候,他们容易因为天气的变化而出现烦躁、易怒等情绪问题。当他们身体不舒服,如牙痛、头痛、肚子痛却无法正确表达时,也会导致哭闹不止、发脾气、躺地等情绪行为问题的发生。

第二节 | 特殊儿童情绪行为问题的理论基础

特殊儿童自身的社会沟通和语言表达能力存在障碍,在与外界进行交往的时候欠缺相应的社会交往技巧,往往出现别人难以理解和难以接受的不恰当行为。但在与他人维持正常的互动时,是要根据双方的行为进行预测的,这样的互动弹性较大,如请求别人帮助、与同伴游戏、送礼物等等,这些技能都要求参与互动的儿童能及时、主动地处理大量的信息,不断关注对方的情绪、感受。而特殊儿童不会察言观色,不懂站在他人的角度思考问题,往往采取直线单一的表达方式,所以他们在遇到社会交往的问题时就会不知所措,不懂得如何处理和调整自己的行为。要解决这些问题,就要了解特殊儿童为什么会有安全感需要的问题,我们希望通过介绍特殊儿童情绪行为问题的理论基础,帮助大家更好地了解特殊儿童的情绪行为问题。

一、马斯洛的"需要层次理论"

需要是指人们因缺乏某种东西而产生的一种"想得到"的心理状态。美国心理学家马斯洛于1968年提出的"需要层次理论",把人的需求分成生理需要、安全需要、归属与爱的需要(又叫社交需要)、尊重需要和自我实现的需要5类,依次由较低到较高层次,逐渐满足、逐渐上升。一般情况下,个体能够把注意力转向较高的需要之前,较低层次的需要必须得到基本满足。

生理需要是指人对食物、水、休息等的需要,是在个体发展早期出现的需要,也是应最先满足的需要。安全需要是在生理需要满足的基础上产生的,是人对生命、财产的安全,秩序的稳定,免除恐惧和焦虑的需要。归属的需要是指主体希望自己归属于某个团体,如追求老师、家长、同伴的接纳和认同等。爱的需要是指主体希望自己与他人建立感情的联系,如需要有人陪伴,有人关心,有人交往,也包括有人爱。[①]如特殊儿童的基本需求不能及时得到满足就会出现不良的情绪,即儿童的吃、喝、拉、撒、睡、玩的需要得不到满足,情绪就会焦虑不安,出现社交退缩、安全感不足,也就较难与外界的人建立良好的人际关系。人都渴望生活在安全有序的环境中,安全需要是在生理需要的基础上产生的,是人对稳定、秩序、没有焦虑、没有恐惧的需要。在特殊儿童的生活中,若安全需要没有得到满足,没有在玩中收获快乐,总是处于充斥着"不要、不可以、不能"等负面、否定的语言环境中,就会缺乏自信,表现出不听规劝、敏感自卑等不良情绪。

---

① 王淑荣.自闭症儿童语言与社会交往能力训练[M].北京:中国轻工业出版社,2015:143.

二、心理理论

心理理论能力是指个体对自己或他人的信念、愿望、意图等心理状态的认知和理解的能力,通俗地说就是解读他人的能力,它是人际交往的重要基础能力。[①]

心理理论源自1978年Permack和Woodru对"黑猩猩是否拥有心理理论"这一问题的探究,是指推测他人心理状态的能力。他们认为,这种能力是一种推理系统,通过这一系统对不可观测的心理状态进行推测,可对他人的行为进行预测,因而可将该推理系统视为一种"理论",主要是指儿童对他人的愿望、信念、动机等心理状态以及心理状态与行为之间关系的认识。[②]

儿童的意图理解能力是双方交往、相互了解的重要能力,儿童一般从4岁以后就逐渐了解别人的浅显意图了,但是要到6岁左右才能听出别人的话中的意思。意图理解能力就是让儿童学会解读别人的意图,做出恰当的反应。特殊儿童由于心理理论的缺失,缺乏同理心,往往不能识别他人通过表情等表达出来的微妙的情感线索,不能很好地理解他人表达的意思,因此也就不能做出他人所期望的行为反应。例如特殊儿童不能理解"一语双关",不能理解同一句话的声调、语气等变化后所表达的意思是完全不一样的。如"你们这样大声争吵,真是太了不起了""不,要"等。能很好地解读他人的意图,对特殊儿童的社会交往会起到非常重要的作用。

三、神经生理学

情绪是儿童认知和行为的重要组成部分,在协调人与人的关系上起着突出的作用。为了更好地理解特殊儿童的情绪外显行为,我们要了解与情绪关联的内在神经生理机制。随着神经生理学、脑影像学的发展,对特殊儿童的情绪、情感的研究也深入到神经生理层面。有大脑边缘系统多重障碍论认为,特殊儿童

[①] 王梅.孤独症儿童情绪调整与人际交往训练指南[M].北京:中国妇女出版社,2009:4.
[②] 王梅.孤独症儿童情绪调整与人际交往训练指南[M].北京:中国妇女出版社,2009:162.

的情绪发展薄弱可能是由于大脑边缘系统多重障碍的重叠所致。边缘系统中主要包含了系统的重要组成部分,如内侧颞叶中的杏仁核、海马、内嗅皮层等脑区。海马功能障碍、杏仁核功能障碍、垂体后叶催产素功能障碍以及颞叶和顶叶皮层功能障碍是导致特殊儿童情绪发展薄弱的主要因素。

通过对特殊儿童的情绪、情感识别的有关神经科学研究表明,海马功能障碍可能是影响特殊儿童对情绪感知"渠道化"的原因之一,杏仁核功能障碍会阻碍特殊儿童对他人情绪认知的定向和跨通道联系,从而影响其对刺激源的情感意义的表征;垂体后叶催产素系统功能障碍(包括异常的5-羟色胺水平、异常的垂体后催产素/胺多酚水平)可能导致特殊儿童社会交往能力薄弱;神经递质的变异可能会影响一系列的行为和技能;颞叶和顶叶多感觉联合区功能异常可能导致特殊儿童对情绪注意的扩张;大脑两半球的非对称性异常与胼胝体的大小和两半球障碍阻碍了特殊儿童的情绪识别。[1]

四、观察学习模仿理论

班杜拉认为个人的认知、行为与环境三者及其交互作用对人类行为产生影响。由于人生活在一定的社会条件下,所以班杜拉主张要在自然的社会情境中研究人的行为。他强调的是观察学习或模仿学习,强调观察学习在人的行为获得中的作用。在观察学习的过程中,人会获得示范活动的象征性表象,并引导适当的操作。人的多数行为是通过观察别人的行为和行为的结果而习得的,依靠观察学习可以迅速掌握大量的行为模式。人的行为可以通过观察学习过程获得,但是获得什么样的行为及行为的表现,则要看榜样的作用。[2]

特殊儿童也一样,可以通过观察模仿好的行为来习得相应的解决问题的方式方法,比如,大人可以向儿童示范恰当的交往方式,与他人打招呼的距离不能太近也不能太远,跟他人表示友好的方式不能直接拥抱而是握手、点头等。还

---

[1] 周念丽.自闭症谱系障碍儿童的发展与教育[M].北京:北京大学出版社,2011:82-83.
[2] 吕梦,杨广学.如何发展自闭谱系障碍儿童的社会交往能力[M].北京:北京大学出版社,2014:13.

可以让同伴进行事先的演练,让特殊儿童通过观察模仿他人友好的社交行为表达方式,以便在自己遇到类似的情境时可以用来指导自己做出恰当的行为。

五、行为理论

斯金纳拓展了最初由华生描述的行为主义的领域。他提出了反应性条件反射和操作性条件反射之间的区别,详细阐述了操作性条件反射的基本原理,以及将行为分析的原理应用于人类行为。其理论构筑了行为矫正的基础。[1]

所谓行为矫正,通常是指依据学习原理处理行为问题,从而引起行为改变的一系列客观而系统的方法。采用行为矫正的目的在于促使个体的行为发生改变。要对个体开展行为矫正,包含4个方面的内容:观察、测量和评估个体当前可观察到的行为模式;确定环境中的先前事件和行为发生之后的结果;建立新的行为目标;通过控制所确定的先前事件和行为结果,促进新行为的学习或者改变当前的行为。[2]

以行为主义为理论基础的应用行为分析(Applied Behaviour Analysis,ABA),可以说是行为矫正的新拓展。它强调在非实验室的、自然情境中对个体行为的观察和测量,以及实施行为矫正方法,在特殊儿童行为矫正领域长期占据重要地位。在行为矫正的效果与实际需求不断变化和发展的背景下,洛瓦斯和凯格尔以ABA为基础,又先后提出了分段回合式学习(Discrete Trial Learning,DTL)和关键反应训练(Pivotal Response Treatment,PRT)。上述理论提出并经过实践后,得到了国内外特殊教育研究者和家长的普遍认同。在国内应用方面,昝飞(2012)编著的《行为矫正技术》(第二版)、王辉(2021)编著的《行为改变技术》(第三版)等著作均对ABA的理论与方法进行了具体的论述,并且认为ABA是干预特殊儿童问题行为的有效方法。

---

[1] [美]Raymond G.Miltenberger.行为矫正——原理与方法(第五版)[M].石林,等译.北京:中国轻工业出版社,2015:7.

[2] 昝飞.行为矫正技术(第二版)[M].北京:中国轻工业出版社,2012:15.

第三节 | 特殊儿童情绪行为问题的评估

特殊儿童情绪行为问题产生的外部表现、内部心理特征以及形成的原因是错综复杂的。因此,评估工作需要从多方面去搜集资料,通过定量与定性分析、纵向与横向的对比,全面了解他们的情绪行为问题的有关情况,为实施干预工作提供依据。

一、情绪行为评估

评估是指将评估对象置于现实的社会生态环境中考察其心理发展水平和行为特征的方法。评估的主要目的之一,就是为特殊儿童制订有效的干预计划,同时也是检验干预计划实施的有效手段。

特殊儿童由于自身在认知、语言沟通、社会交往等方面发展不足,情绪理解能力缺陷、面部表情识别困难、心智解读能力弱等因素容易让他们产生尖叫、哭闹、易怒、攻击他人、刻板等情绪行为问题。而稳定的情绪是特殊儿童进行教育训练的一个重要的基础,也是他们参与集体和社会活动的一个必备因素。因此,准确了解特殊儿童的情绪问题是一切教育康复活动的基础,是特殊儿童各方面得到良好发展的保障。

二、情绪行为的评估方法

(一)《学龄孤独症儿童教育评估指南》[①]

特殊儿童的评估量表比较多,但是要准确地了解其情绪行为方面的表现和起点能力水平,我们还是需要筛选相应的评估量表,可以采用由胡晓毅、刘艳虹编著的《学龄孤独症儿童教育评估指南》中的第三章情绪管理领域的评估项目进行评估。该教育评估系统将考察特殊儿童的情绪识别与理解能力、情绪表达

[①] 胡晓毅,刘艳虹.学龄孤独症儿童教育评估指南[M].北京:北京师范大学出版社,2017:59-86.

能力、情绪回应能力和情绪调控能力,共4个领域,23个评估条目。

分领域一:情绪识别与理解是情绪管理的基础,也是进行社交互动的基石,包括6种基本情绪的识别和4种复杂情绪的理解。本分领域考察儿童是否能够通过他人的面部表情(如嘴巴、眼睛、眉毛等)、肢体语言、语言声调和具体的情境等信息来识别他人的情绪及其包含的信息,并根据此产生恰当的回应。

分领域二:情绪的表达是指人们用来表现情绪的各种方式。本分领域考察儿童能否用恰当的语言、表情、声音语调和身体姿势等方式表达相应的情绪。

分领域三:情绪的回应能力是指在具备基本的情绪识别与表达能力的基础上,对外界的刺激或是他人的情绪和行为产生情绪上的反应能力。本分领域考察儿童是否能够与情境中的信息或刺激建立联系,产生情绪反应,以及能否察觉他人的情绪,设身处地地站在别人的立场上为别人着想,并用恰当的情绪和行为回应他人的情绪。

分领域四:情绪的自我调控能力是指控制自己的情绪活动以及抑制情绪冲动的能力。情绪的调控能力是建立在对情绪状态的自我知觉的基础上的,是指一个人如何有效地摆脱悲伤、愤怒、焦虑、害怕等因为失败或不顺利而产生的消极情绪的能力。本分领域考察儿童能否调控自己的负面情绪,保持情绪稳定。

下面以条目5的评估为例,简单介绍《学龄孤独症儿童教育评估指南》中情绪的评估方法。

条目5:根据情境,识别自身情绪状态及其变化。

1.目的:考察儿童根据情境识别自身情绪状态及其变化的能力。

2.要求:儿童能够理解自己所处的情绪状态,并能够揣测自己在特定情境中的情绪状态以及随着情境变化自己情绪状态的变化。在测试中以儿童姓名或人称代词"你"为主语,要求儿童说出在某种情境下自己的情绪,并练习用第一人称描述自己在该情境下的情绪。

3.操作:例如,呈现给儿童很喜欢且长时间没有触及的强化物,问儿心情怎么样,要求儿童说出"开心""我很高兴"等,或者能用相应的图卡、字卡、手势表达自己的情绪。建议每种基本表情至少有2个情境考查学生的情绪识别情况。

4. 工具：儿童强化物。

5. 标准：

(1)通过：独立完成该条目全部内容且表现稳定。(2)部分通过：在提示下，完成该条目部分内容；或不能持续稳定表现该条目内容。(3)无法通过：即使在提示下，也无法完成该条目内容。

(二)《自闭症儿童心理教育评核》

除了可以应用上述的情绪评估表进行评估外，还可以采用《自闭症儿童心理教育评核》第三版里面的第7个领域(情感表达)、第8个领域(社交互动)、第9个领域(行为特征—非语言)、第10个领域(行为特征—语言)的评估项目进行评估。[1]详细的评估项目和评估标准请参考香港协康会的《自闭症儿童心理教育评核》第三版修订版。

单纯地用一个情绪评估量表进行评估得到的评估结果不一定能真实反映出该儿童的表现，我们可以借助《自闭症儿童心理教育评核》中的情绪行为评估结果作为设计教育课程的参考，该评估旨在确定儿童的强项和弱项，从而编撰最适合儿童的个别教育课程，同时评估儿童的发展、适应程度。

(三)功能性行为评估

根据《特殊教育辞典》，对功能性评估的定义和操作界定如下。[2]

功能性评估是一种在实施行为改变计划前对儿童的目标行为所进行的评定。评估主要收集与不良行为的发生有关的前提和后果。评估的结构有助于推断不良行为发生的原因。

评估会提供以下详细信息。

1. 不良行为。对造成不良行为的客观描述。

2. 前提。行为之前环境事件的客观描述，包括物理环境和其他人的行为等方面。

---

[1] 协康会.自闭症儿童心理教育评核(第三版—修订)[M].香港:商务印书馆,2017.
[2] 朴永馨.特殊教育辞典(第三版)[M].北京:华夏出版社,2014:394-395.

3.后果。行为之后环境事件的客观描述,包括物理环境和其他人的行为等方面。

4.替代行为。关于在治疗中准备强化以取代不良行为的适宜行为的信息。

5.动机变量。影响不良行为和替代行为的强化物和惩罚物的有效性,建立起操作作用的环境事件的信息。

6.潜在强化物。具有强化物的功能并将在治疗计划中使用的环境事件(包括物理刺激和其他人的行为)的信息。

7.以前的干预。过去使用的干预措施和它们对问题行为的效果。

用来进行功能性评估的方法有3类:间接评估法,即通过面谈和问卷收集信息;直接评估法,即观察者即时记录前提、行为和后果;实验法,即在控制条件下观察前提和后果的影响及作用。

三、评估的注意事项

在评估时需要注意:一定要按照评估指引来操作。每个评估量表都有其评估的方法,评估者要按照评估项目的方法来进行测评。评估的项目较多,刚开始评估时可优先选择儿童感兴趣的项目进行评估,等儿童进入状态后再评估一些其他的项目。在评估过程中,评估者声音要轻一点,节奏慢一点,不能为了节约时间催促儿童完成评估项目,尽量多花点时间观察儿童在评估时的表现,除了打分还可以在旁边描述一下儿童的表现。评估语言要保持中立,不能在评估中表扬儿童。评估者评估的目的是了解儿童的能力,不是在实施个别化课程,所以不用在完成某个项目后说一些表扬的话语。评估是为了更多地了解儿童的能力,而不是为了分数,因此在评估的过程中要用客观的眼光来看待。评估过程中使用的强化物不是为了安抚儿童,而是和儿童更好地沟通。

(本节撰稿者:肖艳林)

第四节 | 特殊儿童情绪行为问题干预策略

当今社会,特殊儿童出现情绪行为方面的问题的案例越来越多,情绪行为问题成为影响特殊儿童适应和融入社会的主要原因。特殊儿童产生情绪行为问题,既有生理的因素,也有环境的因素。因此,对其进行情绪行为问题干预,应在功能性评估的基础上综合施策。

一、行为干预策略

(一)观察与分析

导致特殊儿童情绪问题行为的原因有很多,而且较为复杂,个体差异大。因此,作为教育者或者家长一定要认真观察儿童情绪行为发生的环境、时间、频率、强度、起因和结果等。只有认真地做好记录,通过一段时间的观察记录然后分析其问题发生的原因,才能做出相应的教育训练方法上的调整或改变。

我们在平时的课堂中可以运用《ABC行为观察记录表》对儿童的行为进行观察记录,主要是记录行为的前提事件、行为的表现(问题行为)及行为结果。如表7-1所示。

表7-1 《ABC行为观察记录表》

前提事件	问题行为	行为结果	行为功能
生活语文课上,老师表扬了××同学,没有点名表扬乐乐,眼睛没有看向他的座位方向	乐乐就立马站了起来说自己很棒,并离开座位然后开始大哭,同时用右手拍打自己的大腿	老师让乐乐走回自己的座位,提示他只要坐好了老师就会表扬他	寻求关注
音乐课上,老师第一次提问了××同学并让其上讲台操作卡片,没有请乐乐上讲台进行操作练习	乐乐一直说"我要贴图片",并且离开座位开始哭闹,拍打自己的头和大腿	老师让乐乐先安静,数数,等待其他同学完成后再请他上台,若继续哭闹就请乐乐到教室外站着	寻求关注

续表

前提事件	问题行为	行为结果	行为功能
绘画手工课上,老师已经表扬过乐乐做得好了,然后表扬其他同学,乐乐也要求继续表扬他	乐乐一直说"乐乐棒,乐乐也棒,乐乐最棒"等,并且站起来开始哭闹,同时拍打自己的身体和桌子	老师忽视他,没有表扬乐乐;继续哭闹时就请助教老师将他带离课室到隔壁课室冷静	寻求关注

(二)把握时机,及时强化

由于特殊儿童产生情绪行为问题的原因复杂多变,且随时会发生,加上他们的注意力和语言能力较弱,所以处理问题的时间不宜太长。否则,他们根本无法明白受奖励或被制止的原因,干预效果自然也大打折扣。因此,当特殊儿童表现良好时,教育者一定要及时给予奖励,鼓励其再次做出良好、符合规范的行为。

(三)制订合理的目标

由于特殊儿童的语言理解、沟通方面、智力方面存在障碍,所以我们在处理其情绪问题时要时刻注意采用的方法是否符合特殊儿童的认知水平、是否符合其学习习惯等,要充分考虑特殊儿童的现有能力水平和实际情况,进而对其制订出合理的目标与要求。教育者可以通过不断的示范、为其提供足够的练习,让特殊儿童明白正确的行为。

二、行为干预方法

(一)正向行为支持

当特殊儿童的情绪行为发生时,我们不应该只考虑如何抑制其不良行为,而应该多采用正向行为支持,强化其正确的行为,减少不良的行为。如当儿童发脾气时,我们可以要求他拍手、触摸身体的不同部位,一边数数来计算时间,做对了就给予奖励。

(二)消退与强化

消退法是通过削弱产生某行为的因素来减少该项不良行为的发生率。对于为了满足自己心理需求(类似想得到关注、物品之类的心理需求)而出现情绪行为问题的特殊儿童,消退法是首选。一般在没有影响到儿童自身的安全以及他人的安全时用漠视、故意不予理睬等方式,达到减少和消除不良行为的目的;等到儿童情绪好转或平稳时,对他们好的表现、好的行为要大力表扬。经过一段时间,儿童的情绪行为问题可以逐渐改善或者减少。

(三)惩罚与隔离法

当特殊儿童出现捣乱、攻击他人、发脾气、不服从指令等较严重的情绪行为时,除了严厉谴责,"这种行为不对""不可以"之外,教育者应该立即将该儿童暂时隔离起来。在隔离的过程中,当儿童的情绪恢复正常时应该立刻解除隔离。对于儿童严重自伤的行为要采取限制身体的措施,如立刻抱住他的身体,给撞头的儿童戴上头盔,给咬手腕的儿童戴上腕套等。这对于孤独症儿童的自伤行为很有效果。

(四)替代

当特殊儿童用某些具有自我娱乐、自我满足或释放、舒缓功能的自我刺激行为(如摇头晃脑、撞墙等,还有一些固执、重复行为)来表达生理或心理需求时,要找一个替代行为让他学习、模仿,把注意力转移到其他有意义的事物上。同时,老师要注意为其建立有效的社会行为,多教他做互动活动和游戏。比如,帮成人做事,和同伴一块儿玩拼图游戏或球类游戏,这些活动也有利于特殊儿童社会交往方面的发展。

(五)感觉统合训练

感觉统合训练可以调整特殊儿童的前庭神经及周围神经的功能,改善儿童感知觉方面的异常。感觉统合训练是根据儿童的神经需求,引导其对感觉刺激做适当反应的训练。在训练过程中教育者根据儿童的感觉运动需求,通过感统器材制订出不同的感统游戏,以游戏的方式让儿童快乐地学习与训练,从而逐步改变特殊儿童的情绪行为。

(六)情绪行为管理

准确地理解别人的面部表情并能恰当地表达自己的情绪和管理自己的情绪,是儿童与他人正常交往的前提。特殊儿童的情绪行为管理能力不足,不能正确地理解他人的面部表情,因此在平时的训练中可以增加情绪行为管理的课程,创设不同的情境,让他们学会识别常见的情绪,理解不同的面部表情代表的意思,在游戏互动中学习情绪的正确表达,学习有效地调节情绪的方式。例如,可以利用数数、情绪颜色卡、社交故事、调节情绪的儿歌等方式和工具,提高特殊儿童的情绪管理能力。

(七)视频示范

特殊儿童对于抽象的概念理解较弱,特别是一些代表情绪的面部表情,而情绪的识别是我们调节情绪的基础。这就需要在康复教育的过程中多采用图片、视频等方式来呈现。视频示范是一种利用视频记录和展示目标行为或技能的教学方法。其类型包括成人或同伴示范、自我视频示范、观点示范、视频辅助或视频反馈。[1]如可以录制一些教师事先预设的常见的情绪行为产生的情境,以及调节情绪的方式的视频播放给特殊儿童看,让儿童对相应的情绪行为有一定的了解和知道常见的处理情绪行为的方法,以便特殊儿童不断地学习。视频示范法不受课堂时间的限制,在家、在社区、在学校都可以学习。

(八)建立正确的沟通交往技巧

由于特殊儿童存在沟通、社交方面的障碍,教育者要引导特殊儿童用正确的方式表达自己的需求,如有语言的儿童可以通过讲故事的方式或者认知的训练来提升自我表达能力,没有语言的儿童可以使用沟通本或者图片来替代。同时,还应引导儿童学习管理自我的情绪,知道遇到困难的时候怎么恰当地寻求帮助(可以用手势或者语言来请求他人的帮助),而不是发脾气或者大声叫喊等。

---

[1] 谌小猛,等.基于视频示范技术的PECS教学对自闭症儿童主动沟通及情绪行为的干预研究[J].中国特殊教育,2020(9):44.

(九)增强认知

认知能力在行为的习得和改变的过程中起着很重要的作用,通过增强特殊儿童对不良行为的认知有利于改善其不良的行为,提高儿童意识到不良行为和在不良行为发生时自我的控制能力。当儿童出现不恰当的自我刺激行为时,家长或老师对其说"不可以",让孩子意识到这种行为是不恰当的,从而减少不良的行为发生。

(十)放松疗法

有研究表明,与正常儿童相比,特殊儿童在放松身体的能力上有着较大的不足,较容易紧张不安。这种不足又影响到他们对于烦躁情绪的调节、不良行为的克制以及言语和社交技能的学习。因此,有学者通过按摩特殊儿童的身体并做相应的放松活动,帮助儿童放松肢体。

(十一)其他方式

即在特殊儿童出现情绪行为问题之前,采用适当的方法来缓解其不良的情绪。

1.结构化教学环境

为避免特殊儿童在课堂或者课间出现不良的情绪行为,我们教育者可以给孤独症儿童提供系统的学习环境,适合儿童能力与特点的学习活动,完整的一日流程,还有清晰的视觉策略,便于特殊儿童理解并按照明确的要求与程序,以有条不紊的顺序进行学习与生活,减少特殊儿童情绪行为问题的发生。

2.提前告知环境的转变

由于特殊儿童对环境的适应能力弱,因此当已有的环境、时间、活动模式发生改变时,一定要提前告知特殊儿童,让其有充分的思想准备,以便减少特殊儿童的焦虑情绪。

3.增强体育运动

对于一些情绪容易波动的特殊儿童,特别是到了青春期的时候,教育者一定要用恰当的方式引导其去做一些体育运动,如轮胎操、趣味课间操等消耗体力,让其发泄情绪。

特殊儿童的情绪问题是和他们在思维、沟通等方面的障碍密切相关的,稳定的情绪是对特殊儿童进行教育训练的基础,可以促进他们在思维、语言、沟通、社会互动等方面的发展,同时,在思维、语言、沟通及社会互动等方面的发展也可以反过来促进他们情绪行为问题的解决。因此,教育者一定要在理解和宽容特殊儿童的基础上,从他们的实际情况与特殊差异出发,认真分析特殊儿童产生情绪行为问题的原因,用积极的态度采取相应的措施处理其情绪问题,才可以促进特殊儿童进一步全面发展。

第五节 │ 特殊儿童情绪行为问题干预游戏设计

游戏具有愉悦性、自由性和自主性等特点,以及具有改善特殊儿童情绪等功能,是特殊儿童进行社会交往训练和情绪行为问题干预的有效工具。

一、情绪行为问题干预游戏的特点

爱玩游戏是儿童的天性,无论是普通儿童还是特殊儿童,都会在游戏的过程中表现出自己的兴趣、性格、行为模式及情绪特点。21世纪以来,心理学、教育学及特殊教育的专家对情绪行为问题干预游戏的内涵进行了许多实践研究,却没有形成统一的观点,因此,综合前人的研究,以特殊儿童的实际需要为出发点,我们把情绪行为问题干预游戏的特点概括成以下5个方面。

(一)"开心性"是干预游戏的核心

只有特殊儿童觉得干预游戏是开心的,他们才会愿意参与到游戏的活动中。开心时,特殊儿童会充满笑容、笑声,甚至手舞足蹈,眼睛里透露出喜悦的光芒,完全投入游戏活动中,把游戏活动变成一件美好的事情。开心的游戏不但能有效提高游戏的干预效果,而且能提高特殊儿童参与游戏的积极性,增进特殊儿童和游戏组织者的情感。

(二)"自愿性"是干预游戏的前提

特殊儿童参加游戏活动的原因只有一个:自愿。在内驱力的作用下,特殊儿童心甘情愿地参加游戏活动,是干预游戏的充分条件。家长、老师或者组织者通过强迫或者奖励等手段诱导特殊儿童参加干预游戏,都不能真正发挥干预游戏的作用。

(三)"过程性"是干预游戏的导向

干预游戏能否达到预期效果,需要聚焦游戏过程的实用性。游戏的过程能否正确引导特殊儿童认识情绪、理解情绪、表达情绪以及控制情绪,关键在于游戏过程中难度、关卡、奖励以及底层活动的架构的设计是否具有良好的导向性。

(四)"灵活性"是干预游戏的关键

特殊儿童在参与活动的过程中,会经常出人意料地改变游戏规则,做出各种富有创造力的尝试,这种多样化能活化游戏,给予游戏活动不一样的生命力。此时,游戏的策划者要把控游戏的进程,不能僵硬、刻板地抹杀一切变化,要尊重特殊儿童,创新、灵活地处理各种特殊情况,保证特殊儿童能快乐参与游戏活动。

(五)"意义性"是干预游戏的重点

特殊儿童需要明白游戏和非游戏有着本质的区别,清楚真实和假象的鸿沟,不能把游戏与真实生活混为一谈,明白游戏的意义,掌握分辨真假的本领。通过这种方式,特殊儿童能解读生活情景的符号,更有效地融入社会。

二、情绪行为问题干预游戏的原则

在使用游戏干预特殊儿童的情绪行为问题时,需要遵守两个基本原则。

(一)儿童本位原则

以美国心理学家马斯洛、罗杰斯为代表的人本主义强调,不仅需要关注儿童认知的发展,更需要关注教学中儿童情感、兴趣、动机的发展规律。对特殊儿童进行积极的、稳定的、无条件的关注,理解特殊儿童行为以及情真意切地和他们沟通,是与特殊儿童进行持续游戏的首要条件。特殊儿童的障碍类型复杂、个别差异大,这就需要我们以儿童为中心,充分了解、尊重每个特殊儿童的个性化特征。作为游戏活动的组织者、实施者、干预者,我们需要通过严谨的调研,充分掌握每个参与游戏活动的特殊儿童的兴趣爱好、身高体重、既往病史、教育史等一系列因素,还要考虑到特殊儿童的家庭情况:主要照顾者是谁?他的教育理念是什么?在哪里居住?在哪里工作?年收入多少?这些家庭因素都直接影响特殊儿童的发展。总而言之,儿童本位是要把特殊儿童放在第一位,同时兼顾特殊儿童的家庭,从整合式的角度使用儿童本位原则。

(二)生态系统原则

著名心理学家布朗芬布伦纳提出了生态系统理论,即个体发展模型。它强调发展个体嵌套于相互影响的一系列环境系统之中,在这些系统中,系统与个体相互作用并影响着个体发展。近年来,生态系统理论逐渐成为特殊儿童干预理论的主流,受到许多专家、一线教师的青睐。究其原因,主要有两点:首先,生态系统的视角能有效改善特殊儿童的刻板性,提升泛化技能的水平。特殊儿童很难适应环境、步骤的变化,一旦出现新的不同,他们容易出现紧张、害怕、攻击以及自残等行为,正如有些老师说的,"如果有一天,我没戴眼镜,班里的学生都不认得我"。因此,在干预时坚持生态系统原则,能有效改善特殊儿童的刻板行为。其次,情绪行为问题干预离不开家长、老师以及照顾者的支持和理解,游戏干预的目的是让学生能更好地控制情绪,无论是在学校还是在家里,甚至在小区。因此,有必要利用生态系统里的全部资源去构建游戏的核心,以日常活动的资源、场景为基础创建特殊儿童学习的资源,并以实用性为导向进行游戏活动,例如起床、刷牙、洗脸、吃早餐、坐公交车、上厕所、睡觉等。通过这些活动,把家长、老师、照顾者、社区人员整合在一起,以游戏的方式进行活动,能有效提高游戏的效能。

三、情绪行为问题干预游戏的策略

(一)关注游戏活动的进程,做到顺流而下

在进行游戏干预时,很多组织者会过分关注游戏的目的,盲目地让特殊儿童掌握特定的技能,抑制特殊儿童对外探索的欲望,干扰了特殊儿童探索游戏的过程,导致特殊儿童不能享受游戏带来的乐趣,久而久之,特殊儿童便不再愿意玩游戏。因此,在游戏活动中,组织者更重要的是以特殊儿童的兴趣爱好为基础,结合游戏的内容,像水一样顺流而下地引导特殊儿童参加活动,强调过程的重要性。

(二)关注特殊儿童的状态,做到恰当支援

著名心理学家维果茨基提出,人的发展有两种水平,一种是现有能力的水平;另一种是通过一点儿努力,就能达到的水平,即最近发展区。最近发展区理论表明,在游戏过程中,老师、父母或游戏的组织者需要为特殊儿童搭建一个成长学习的"支架",让学生踮踮脚就能提升技能。根据游戏的复杂程度、儿童的障碍类型、兴趣爱好,老师需要搭建不同的支架,对于儿童陌生的、难以掌握的技能,老师可以采用"全支持"策略,包括但不限于多次的动作、语言、手势、工具等协助;对于儿童有经验的、容易掌握的技能,老师可以采用"半支持"策略,即通过简单的口语提示、肢体协助或示范,协助儿童掌握游戏活动的内容。总而言之,组织者要时刻关注游戏的进程及特殊儿童的状态,弹性地介入游戏,为特殊儿童提供个性化的支持。

四、情绪行为问题干预游戏设计

(一)"龙抓手"

适用对象:低年级段智障儿童、孤独症儿童。

游戏准备:

1.儿童能力的准备:①追视能力;②抬手能力;③抓握能力;④行走能力。

2.游戏材料的准备:①泡泡水;②泡泡机;③宽阔的场地。

游戏目的：

泡泡颜色鲜艳、在空中慢慢浮动，就像一个个漂亮活泼的小精灵，看到小精灵在面前飞翔的情景，特殊儿童有强烈伸手抓泡泡的欲望。在游戏活动中，儿童能不断锻炼手眼协调能力、大肌肉运动能力、精细动作能力，而且能培养儿童的合作意识，增加与人协同玩耍的能力。通过愉快的游戏环境，干预特殊儿童的情绪。

游戏方法：

1.一般模式。

(1)组织者根据游戏活动的规模，准备足够的泡泡水。

(2)组织者在特殊儿童前方吹泡泡，先示范用手抓破泡泡，然后说："同学们，这个是泡泡，在阳光下闪闪发光。现在它要飞走了，我们赶紧用手抓住它！"

(3)根据特殊儿童的反应，调整吹泡泡的力度、位置以及泡泡的大小，引导特殊儿童用手抓泡泡。

2.进阶模式。

(1)组织者引导特殊儿童自己吹泡泡。

(2)让2~3个特殊儿童比赛抓泡泡。

注意事项：

1.尽量选择没有强风且空旷的环境。

2.吹泡泡的时候缓慢向下吹，方便特殊儿童抓破泡泡。

3.注意安全，不能对着儿童的眼睛、嘴吹；注意防止儿童误饮泡泡水。

（游戏设计者：罗润旺）

(二)"走和停"

适用对象：低年级段智障儿童、孤独症儿童。

游戏准备：

1.儿童能力的准备：①听声能力；②行走能力；③站稳能力。

2.游戏材料的准备：①音箱；②节奏变换快的音乐；③宽阔的场地。

游戏目的:

通过播放轻松愉悦的音乐吸引特殊儿童的注意,当音乐声音停止时,特殊儿童需要站着不动;音乐声响起时,特殊儿童继续走。通过节奏时而快,时而慢,时而有,时而无的形式,训练特殊儿童的注意力,培养特殊儿童的规则意识,使之养成听指令的好习惯,促使特殊儿童更好地调控情绪,融入社会。

游戏过程:

1.一般模式。

(1)组织者根据游戏活动的规模,提前规划好场地,确保特殊儿童在活动时不拥挤,不会撞到别人。

(2)组织者播放音乐前说:"游戏准备开始,要播放音乐了。音乐响起时,沿着线慢慢走;音乐停止时,你们也要站好不要乱动。"

(3)根据儿童的参与情况,提供适当的支持,如让父母陪着一起玩儿,老师通过语言的方式告知特殊儿童要走还是停止。

2.进阶模式。

(1)组织者更换节奏感更强的音乐。

(2)游戏由走和停变成跑和停。

注意事项:

1.场地要防滑,没有障碍物。

2.音乐要愉快,不能让儿童感到害怕、紧张。

3.用视觉提示标明儿童能活动的区域。

(游戏设计者:罗润旺)

(三)"击鼓传花"

适用对象:低年级段智障儿童、孤独症儿童。

游戏准备:

1.儿童能力的准备:①听声能力;②手眼协调能力;③安坐能力。

2.游戏材料的准备:①鼓或能播放音乐的设备;②易抓握的花或方便抓握的物品。

游戏目的：

鼓声是一种极富感染力的声音,能牢牢吸引特殊儿童。通过传花、拿花的动作,训练特殊儿童的手眼协调、抓握及转动的能力;鼓声的运用则能提高特殊儿童注意听的能力,而等待花的过程,则能有效促使儿童养成耐心等待的好习惯。

游戏过程：

1.一般模式。

(1)组织者根据参加活动的人数提前摆放椅子并围成圆形。

(2)等所有人准备好后,组织者说:"游戏准备开始,鼓声起,开始传花;鼓声停,不能动。"

(3)组织者根据儿童的实际情况给予适当支持。

2.进阶模式。

(1)组织者由击鼓变成播放音乐。

(2)将花换成比较难抓握的物品。

注意事项：

1.儿童要围坐成圆形,有利于传花。

2.鼓声要清晰洪亮,吸引儿童的注意。

3.鼓声要富有节奏,增加游戏的趣味性。

（游戏设计者：陈燕玲）

(四)"123木头人"

适用对象：低年级段智障儿童、孤独症儿童。

游戏准备：

1.儿童能力的准备：①听声能力;②大动作能力;③等待能力;④安静站的能力。

2.游戏材料的准备：游戏区域的视觉提示。

游戏目的：

"123木头人"是一项拥有悠久历史的游戏,玩法简单,趣味十足,无论是特殊儿童还是家长,都能很快地掌握要领,能有效降低学习成本,便于推广。通过玩"123木头人"的游戏,儿童能快速习得开始和停止的概念,有效提高观察力,形成良好的合作意识。

游戏过程:

1.一般模式。

(1)组织者根据参加活动的人数布置视觉提示,背对特殊儿童。

(2)等所有人准备好后,游戏开始。儿童走向组织者,组织者说完:"123木头人。"全部人停止动作。

(3)动的儿童判定为输,离开游戏区域。

(4)儿童在组织者说完"123木头人"前跨过红线则胜出。

2.进阶模式。

(1)组织者说"123木头人"的速度加快。

(2)组织者用各种动作、表情诱导特殊儿童动起来。

注意事项:

1.根据场地安排适当的儿童人数,防止儿童撞到人。

2.视觉提示清晰,便于儿童识别。

(游戏设计者:陈燕玲)

(五)"抢凳子"

适用对象:低年级段智障儿童、孤独症儿童。

游戏准备:

1.儿童能力的准备:①听声能力;②大动作能力;③行走能力。

2.游戏材料的准备:①游戏区域的视觉提示;②数量足够的凳子;③音箱。

游戏目的:

"抢凳子"是一款老少皆宜的游戏,道具好找,规则易懂,有较强的对抗性,能通过身体的接触打破特殊儿童之间难以沟通的壁垒,提高特殊儿童的身体素质及对抗能力,培养儿童的规则意识、安全意识。

游戏过程:

1.一般模式。

(1)组织者根据参加活动的人数把凳子摆放成圆形,数量为人数减一。

(2)音乐响起,全部的儿童围着凳子转。

(3)音乐停止,全部的儿童抢凳子坐下。没有抢到凳子的儿童退出游戏,同时,组织者拿走一张凳子。

(4)直到只剩一名儿童坐在凳子上,该儿童即为获胜者,游戏结束。

2.进阶模式。

(1)音乐节奏加快,让儿童跑起来。

(2)在凳子的外围画大圈,儿童在音乐停止前,不能踏入圈内。

注意事项:

1.凳子要牢固且方便坐。

2.游戏周围空间内不能有尖锐的物品,防止儿童受伤。

(游戏设计者:肖艳林)

(六)"掷色子,跳格子"

适用对象:低年级段智障儿童、孤独症儿童。

游戏准备:

1.儿童能力的准备:①听声能力;②大动作能力;③等待能力。

2.游戏材料的准备:①游戏区标有数字1~12的方格子(按照"单—双—单—双"的顺序排列);②自制的2个色子(一个色子的数字是1~6,另一个色子的数字是7~12)。

游戏目的:

"掷色子,跳格子"游戏,规则简单易懂,既可以培养儿童听声辨音、认识数字的能力,也可以培养粗大动作(跳)的能力,还能培养规则意识。

游戏过程:

1.第一阶段:按顺序跳数字格子。

(1)组织者示范,按照1~12"单—双—单—双"的顺序跳到指定的格子内。

(2)请儿童依次来跳格子(谁的眼睛先看向组织者,就请谁先跳)。

2.第二阶段:掷色子,跳数字。

(1)组织者示范:先投掷色子,看到色子面上的数字是几,就跳到对应的格子内。

(2)请儿童按照组织者的示范,掷色子和跳到相应的格子里。

3.第三阶段:掷色子,跳格子,数次数。

(1)请儿童掷色子,然后跳到数字对应的格子里。

(2)请儿童读色子面上的数字,然后在对应的格子里跳相应的次数。

4.第四阶段:首尾色子,跳格子。

(1)增加到用2个色子进行游戏:先掷第一个色子,然后跳到第一个色子面上数字对应的格子里。

(2)再掷第二个色子,然后从第一个色子面上数字对应的格子里直接跳到第二个色子面上数字对应的格子里。

注意事项:

1.游戏的地面尽量是软胶地面,防止儿童摔倒受伤。

2.儿童在游戏的时候,尽量让儿童一边跳一边说出数字。

(七)"乘坐公共汽车"

适用对象:低年级段智障儿童、孤独症儿童。

游戏准备:

1.儿童能力的准备:①辨听能力;②行走能力;③等待能力。

2.游戏材料的准备:①方向盘道具1个;②小椅子若干张。

游戏目的:

搭乘公共汽车是儿童出行和适应社会的重要能力。运用该游戏,可以训练特殊儿童理解上车买票、寻找座位、到站下车等搭乘公共汽车的技能,同时培养儿童理解和遵守规则,以及沟通与交往的能力。

游戏过程:

1.分配角色:请1名康复治疗师或家长扮演公共汽车司机,儿童扮演乘客。

2.排队候车:请康复治疗师或家长组织儿童在"车站"处排队候车,并告诉儿童要在"康实学校站"下车。

3.排队上车:请儿童上车后"刷卡",然后找座位坐好。

4.到站下车:听"司机"报站名,当听到"康实学校站"时排队下车。

注意事项:

1.培养儿童的规则意识,要求儿童要排队候车、上车和下车,不要拥挤。

2.让儿童理解"如果车上没有空座位时,要站好,并抓好扶手"。

(八)"丢手绢"

适用对象:低年级段智障儿童、孤独症儿童。

游戏准备:

1.儿童能力的准备:①辨听能力;②跑的能力;③等待能力。

2.游戏材料的准备:①手绢1条;②软胶场地;③《丢手绢》儿歌及放映设备。

游戏目的:

"丢手绢"游戏传承已久,一直深受儿童的喜爱。该游戏可以培养特殊儿童的规则意识、等待意识、反应能力,以及大运动(跑)的能力和语言交往能力。

游戏过程:

1.请儿童围成一圈坐下,治疗师/老师介绍规则:小朋友围成一圈坐好,一人开始丢手绢,丢到谁的身后,谁就要拿着手绢去追丢手绢的小朋友。追到了,那个小朋友就得重新丢;如果没有追到,那么原来丢手绢的小朋友就坐在被丢手绢的小朋友的位置上,被丢手绢的小朋友去表演节目。

2.治疗师/老师/家长示范丢手绢的游戏过程。

3.请儿童玩"丢手绢"的游戏,同时用音响播放儿歌《丢手绢》。

注意事项:

1.培养儿童规则意识,让他们按照规则玩游戏。

2.追逐的时候要注意安全。

(九)"变脸"

适用对象:中、高年级段智障儿童、孤独症儿童。

游戏准备:

1.儿童能力的准备:①辨听能力;②语言能力;③自我认识与管理。

2.游戏材料的准备:①"开心""伤心""生气"3个情绪脸谱;②儿歌。

游戏目的:

分辨和管理情绪是中、高年级段特殊儿童适应社会的必要能力。通过玩"变脸"游戏,让特殊儿童懂得引发情绪变化的原因,并且可以通过适合的方法来转变自己负面的情绪,从而提升情绪分辨与管理的能力。

游戏过程:

1.教师/家长讲述3个小朋友的故事:

(1)第一个小朋友上学时可以玩自己喜欢的玩具。

(2)第二个小朋友想要一包紫菜,妈妈不给买。

(3)第三个小朋友走路时摔伤了,很痛。

2.请儿童分别说一说:每个故事的小朋友是什么样的表情?

(1)第一个小朋友,高兴(贴上"高兴"的脸谱)。

(2)第二个小朋友,生气(贴上"生气"的脸谱)。

(3)第三个小朋友,伤心(贴上"伤心"的脸谱)。

3.请儿童思考一下:你要对每个小朋友说什么?

(1)"第一个小朋友,我也和你一起玩吧!"——分享快乐。

(2)"第二个小朋友,我们可以一起做游戏,就忘了紫菜啦!"——转移注意力。

(3)"第三个小朋友,看到你痛,我很伤心,我们一起变坚强!"——分担痛苦。

4.请儿童说一说,自己高兴/伤心/愤怒的事情。

5.引导儿童说说如何面对自己高兴/伤心/愤怒的情绪,例如:今天我感觉……我可以……(听儿歌;玩玩具;打鼓……)。

注意事项：

1.游戏时，教师/家长尽量保持中立，对儿童提出的情绪、发生的事情以客观的方式去引导。

2.游戏过程中，适时对儿童进行鼓励(奖励)。

(十)"巧避障碍物"

适用对象：中、高年级段智障儿童、孤独症儿童。

游戏准备：

1.儿童能力的准备：①辨听能力；②语言能力；③配合的能力。

2.游戏材料的准备：①在空地上画出一个个圆圈；②在圆圈里摆上各种各样的"障碍物"。

游戏目的：

培养儿童之间相互信任、配合的能力；增强儿童倾听、语言表达和理解的能力；提升儿童的规则意识。

游戏过程：

1.给儿童分组，2名儿童为一组。

2.熟悉场地：让每名儿童熟悉游戏场地(圆圈以及圆圈中的障碍物)。

3.分配任务：每组的儿童中，一人用黑色的毛巾蒙住眼睛，进入提前准备好的、有障碍物的圆圈外围，然后按照另一名儿童的语言提示(抬脚、脚落地；向左/向右等)，进入圆圈并避开障碍物，然后从另一方向走出圆圈。

4.开始游戏，第一轮结束后，每组的2名儿童互换角色，开始第二轮。

5.以小组比赛的形式进行，碰到障碍物最少的一组获胜。

注意事项：

1.如果儿童抗拒得比较厉害，则不要强制推进游戏。

2.游戏的场地和"障碍物"的选择应遵循安全的原则，例如软胶场地，"障碍物"不能选择尖锐、硬的物品，避免儿童受伤。

后记

从事特殊教育工作二十余年来,我每天面对着特殊儿童,与他们一起学习和生活,看着他们长大。但是,总会留有遗憾:终究是有部分中重度障碍和多重障碍的学生,进步并不是很明显,临近毕业可能生活自理还存在困难,还不能正常地与人沟通。我也常常反思,我们究竟可以为学生提供怎样的教育?

所幸,在党和国家的高度重视和统筹领导下,特殊教育研究不断深入,特殊教育的质量日趋提升。在这股春风的沐浴下,我们课题组围绕康复训练课程的校本化实施,进行了卓有成效的探索。八年如一日的研究与实践,我们总结积累了一定的经验,凝练了丰富的成果。近三年来,受新冠肺炎疫情的影响,教学时断时续,但是有了康复游戏活动的支持,我们学生的康复训练从没有阻断过。我们通过学校的微信公众号,定期推送康复游戏活动案例共200余篇,用以指导家长对居家学生开展康复训练,保障学生训练的延续性和系统性,得到家长的一致好评。

感谢课题组的老师们认真总结、积极研讨,就康复游戏活动的训练目标、组织形式等文字内容进行反复斟酌和校对。

感谢西南大学出版社伯古娟、郑先俐、雷兮等编辑老师的指导和付出,在受疫情影响只能居家办公的背景下仍然加班加点审校书稿,保证了本书如期出版。

编者
2022年11月于东莞